노력 금지

재미있는 게
이기는 거다!

노력 금지

재미있는 게 이기는 거다!

글/사진	놀공발전소
일러스트	안지인, 박은현, 김지수
초판 1쇄 발행	2013년 12월 8일
2쇄 인쇄	2013년 12월 27일
2쇄 발행	2014년 1월 3일
발행처	이야기나무
발행인/편집인	김상아
기획/편집	김정예
홍보/마케팅	오성훈, 안선희, 한소라, 김영란
디자인	뉴타입 이미지웍스
인쇄	미광원색사
등록번호	제25100-2011-304호
등록일자	2011년 10월 20일
주소	서울시 양화로 10길 50 마이빌딩 5층
전화	02-3142-0588
팩스	02-334-1588
이메일	book@bombaram.net
홈페이지	www.yiyaginamu.net
페이스북	www.facebook.com/yiyaginamu
블로그	blog.naver.com/yiyaginamu

ISBN 978-89-967528-8-2
값 18,000원

「이 도서의 국립중앙도서관 출판시도서목록(CIP)은 서지정보유통지원시스템 홈페이지(http://seoji.nl.go.kr)와 국가자료공동목록시스템(http://www.nl.go.kr/kolisnet)에서 이용하실 수 있습니다. (CIP제어번호: CIP2013026232)」

이 책은 한국출판문화산업진흥원의 '2013 우수출판기획 지원사업' 최우수 선정작입니다.

노력금지

놀공발전소 지음

이야기나무

PROLOGUE

머리말

노력 금지! 놀력 충만!

놀공에 대한 질문은 끊이지 않는다.

"놀공은 뭐하는 곳이죠?"

"이건 왜 하나요?"

"이게 돈이 되나요?"

"사람들이 그걸 할까요?"

"그게 가능해요?"

"안 하면 어떡하죠?"

왜, 뭘, 어떻게, 이렇게 골고루 잘 모르겠다고 하는지 놀공에 대한 질문이 좀처럼 끊이지 않는다. 뭔지 이해할 수 없는 놀공이지만 주변에서 기웃기웃하는 걸 보면 우리가 하는 일이 뭔가 재미있어 보이기는 하는 것 같다. 놀공은 아직 이름 지어지지 않은 것을 만든다. 어찌 보면 놀공 자체가 이름 지어지지 않은 모든 것을 대표하고 있는지도 모른다. 그래서 어느 순간 놀공에 대한 설명을 멈췄다. 설명하지 않아도 언젠가 우리가 하는 일들에 이름이 지어질 것이고 이름이 지어지면 더 이상 설명하지 않아도 모두 알게 될 것이다.

대신 놀공은 묻기로 했다.

“당신을 설레게 하는 일이 무엇이죠?”
“그건 왜 하나요?”
“꼭 돈이 되어야 하나요?”
“사람들이 그걸 하면 어떤 변화가 생길까요?”
“궁금하지 않아요?”
“지금부터 같이 해 보죠!”

『노력 금지』는 꿈을 현실로 만들어 가는 과정과 이를 위해 등가교환을 해야 하는 것들에 관한 이야기다. 세상 그 어떤 것도 그냥 주어지지 않는다. 이름 지어지지 않은 것을 향한 우리의 탐험에는 기쁨과 슬픔, 성취와 좌절, 흥분과 고통 같은 삶의 모든 맛이 담겨 있다. 그래서 힘들었냐고 묻는다면 이렇게 답한다. 바로 그 이유 때문에 놀공은 즐겁고 놀력 충만하다고.

놀공발전소 1호기 잠재력 담당
피터공

※ 놀공은 놀공발전소의 애칭입니다.

CHARACTER

등장인물 소개

1 호기

설레는 일을 찾아
뉴욕을 떠나 한국으로

뉴욕의 게임 회사 CEO로 겉보기에 잘 나가는 삶을 살았다. 하지만 회사 운영에 발목이 잡혀 디자이너로서 느꼈던 재미와 보람이 사라지고 말았다. 설레는 일을 찾아 한국으로 돌아왔고, 놀이의 즐거움과 노력 금지 정신을 목청껏 외치며 놀공발전소를 세웠다.

추징력 애런홍

8호기

여자 나이 마흔,
한창 놀이에 빠질 때

대기업 교육 담당자로 오랫동안 근무했다. 40대에는 나만의 사업을 하겠노라 결심하고 첫걸음을 내디뎠을 무렵, 우연히 같은 건물 2층에서 고군분투하는 피터공을 만났다. 교육을 놀이로 접근하는 모습에 그야말로 홀딱 넘어가 1년 후 사업을 정리하고 놀공에 합류했다.

3호기

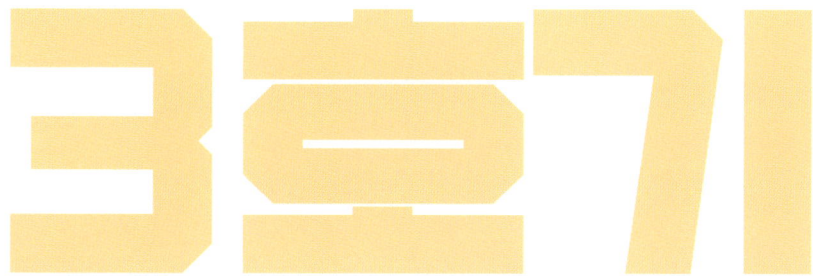

20대 청춘의 흑역사를 놀공에 묻고

피터공의 수업을 듣는 학생에서 함께 일하는 동료로 진화했다. 그저 열심히 과제를 했을 뿐인데 정신을 차리고 보니 놀공 역사의 산증인이 되어 있었다. 이제는 놀공에서 보낸 20대를 '우리의 가치를 알아봐 주는 사람을 만나는 여정'이었노라고 말할 만큼 득도에도 성공했다.

통찰력
은 힘

88호기

이름이 없어도 '된다'는 걸 보여 주겠어

워킹홀리데이를 떠나 새로운 세상에서 유영하던 때 한국에서 피터공과 대학 선후배들이 뭔가 재미있는 일을 꾸미고 있다는 풍문을 들었다. 귀국 후 놀공을 찾아가 도대체 무슨 일을 벌이고 있는지 눈으로 확인했고, 이름이 없는 것을 만든다는 피터공의 마력에 이끌려 자연스럽게 놀공의 코어 멤버가 되었다. 시간이 지날수록 전문성과 내 능력을 인정받고 싶었고 지금은 놀공에서 게임 기획과 비주얼 디자인을 담당하고 있다.

OBJECT

놀공발전소 집기 소개

고전 게임

30년도 더 된 피터공의 보물 1호들. 건전지를 넣으면 아직도 전원이 들어오고 플레이 가능한 것들이다. 놀공을 처음 방문한 사람들에게 보여주면 상당히 즐거워한다. 훗날 놀공의 밑천이 될 가능성도 있다.

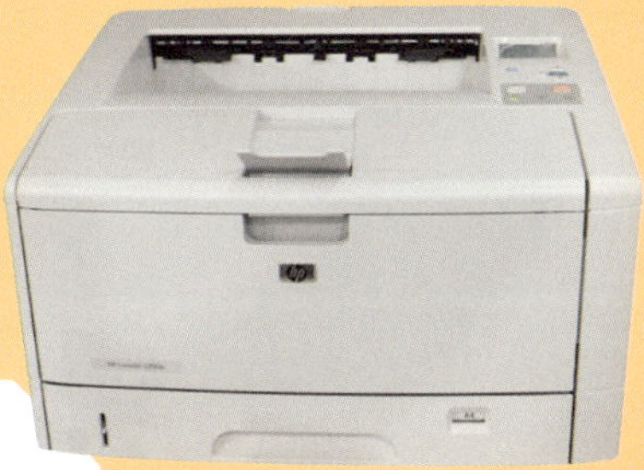

각종 프린터

사무실이라면 당연히 프린터가 있지만 놀공에는 그 종류가 다양한 것은 물론 쓰임새도 제각기다. 기초적인 카드와 보드 등 게임 진행에 필요한 소품들을 직접 출력해서 제작할 수 있다.

작두

100개면 100개, 300개면 300개 수작업으로 모든 소품을 제작할 수 있게 하는 일등 공신이다. 칼로 자르는 것보다 시간이 단축되지만 작두가 움직인다는 것은 야근이 시작된다는 것을 의미한다.

버튼 제작기

게임 소품 제작으로 쓰이는 버튼 제작기. 보통 버튼을 제작하려면 최소 100~500개 이상 주문해야 하는데 언제나 이렇게 대량이 필요한 것은 아니기에 아예 기계를 장만했다.

열포장 기계

주로 택배용 은박 봉투 같은 것을 열을 가열해서 포장하는 기계다. 게임에 참가하는 사람들에게 비밀 미션을 줄 때 밀봉 포장해서 전달한다. 마치 공장에서 만들어낸 것 같은 완성도를 자랑한다.

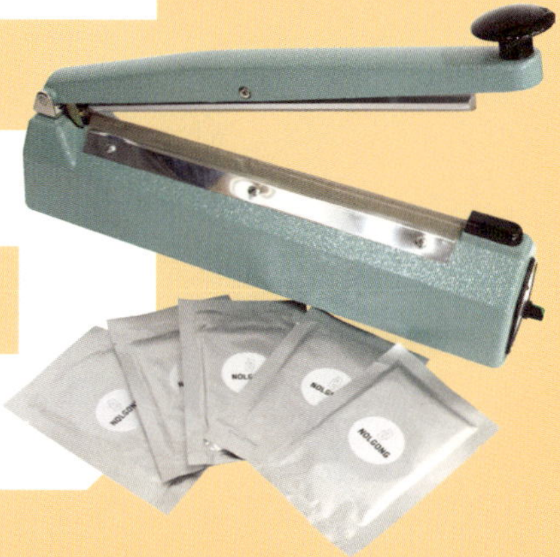

각종 보드 게임

여유가 찾아올 때에는 보드 게임을 하나 꺼내서 플레이하며 분석하는 시간을 보낸다. 좀 더 재미있게 발전시킬 수 있는 방법은 없는지 고민하다보면 영감이 떠오른다.

7

소년만화

소년만화는 놀공에게 자기계발서와 같다. 포기를 모르는 주인공이 모두가 포기할 때도 도전하는 모습은 강한 자극을 준다. 힘들고 지치면 한번씩 펼쳐 본다.

8

무전기

놀공이 이벤트를 진행할 때 중앙 MC와 스팟별 진행 요원, 디지털 서버 운영자 간의 소통을 위한 필수 아이템이다.

자전거

자전거를 타면서 머리를 식히기도 하지만 사실 주된 목적은 맛집을 찾아가고 간식을 사러 가기 위함이다. 모퉁이만 돌면 늘 새로운 가게와 카페가 생기는 동네 탐사에는 자전거가 최고다.

포커칩

게임을 개발할 때는 물론이고 실제 현장에서도 유용하게 쓰이는 포커칩이다. 사설 하우스를 운영해도 될 만큼 상당한 양의 포커칩을 보유하고 있다.

1

노력 금지를 위한 공동체

너희는
어떻게

뭐니 거야?

AROUND

놀공의 경쟁력은 멤버들에게서 나온다. 기획부터 디자인, 현장 진행까지 책임지는 놀공의 다재다능한 멤버들은 언제, 어디서, 어떻게 만나게 된 것일까? 윗집과 아랫집의 인연, 사제지간의 인연, 학교 선후배라는 인연까지. 알고 보니 결국 만날 수밖에 없는 운명이었다고 말할 수도 있지만 놀공 멤버들의 생각은 다르다. 이웃에 산다는 이유로 모두가 함께 회사를 키워 가는 인연으로 발전하는 것이 아님을, 사제지간이라 해서 반드시 각별해지는 것이 아님을, 학교 선후배라는 인연이 생각보다 그리 끈끈한 것만은 아니라는 것을 우리 모두 경험상 알고 있지 않은가?

세상 모든 유혹에 흔들리는 어른입니다

1호기 잠재력 담당 피터공 이야기

나는 편식이 심하고 참을성이 없으며 세상의 모든 유혹에 흔들리는 어른이다. 또한 모두가 최선을 다하고 최고가 되기 위해 노력하는 이 세상에서 '노력 금지'를 좌우명 삼아 게임을 개발하는 회사의 대표이기도 하다. '노력 금지'는 열심히 하지 말라는 것이 아니라 내가 진정으로 즐거운 일이 아니라면 노력은 아무런 의미가 없다는 뜻이고 게임은 컴퓨터 게임만이 전부가 아니라고 오늘도 세상 곳곳에 설파하고 있다. 이런 나를 두고 사람들은 '샤먼 리더십의 대가'라고 부른다. 마치 주술을 부리는 것처럼 사람을 모으고 당시에는 뚜렷하지 않았던 디렉션이었지만 시간이 지나면 결국 맞아 들어가는 것을 몇 차례 목격했기 때문이다. 나를 둘러싼 이 모든 설명이 꽤 마음에 든다. 앞으로도 세상 모든 유혹에 흔들리고 노력을 금지하며 게임을 만들고 샤먼처럼 사람들을 사로잡고 싶다.

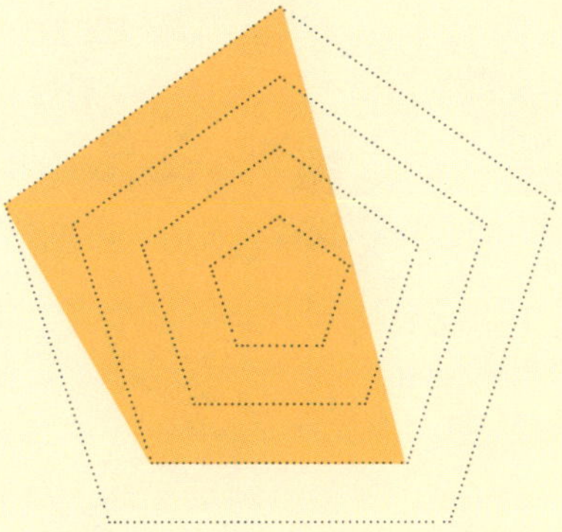

이름	이승택(Peter Lee)
호기	1호기
능력	잠재력
강점	사람을 끌어모으는 알 수 없는 매력
약점	소심하다
주의사항	세 가지 소원을 말하는 순간 당신은 이미 놀공 멤버 후보

너 같은 애는 미국에 가면 안 돼!

미국 유학을 떠나기 전 어렸을 때부터 나를 지켜본 선생님을 찾아가서 인사를 드렸다. 스무 살, 꽃다운 청춘이 막 시작되려 하던 때였고 낯선 국가에 던져진다는 사실에 마음이 마구 뛰었을 때였다. 주변에서는 격려와 응원의 말이 쏟아졌다. 선생님께도 덕담 한마디를 들을 겸 찾아갔지만 전혀 뜻밖의 말을 던지셨다.

"너 같은 애는 미국에 가면 안 돼! 지금까지 네가 한 일 중에서 네가 직접 생각하고 선택한 일이 뭐가 있니? 네가 뉴욕에 가서 뭘 하겠어!"

선생님의 말을 듣고 가만히 곱씹어 보니 그동안 나는 어머니가 제안해 준 방향에 따라서 움직이며 살았다는 생각이 들었다. 다른 사람이 내민 선택지를 보고 따라갔을 뿐 온전히 나에게서 비롯된 삶은 아니었다는 것을 알게 된 것이다. 스스로 무척이나 어리석게 느껴졌다. 도대체 내 생각이라는 것은 무엇인가, 나는 무엇을 하고 싶은 건가라는 질문이 머릿속을 떠나지 않았다. 제대로 고민을 시작하기도 전에 나는 미국행 비행기에 올랐고 유학 생활 내내 이 질문이 나를 움직이게 했다.

내가 학교에서 배운 것

영어에도 익숙해져야 했고 수업과 개인 과제를 따라가느라 정신없이 보내는 시간이 이어졌다. 그 사이 나는 SVA[1] 에서 학부를 마치고 NYU Tisch ITP[2] 에 입학했다. 모든 과정이 의미가 있었지만 우리나라로 치면 미술대학에 가까운 NYU Tisch ITP에 다니면서 많은 경험을 했다. 우리나라를 비롯한 여러 곳에서는 어려서부터 계속 미술을 공부해 온 사람들이 미술대학에 진학한다. 하지만 이곳에는 변호사, 무용수 등 미술과 직접적인 연결이 없는 직군에 소속된 사람들이 입학한다. 따라서 연령대도 다양하고 고민하는 문제도 종잡을 수 없을 만큼 천차만별이었다.

---

1) School of Visual Art: 50년이 넘는 역사를 자랑하는 곳으로 산업 디자인 분야의 인재를 키워내는 곳으로 입지가 굳건하다.

2) 'NYU Tisch ITP(Interactive Telecommunications Program): 미디어 아트 부분에서 독보적인 입지를 구축한 교수진과 탄탄한 커리큘럼을 자랑한다.

수업은 일방적인 이론 전달이 아니라 토론의 주제를 교수가 던지면 그것을 두고 학생들이 이리저리 의견을 더하면서 답을 구하는 형식으로 진행되었다. 이때 교수가 던지는 주제의 대부분은 정답이 없는 것이었고 나를 포함한 학생들은 정답이 없는 문제인 줄 알면서도 치열하게 의견을 주고받았다. 마치 네트를 사이에 두고 공을 넘기는 게임처럼 말이다.

이러한 과정을 통해서 누구에게도 뒤지지 않는 토론 능력과 생각하는 힘을 길렀다는 뻔한 이야기를 하고자 하는 것은 아니다. 매일매일 이러한 토론에 노출되면서 나는 묘한 자신감이 생겼다. 정답이 없는 토론이었기에 이기고 지는 것은 문제가 되지 않았다. 내 생각을 말하는 것에 대한 자신감, 내 생각이 또 다른 토론을 몰고 올 때의 뿌듯함이 더 컸다. 이런 훈련을 통해 나는 새로운 아이디어를 내는 것에 겁을 내지 않는 마음가짐을 장착하게 되었던 것 같다.

또 한 가지 얻은 것이 있다면 학교에서 다양한 분야에 종사하는 사람들과 함께 공동 작업을 하면서 느낀 즐거움이다. 학교라는 거점을 중심으로 자신만의 창작 작업을 하는 사람들이 모이다 보니 새로운 파트너를 만나는 것만으로도 전혀 다른 세계가 열리는 경험을 종종 했다. 그곳에 있는 사람들은 내가 갖고 있지 못한 능력을 보유하고 있었고 나는 그들의 능력을 빌려 전혀 경험해 보지 못한 분야라 할지라도 얼마든지 진출할 수 있었다. 이러한 모델은 마치 시골의 어느 이름 없는 마을을 연상시켰다. 누구나 자유롭게 이사를 오고 또 갈 수도 있으며 마음이 내키면 옆집의 문을 두드려서 드나들 수 있는 그런 인심 좋은 시골 마을 말이다. 조용히 자신만의 일을 하다가도 누군가에게 도움이 필요할 때면 광장에 모여서 힘을 모으고 또 자연스럽게 흩어질 수 있는 이상적인 마을 공동체가 바로 내가 경험한 학창 시절의 전부였다.

어쩌면 이때부터 놀공발전소의 지향점이 결정되었는지도 모르겠다. 지하부터 옥상까지 각종 편의 시설로 가득한 복합 상가가 아니라 소규모이지만 자신이 갖춘 능력 안에서 다른 창작자들과 어울려 세상에 없는 무엇을 만드는 형태가 말이다.

방황의 끝에서 만난 한 줄기 빛, 게임

1995년 학교를 졸업하고 드디어 사회인이 되었다. 첫 직장은 바로 〈TIME〉 잡지사였다. 이곳에서 뉴미디어 디자이너로 일하게 되었고 주간지의 특성상 밤샘 작업이 많았지만 제법 대우가 좋았고 누가 봐도 안정적인 회사였다. 그렇지만 마음 한구석에는 '이건 아니다' 싶었다. 바쁜 일상은 나에게 생각하는 시간을 점점 빼앗고 있었다. 제약 회사로 이직도 해 보았지만 그마저도 점점 시들해져 가는 나에게 생기를 불어넣지 못했다.

몇 번의 이직을 하면서 안 그래도 빠르게 달려 나가는 시간은 마치 날개를 단 것처럼 나를 추월했다. 당시에는 미처 알지 못했지만 나는 방황을 했던 것 같다. 처음 미국에 올 때 선생님이 내게 했던 질문에 게으르게 대처한 탓이 아니었을까? 선생님이 내게 해 준 말이 생각났다. 직접 생각하고 선택하는 일을 해 보자, 주어진 일이 아니라 하고 싶은 일을 하자.

마침 곁에는 마음이 맞는 친구 에릭 짐머만Eric Zimmerman이 있었다. 에릭과 함께 7개월 동안 주말은 물론이고 틈틈이 생기는 여가까지 반납하면서 게임을 만들기 시작했다. 누가 시킨 일도 아니었고 반드시 성공해야 하는 일생일대의 과제도 아니었지만 자발적으로 연구에 몰두했던 것은 그 일이 정말 재미있었기 때문이다. 어떻게 하면 더 좋은 게임을 만들 수 있을까 끊임없이 고민했고 밤샘을 하는 동안 내가 지금 억지 노력을 하고 있다는 느낌이 전혀 들지 않았다. 회사 생활을 할 때는 느낄 수 없었던 감정이었다.

에릭과 나의 땀방울은 'BLiX'라는 퍼즐 게임으로 완성되었고 큰 기대 없이 응모한 공모전에서 수상의 영예를 안았다. 이후 'BLiX'는 한 포털 사이트에 정식으로 판매되었는데 그로 인해 생긴 수입으로 2000년 9월 뉴욕 도심에 게임 회사를 열게 되었다.

그렇게 안 해도
된다는 것을 보여 주마

2000년대는 버블의 시대였다. 닷컴에 대한 막연한 기대감으로 자본이 마구 밀려들어 오던 때였고 마침 그 시기의 한가운데에 내가 있었다. 말도 안 되는 액수의 돈을 회사의 이름만 있으면 투자받을 수 있었다. 제대로 된 사무실도 없었던 때였지만 내게도 투자자들이 접근해 왔다. 어쩌면 쾌재를 외칠 수 있는 순간이었지만 이런 투자 방식에 의문이 들었다. 새로운 게임을 만들겠다는 의지는 있었지만 아직 우리의 비전도 증명하지 않았고 작은 게임을 하나 만들었을 뿐인데 투자를 하겠다는 사람들이 좀처럼 이해가 되지 않았다. 그리고 막연하게 누군가의 돈을 받으면 거기에 발목이 묶인 채로 시작해야 한다는 두려움도 있었다.

고민 끝에 좀 더 내실을 다진 후에 투자를 고려해 보자는 결론을 냈다. 얼마 후 닷컴 시장을 잔뜩 부풀렸던 거품이 꺼졌다. 경기가 완전히 폭락해

버린 것이다. 투자를 받아 회사를 운영하던 다른 회사들은 대부분 문을 닫거나 규모를 대폭 줄였다. 나는 다행스럽게도 투자를 받지 않았다는 이유로 큰 변화 없이 회사를 운영할 수 있었다.

그러나 경기의 영향을 완전히 피해갈 수는 없었다. 콘텐츠에 대한 외부 투자와 수요가 위축되자 오리지널 콘텐츠를 개발하는 일이 점점 힘들어졌다. 어쩔 수 없이 디즈니, 레고, 방송국처럼 콘텐츠를 가지고 있는 기업을 위해서 게임을 개발하는 일을 통해 수익을 내야 했다. 간혹 웹 사이트를 개발해 달라는 요청을 받거나 아예 다른 디자인 분야에서 작업을 의뢰해 올 때는 마음이 크게 흔들렸다. 본업은 아니지만 회사를 제대로 운영하기 위해서 잠깐 발을 담가도 되지 않을까 하는 유혹에 빠진 것이다.

하지만 그때마다 내가 몸담은 곳은 게임 회사라는 것을 잊지 않았다. 다른 일로 조금씩 돈을 벌게 되면 정작 하고 싶은 일을 뒤로 미루게 될 것이 뻔했다. 돈이 벌리는 쪽으로 나의 경험이 쌓이는 것을 원치 않았다. 게임과 관련된 일만 하고 다른 것은 절대 하지 말자고 아무리 힘들어도 한 분야에 몰두하기로 마음을 다잡았다.

아주 조금씩이었지만 회사는 성장하고 있었다. 한창 게임을 개발하며 도약을 준비할 때쯤 예상치 못한 사건이 벌어졌다. 바로 9.11테러 사건이었다. 사무실 근처에 세계무역센터가 있었기 때문에 사건이 발생하자 접근이 완전히 차단되어서 한동안 회사에 갈 수 없었다. 5개월 후 사무실에 겨우겨우 들어갔을 때는 인터넷과 전화가 불통인 상태였다. 회의는 모여서

하더라도 작업은 집에 가서 했고 결과물은 저장 장치에 담아서 직접 클라이언트에게 배달하면서 디지털과 아날로그를 넘나들었다. 힘든 과정 끝에 'Diner Dash'라는 게임을 완성했고 그간의 고생을 보상이라도 하듯 큰 인기를 끌었다. 게임 개발을 의뢰받아 운영하던 회사가 오리지널 게임을 만드는 회사로 전환하는 계기였다.

선택에는 힘이 있다

'Diner Dash' 게임의 성공으로 회사의 규모가 커지자 개발을 하면서 동시에 경영까지 챙기는 일이 점점 힘들어졌다. 작은 결정 하나를 할 때에도 수많은 변수를 고려해야 했고 신중해야 했다. 게임을 개발하면서 경영을 하기에는 시간이 너무나 부족했다. 전문 경영인을 초청해 경영 전반을 맡기고 게임을 개발하는 일에 집중하고 싶었다. 전문가에게 결정하기 어려운 문제를 맡기고 나는 작업에 더 몰두하겠다는 것이 표면적인 이유였지만 돌이켜 생각해 보니 내가 아닌 누군가가 어려운 질문에 대신 대답하고 책임도 져 주었으면 하는 마음이 컸던 것 같다.

이제는 마음껏 개발할 수 있겠구나 생각했지만 CEO가 있으면 효율이 떨어진다는 이유로 실무에도 좀처럼 참여할 수 없었다. 무엇을 해도 예전처럼 신이 나지 않았다. 엎친 데 덮친 격으로 전문 경영인에 의해서 회사의 분위기가 점점 달라지기 시작했다. 당시 회사는 특이한 문화를 가지고 있었다. 출근 시간은 정해져 있지 않았고 각자가 선택한 시간에 일할 수 있었다. 이것이 독특한 회사 문화를 형성했지만 전문 경영인의 눈에는 비효율적인 습관에 불과했다.

당시 회사를 운영한다고 하자 주변에서 격려보다는 충고가 많았다. 왜 투자를 받지 않는 것이냐? 사업은 이렇게 하는 것이다 등등. 어딘가 나만 보지 못한 『사업의 정석』이라는 책이 있는 것인지 모두가 비슷비슷한 조언을 던졌다.

하지만 조언을 들으면 '왜 꼭 그 방법이어야 하지? 왜 그렇게 해야만 하나'라는 의문이 들었다. 그리고 '내 방식으로도 된다는 것을 보여 주겠어'라는 약간의 오기도 있었다. 주변의 말에 흔들리지 않고 내 선택을 믿고 책임을 지기 위해 움직였던 것이다. 그렇게 회사를 키워 갔다. 그러나 전문 경영인에게 선택권을 넘겨 주자 나의 소신을 지키기 어려웠다. 스스로 결정을 내리고 그것을 지켜 나가는 것이 얼마나 큰 의미가 있는 것인지 뒤늦게 깨달은 것이다.

19년의 미국 생활을 접고 다시 한국으로

다시 가슴 뛰는 일을 찾아 움직여야 하는 때가 왔다. 게임이라는 틀 안에서 새롭게 도전할 수 있는 무언가를 찾기 시작했다. 게임의 본질에 충실하면서 직접 선택하고 그 선택을 지키기 위해 움직일 수 있는 새로운 판이 필요했다. 뉴욕에서 영리 목적이 아닌 비영리 연구소를 설립하고 게임으로 교육하는 학교를 준비하게 된 것도 이즈음이었다.

게임을 할 때 사람이 몰입하는 것처럼 공부할 때도 몰입을 할 수 있다면 좋겠다는 생각도 하게 되었고 학교를 만드는 일에 적극적으로 참여했다. 게임과 학교의 이색적인 만남은 많은 사람의 관심을 끌었고 그 안에서 벌어지는 일들을 지켜보다 보면 잊고 있었던 재미와 흥분이 다시 찾아왔다. 각종 세미나에 참석하면서 쌓아온 노하우를 전했고 뉴욕에서 개최되는 게임 페스티벌에 참여하면서 뉴욕 시민들을 내가 설계한 게임판에서 마음껏 뛰놀게도 하였다.

당시 많은 곳에서 함께하자는 제안이 들어왔지만 정작 한국에서는 같이 일해 보자며 나서는 사람이 아무도 없었다. 당시만 해도 한국에서는 게임이라 하면 컴퓨터 게임과 동급이었고 게임이라는 매체를 디자인으로 바라보는 사람이 없었다. 한국에는 아직 게임을 제대로 경험한 사람이 없기 때문이라 생각했고 가능하다면 많은 사람과 게임을 경험할 수 있는 활동을 하는 것으로 방향을 선회했다.

마침 국내 아티스트 지원 프로젝트에서 게임에 관련된 나의 활동을 유심히 지켜보다가 한국 대표로 선발하는 행운도 찾아왔다. 이제는 한국에서 새로운 일을 펼칠 때가 왔음을 느꼈다. 그동안 누구보다 다양한 일을 했고 대외적으로 성공했다고 할 수 있는 순간을 만끽했다. 그리고 꼭 그만큼의 불안감에도 젖어 보았다. 이렇게 단련이 되었는데 못할 일이 없었다. 이번에는 그 어떤 순간에도 결정하고 선택하는 일을 포기하지 않겠다는 다짐을 하며 2010년, 귀국했고 새로운 사람들과 놀공의 터를 다지기 시작했다.

나는 불안하다,
그러나 재미있다

한국에 돌아와 놀공을 시작하고 어느덧 3년이 넘는 시간이 흘렀다. 그 사이에 벌어진 무궁무진한 일들을 어떻게 정리해야 할지 모르겠다. 문자로 그림으로 다할 수 없는 이야기가 쌓였다. 눈빛만 보아도 통하는 동료가 제법 생겼고 이제 내 곁에는 게임으로 세상을 바꿔 보겠다는 비전에 공감하고 놀공만의 문화에 흠뻑 젖어 있는 든든한 지원군들이 곳곳에 생겨났다. 그러나 나는 여전히 불안하고 새로운 것을 갈망한다. 이제 나이가 어느 정도 들었지만 불안한 마음은 줄어들지 않았다.

회사를 운영하면서부터 불안의 종류는 더욱 다양해졌다. 회사가 잘 되면 잘 되어서 불안했고 안 되면 안 되어서 불안했다. 하지만 나는 그 불안이 나를 이 자리에 있게 한 에너지라고 믿는다. 불안을 없애기 위해 나는 선택을 했고 그 선택에 따라 움직이다 보니 이곳에 왔다. 불안은 극복해야 하는 것이 아니라 잘 다루어야 하는 취급 주의 물품이다.

불안은 불행과 동의어가 아니다. 불안은 나를 움직이게 하는 변수 중의 하나일 뿐이다. 지금 이 순간에도 불안은 내 마음속 어딘가에 있지만 그 불안이라는 녀석을 나는 재미있는 것으로 요령 있게 다루는 법을 이제는 조금 알 것 같다.

세상을
바꾸는
시간,
15분

성공과
열정을
그대에게

8호기 추진력 담당 애련공 이야기

뉴욕에서 게임 회사를 차리고 공립학교까지 설립한 인재. 뉴욕, CEO, 엘리트. 피터공이 귀국하기 전까지 그에 대한 수많은 이야기를 풍문으로 들으면서 호기심을 키워갔다. 떨리는 마음으로 만난 피터공의 첫인상은 웬걸, 수더분한 인상과 반짝 빛나는 까만 눈동자가 인상적인 '누가 봐도 강원도 봉평 총각'이었다. 그러나 피터공이 주최하는 세미나와 스터디 등을 쫓아다니면서 나는 놀공이 큰 물고기임을 직감했다. 게다가 피터공 주변에 몰려 있는 눈이 초롱초롱한 친구들을 보면서 마음이 동했다. 그렇게 대책 없이 첫사랑에 빠져드는 소녀처럼 놀공에 뛰어들었다. 얼마 후, 정신을 차리고 보니 나는 애련공이 되어 있었고 추징력이라는 글자가 명함에 박혀 있었다.

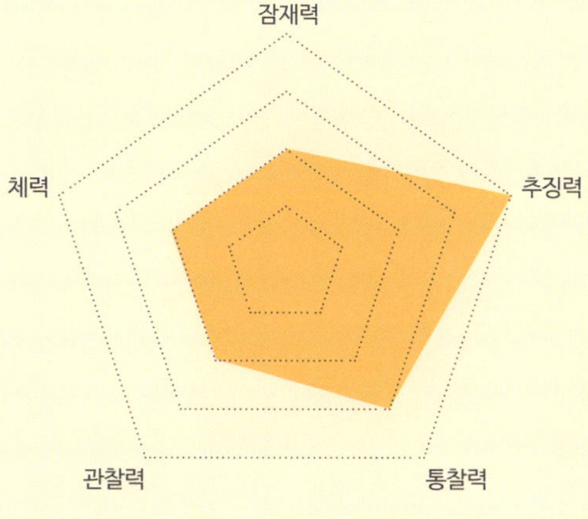

이름	임애련
호기	8호기
능력	추징력
강점	각종 미수금 추징
약점	음식에 대한 유혹
주의사항	매달 25일에는 예민해짐

추진력을 넘어서는
추징력

놀공에서 담당할 동력을 선택하라는 미션을 받고 한동안 고민했다. 나뿐만 아니라 놀공에 새로운 멤버가 되면 누구나 이러한 고민의 시간을 거친다. 부모님이 지어주시고 수십 년 동안 사용한 이름을 버리고 새로운 명칭을 정하는 것이니 결코 만만한 일은 아니기 때문이다. 쉽게 동력을 정하지 못하고 당장 눈앞에 닥친 일부터 하나둘 수습해 나가기 시작했다.

당시 놀공은 한국 물정 모르는 피터공과 대학교 휴학생이던 착하디착한 멤버들로 구성되어 있었다. 손해 보지 않고 일하는 법, 속전속결로 산더미처럼 밀린 일을 처리하는 법은 고사하고 간단한 관공서 업무 하나 제대로 처리하는 방법조차 모르고 있었다. 나는 두 팔을 걷어붙이고 그동안 쌓아온 삶의 노하우로 스타트업 단계에 있는 놀공의 업무를 정리해 나가기 시작했다.

추진력을 넘어서는 추징력이라는 칭호도 이 무렵 받게 되었다. 추징력. 나는 이 단어가 나쁘지 않고 맘에 들었더랬다. 또 명함을 주고받는 자리에서 추징력이 뭐냐고 물어보는 사람도 많아서 관심을 끌기에도 좋아 자연스럽게 홍보 효과도 보고 있으니 내 역할을 톡톡히 하고 있다는 생각이 든다. 또한 놀공이 돈을 받지 못해 속앓이를 하는 경우가 없는 것도 나의 추징력 때문이라 여기고 있다.

대기업 직원에서 놀공 멤버가 되기까지

직장인이라면 누구나 인생 이모작을 준비한다. 나 역시 예외는 아니어서 막연히 성공한 사람들의 자기계발서를 읽기도 했고 회사를 박차고 나가 창업에 성공한 선배와 쫄딱 망한 선배의 이야기를 겉으로는 아닌 척하면서 열심히 귀동냥했다.

참으로 다행인 것이 당시 나는 학교에 다닐 때보다 공부를 더 많이 할 기회를 회사에서 잡을 수 있었다. 소위 말하는 대기업 직원으로서의 특권이기도 했고 나의 맡은 바 직무가 직원 대상 교육HRD 분야였기에 가능한 일이었다. 배우는 것이 즐겁기도 했고 업무상 필요하다는 절박함까지 있으니 학구열이 불타올랐고 문자 그대로 주경야독을 실천할 수 있었다.

그렇게 국내에 이름난 대기업 두 곳을 거치며 15년이라는 시간을 보냈다.

대기업에 근무할 때는 나를 길게 소개하지 않아도 되었다. 명함에 찍힌 몇 글자가 나를 더 빛나게 해 주었다. 몸담은 기업이 나를 보증하고 있었고 그 안에서 충분히 보람을 느꼈다. 컴퓨터가 고장 나면 관리자가 나타나 직접 고쳐 주었고 전화 한 통이면 필요한 서류가 속속 도착했다. 모든 것이 재미있었고 대우 또한 만족스러웠다.

당시에는 마지막이 될지 몰랐지만 총 예산 규모 3억 5천만 원짜리 프로젝트를 진행하면서 한계가 왔다. 혼자 취재도 하고 프로그램도 만들면서 회사에서 누구보다 일 벌이기를 좋아하는 사람이지만 유난히 부딪히는 일이 많았던 것이다.

"아, 내 사업을 해 보고 싶다. 차라리 이게 다 내 일이라면 더 재미있지 않을까?"

이 무렵 내가 유난히 지쳤던 이유는 하나둘 사업을 시작한 친구들의 영향도 있었다. 꽤 큰 성공을 거두었다는 그들의 이야기가 나를 살랑살랑 흔들었다. 그러던 차에 솔깃한 제의가 들어왔다. 내 나이 마흔에는 내 사업을 해 보리라는 생각에 주변의 만류와 걱정에도 불구하고 나는 어느 회사의 대표 자리를 받아들였다. 내가 그동안 쌓아왔던 교육 분야의 커리어와는 전혀 관계없는 일이었지만 대표님이라는 소리가 참으로 달콤하고 뿌리치기 힘든 유혹이었다.

서초동 빌라에 사무실을 차리고 사람들을 만나러 다니기 시작했다. 사회 경험이 많다고 자부했지만 대기업이라는 울타리를 벗어나서 만나는 사람들은 그야말로 신인류였다. 애정 어린 조언과 도움을 주는 사람도 있었지만 그렇지 않은 사람도 많았다. 그 사람들 속에서 유난히 빛나는 사람이 있었다. 의욕 넘치는 초보 CEO였던 나에게 믿음직한 조언을 해 주시던 은인 같은 어르신을 만난 것이다. 그 사람이 바로 피터공의 아버지로 강원도 봉평에서 허브나라를 운영하시는 이호순 대표님이었다.

때마침 피터공이 미국에서 귀국해 내가 일하던 사업장 2층에 자리를 잡았다. 아래위 층에 자리한 이웃사촌 자격으로 오가면서 서로의 사업을 자문해 주다가 점점 피터공의 배경과 그가 해 왔던 여러 프로젝트에 관심이 갔다. 들을수록 멋지고 엿볼수록 대단했다. 교육 콘텐츠에 몸담았던 경력과 나의 육감이 '게임으로 학교를 만들고 놀이로 교육하겠다'는 말에 반응했다.

우뚝 곤두서는 촉 하나만 믿고 1년 만에 사업체를 접고 놀공에 합류했다. 대기업에 오랫동안 근무하다가 갑자기 창업하고 또 1년 만에 회사를 정리하고 다른 회사에 합류하겠다는 나의 행보를 두고 주변에서 말이 많았다. 그러나 뉴욕에서 홈페이지를 만들기 위해 무작정 날아오는 피터공의 친구와 멋쟁이 대학생 3명의 초롱초롱한 눈을 마주하자 세상의 이목은 더는 중요한 일이 아니었다.

누구도 하지 않은 일을 한다는 것

새로운 일을 한다는 것, 창의적인 일을 한다는 것, 회사에서 주어진 일이 아니라 회사를 운영한다는 것. 모두 즐거운 일임에는 틀림없지만 가슴 한 편으로는 불안한 것도 사실이다. 지금은 업계에서 인정도 받고 있고, 독보적인 행보를 이어가는 놀공이지만 불안은 처음이나 지금이나 피할 수 없는 요소다. 더구나 나는 안정적인 대기업에서 근무했던 경험이 있고 짧았지만 내 사업을 꾸려 본 경험도 있다. 고비와 슬럼프가 번갈아 찾아오는 느낌과 그 속에서 엄습하는 불안은 직장 생활을 하고 미래에 사업을 시작해 보리라 꿈꾸는 평범한 사람들이라면 누구나 충분히 공감할 수 있을 것이다.

"그래서 니가 시작한 사업이 뭐라고?"

분명히 하고 싶었던 일이었지만 믿고 따라갈 만한 사업 모델이 있었던 것도 아니었고 선례가 전혀 없었기 때문에 나는 이러한 질문을 받으면 무어라 대답해야 할지 알 수 없었다. 대답이 막막해질 때마다 현재의 나를 보증해 줄 대안이 필요했다. 이 무렵 대학 강의에 나서게 된 것도 같은 맥락이 아니었나 싶다. 아이들이 교수님이라고 불러 주는 것이 좋았고 학생들을 가르치는 일은 또한 재미있었다. 시간도 많이 잡아먹고 강사였기 때문에 보수도 넉넉하지 않았지만 오랜만에 맛보는 보람이 있었다. 무엇보다 '나는 어디 어디에서 강의한다'는 말이 나를 당당하게 만들어 주었다. 어쩌면 도피처가 되었는지도 모르겠다.

그렇게 1년 반 동안 강의를 계속하면서 불안함은 사라졌고 놀공은 점점 바쁘게 굴러갔다. 이제 나는 미련 없이 학교를 떠날 수 있었다. 더는 피난처가 필요 없었기 때문이다. 아이들을 가르치는 즐거움은 너무나 컸지만 내가 무엇을 하는 사람이라고 남들 앞에서 증명하기 위해서라면 강단에 서지 않는 것이 옳다는 생각이 들었다.

큰 기업에 있을 때는 많은 인원이 한곳에 모여 있어야 하는 이유를 알지 못했다. 하지만 회사를 떠나 단독으로 기업체를 굴려 보자 대기업 시스템이 주는 편의를 금방 깨달았다. 책상부터 전구까지 사람의 손이 가지 않는 곳이 없었고 손이 가지 않는 곳이라면 발이라도 써야 했다. 현재 놀공 사무실에는 컴퓨터도 있고 프린트기도 있고 호미 화방 못지않은 각종 문구류가 즐비하지만, 처음부터 지금과 같은 모습이었던 것은 아니었다.

제대로 된 가구도 없었고 컴퓨터는 집에서 가져온 것들로 어찌어찌 일하고 있었다. 옆집이 책상 맞출 때 같이 맞추고 절친한 친구가 마련해 준 평상으로 사무실 공간을 채웠다. 이때는 개업 선물로 들어오는 집기들을 로또 당첨보다 기다렸던 것 같다. 가구가 하나씩 자리를 잡고 집에서 쓰던 모니터 대신에 새로 장만한 컴퓨터가 들어올 때마다 행복했다. 그 기쁨은 혼수를 장만하던 새색시 시절의 감정과 비슷했다. 작고 아담한 첫 번째 사무실에서 소꿉놀이하듯 재미있게 지냈다. 여름도 아닌 겨울에 물난리를 겪어야 했다는 것만 빼면.

놀공스럽게 물들어

우연히 친구의 서재에 있던 미술사 책에서 황금 사과를 들고 있는 비너스를 보게 된 이후 나는 화집을 사 모으기 시작했다. 마치 마법에 홀린 것처럼 화가별로 수집하고 나라별로 정리하는 것도 모자라 유명 큐레이터가 선정한 작품과 그 속에 숨겨진 이야기에 귀를 기울였다. 이렇게 그림과 화가에 대한 연모의 정을 키우며 끙끙 앓다가 실제로 그 그림을 마주할 기회를 잡게 되었을 때의 희열이란 이루 말할 수가 없다. 그러다 문득 이런 생각을 하게 되었다.

"내가 언제부터 이렇게 그림에 집착했지?"

고백하지만 나에게는 타고난 심미안이 없었다. 아름다움에 대해서는 너무나 둔감해서 누군가 직접 말해 주어야 어렴풋이 이해할 수 있었다. 놀공을 만나기 전까지는 나의 이러한 성향이 유별나다고 생각하지 않았다. 나뿐만 아니라 대다수가 그렇다고 믿었고 실제로 그러했으니까. 그러나 놀공 멤버들은 미술을 전공한 사람들이었다. 부럽다고밖에 할 수 없는 심미안을 기본 탑재하고 있었다. 특히나 비싸고 번쩍일수록 아름다운 것으로 생각했던 나의 눈에는 이태원 골목을 거닐다가 가파른 계단을 만나면 감탄하는 피터공이나 새로운 문방구를 발견하고 기뻐하는 지인공, 뚝딱뚝딱 그림을 그려 내는 은현공은 환상 속에 등장하는 생명체나 다름없었다.

"저 계단이 예쁘다구요?"
"왜 그 볼펜을 색깔별로 사는 거지?"
"이걸 지금 그렸단 말이야?"

웬만한 정장 한 벌 값인 블라우스를 예쁘다고 덜컥 구매하고는 안 어울린다는 것을 뒤늦게 깨닫고 장롱 속에 모셔 두면서 볼펜과 노트를 사는 것에는 인색하게 구는 것이 놀공을 만나기 이전의 내 모습이었다. 그러나 지금은 다르다. 놀공 멤버들은 아름다움 자체를 사랑하기도 하지만 아름다움을 발견하는 것을 사랑하는 사람들이다. 그들과 어울리면서 나도 아름다움을 발견하고 즐길 줄 아는 사람으로 변한 듯하다. 이젠 나도 문방구 사치를 즐긴다. 걸어가다 문득 계절의 변화를 느끼고 스마트폰으로 살짝 사진을 찍는 감성도 생겼다. 도시에서 자라 시간에 쫓기며 사는 것에 익숙했던 내가 햇살에 감복하고 세월에 몸을 내맡기기도 한다. 나는 놀공을 만난 이후로 줄곧 놀공스럽게 물들어 가고 있었다.

멤버들의 반짝이는 눈동자로 놀공의 미래를 보다

나는 놀공에 들어오는 모든 제안을 제일 먼저 검토한다. 전화 문의는 물론이고 온・오프라인을 통해 쏟아지는 프로젝트 의뢰와 업무 제안을 리뷰하고 있다. 또한 재정 사정을 챙기는 것도 나의 주요 업무다. 여기까지는 내가 줄곧 해 오던 일이기 때문에 전혀 어렵지 않다. 여기에 놀공이기 때문에 부가되는 업무가 있다.

화분을 돌보고 때가 되면 간식을 만들어 공급한다. 비가 오는 날이면 전을 부쳐서 주변 사람들을 초대하는 일도 담당하고 있다. 새로운 프로그램을 개발해야 할 때에는 자리를 박차고 일어나 칠판에 글을 쓰고 사무실 곳곳을 누비면서 목소리를 높이는 일도 나의 업무다. 그러다 보면 한쪽에서 은현공이 코를 찡긋거리며 콘티를 그리고 지인공은 차분하게 기록하고 피터공은 디렉션을 한다. 각자가 가장 잘할 수 있는 분야에서 일하고 있기 때문에 자연스레 협업 형태로 일이 진행된다. 그것도 가장 성공적인 형태로 말이다.

내가 미약하게나마 성공했다고 말해 주는 사람이 있다면 나는 이렇게 답하겠다. 파트너로 피터공을 만나고 놀공 식구들을 만난 것이 행운이자 성공이었다고 말이다. 끊임없이 새로운 것을 갈망하며 오늘도 눈을 반짝이고 있는 이 사람들 덕에 언제나 내일이 조금 더 기대된다.

이 사람들과는 오리배를 타도 태평양을 건널 수 있겠어

3호기 관찰력 담당 지인공 이야기

주입식 교육과 창의력 교육의 과도기에서 청소년기를 보냈다. '하나만 잘하면 된다', '창의력이 미래다'라는 구호가 유행처럼 번졌지만 교실에서 조금만 튀는 행동을 하면 '모난 돌이 정 맞는다', '둥글게 살아야 한다'는 훈계를 받았다. 학창 시절 꽤나 모난 돌이었던 터라 몇 차례의 망치질을 겪은 후 '독창성을 지키려면 튀지 말고 조용히 규칙을 따라야 한다'는 진리, 즉 세상 사는 법을 터득하게 되었다. 카멜레온처럼 겉으로는 모범생이라는 보호색을 쓰고 반항아 기질을 감추었지만 이러한 다중인격은 인생에서 큰 결정을 해야 할 때마다 브레이크를 걸곤 했다. 피터공을 만났을 때도 모범생과 반항아 사이에서 갈피를 잡지 못해 브레이크가 걸린 상태였다. 비틀거리는 내게 피터공은 '게임은 새로운 규칙을 만드는 것'이라고 속삭였다. 항상 나를 피곤하게 만들었던 규칙을 내가 직접 만들 수 있다니. 그렇다면 세상의 규칙에 순응하거나 반항하지 않으면서도 나답게 살아가는 방법이 보일 것도 같았다.

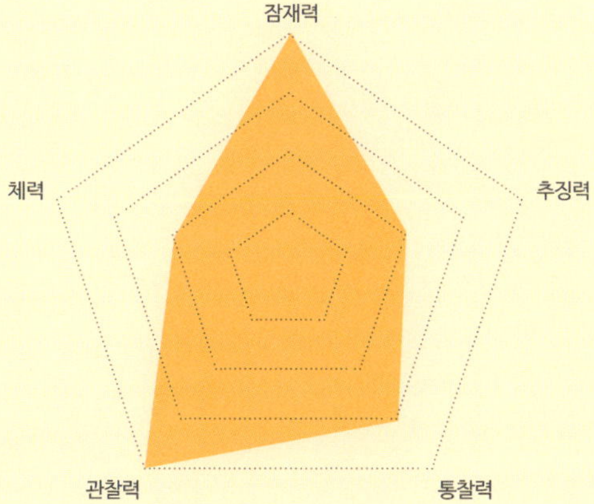

이름	안지인
호기	3호기
능력	관찰력
강점	각종 풍파를 이겨내는 막강한 정신력
약점	흥정을 못한다
주의사항	그녀에게 비밀을 털어 놓았다간 노래의 소재가 될 수 있다

새로운 규칙은
아주 쉽게 만들 수 있다

애니메이션을 만들며 졸업을 준비하던 대학 4학년 2학기, 게임 디자인 수업에서 피터공을 처음 만났다. 디지털 미디어에 관심이 많았던 나는 게임 디자인 수업이라는 강의 제목을 보고 왠지 컴퓨터 프로그래밍이나 그래픽 과제를 하면서 한 학기를 보내게 될 것이라 예상했었다. 하지만 막상 뚜껑을 열고 보니, 이 수업은 로우 테크Low tech의 끝을 달리는 수업이었다. 포스트잇과 레고, 풍선, 우드락이 난무하고 몸을 직접 움직여야 하는 게임이 수업 시간 내내 진행되었다.

주변에서 쉽게 구할 수 있는 물건들로 새로운 놀이법에 대한 아이디어를 그 자리에서 쏟아 내고, 즉시 테스트를 하면서 오류를 수정하는 일을 반복했다. 그 과정에서 팀원들과 무엇이 더 나은 결정인지 소통하는 과정이 반드시 필요했는데, 그 속에서 모두가 공감하는 규칙을 만들어 즐거움을 찾아가는 것이 게임 디자인의 기쁨이라는 것을 알게 되었다.

조금 배운 티를 내자면 내가 '유레카!'를 외친 순간은 팅커링 프로세스 Tinkering process를 마주했을 때다. 팅커링 프로세스란 짧은 시간 안에 즉각적으로 아이디어를 내고, 그 아이디어를 바탕으로 눈앞에서 직접 만질 수 있는 결과물을 만들어 내는 방식으로 생각과 실제의 차이를 곧바로 확인하면서 오류를 잡아내는 것이 목적이다.

팅커링 프로세스를 통해 설사 내 아이디어가 오류투성이라는 것을 알게 되더라도 직접 시도를 해 보는 것이 얼마나 기분 좋은 일인지를 거듭 확인할 수 있었다. 그 매력에 푹 빠져서 졸업 작품도 해야 하고 취업 준비도 해야 하는 대학교 4학년 2학기에 완전히 게임에 불이 붙고 말았다. 그렇게 푹 빠져서 기말 팀 프로젝트로 만들었던 게임인 '북극곰의 이주'가 좋은 반응을 얻었고 피터공의 소개로 유니세프 상설 프로그램이 되어 기후 변화 교육 프로그램으로 자리 잡게 되었다.

정신 차리고 보니
어느덧 뉴욕에 있더라

'북극곰의 이주'는 4명의 참가자가 북극곰이 된다는 설정에서 시작되었다. 이것은 북극곰이 징검다리처럼 변해 버린 빙하를 건너서 안전한 곳으로 이주해야 한다는 아주 간단한 스토리를 가진 게임이다. 빙하는 하얀색 플라스틱 기왓장으로 만들어서 조금만 힘을 주어 밟으면 금방 부서진다. 참가자가 차례로 하얀색 기왓장 즉 빙하를 건너다보면 결국 마지막 사람은 아무리 멀리뛰기를 해도 결국 실패하게 된다. 먼저 빙하를 건너는 사람이 빙하를 조금이라도 망가뜨리면 뒷사람은 앞사람을 향해 조심하라고 소리치는 신경전이 벌어진다. 게다가 빙하는 깨질 때마다 재질의 특성상 엄청난 소리를 내는데 참가자는 물론 구경하는 사람마저 깜짝 놀라게 된다.

우리가 만든 것이지만 지구 온난화로 인해 빙하가 녹으면서 북극에 사는 동물들의 서식지가 줄어들고 있다는 경고의 메시지를 전달하겠다는 의도와 잘 맞물린 게임이 아니었나 자화자찬을 해 본다.

피터공의 게임 수업을 계기로 만난 나와 예리, 태윤은 평균 나이 25세라는 청춘을 무기로 피터공과 그의 절친인 민기공과 함께 '놀공발전소'라는 회사를 만들고 아이덴티티 작업에 참여하게 되었다. 그리고 얼마 뒤 유니세프에서 중학생을 대상으로 교육 프로그램을 진행하고, 또 얼마 뒤 피터공을 따라 게임 페스티벌에 참석하기 위해 뉴욕행 비행기에 몸을 싣고 있었다.

우연히 게임 수업을 듣다가 회사 창립 멤버가 되었고 게임 진행자가 되어 뉴욕에 가다니. 그야말로 한강에 오리배 타러 왔다가 태평양을 건너고 있는 셈이었다. 시간이 어떻게 흐르고 있는지 모를 만큼 얼떨떨했고 다음에 벌어질 일을 예측할 수 없어 불안하기보다는 내 곁에 있는 사람들이라면 오리배를 타고도 태평양을 건널 수 있겠다는 자신감과 기대감이 커졌다. 합이 잘 맞는 사람들과 드림팀을 이루었다는 생각에 하루하루가 설렜다.

가슴속의 메시지를 세상에 전하다

놀공은 내 인생의 첫 직장이다. 신입 디자이너로서 실무 역량을 키우는 것만으로도 빠듯한 하루하루였지만 나에게는 또 하나의 임무가 있었다. 놀공 역시 나처럼 이제 막 세상에 나온 신입이었다. 좋은 디자인도 뽑아야 하고 자본주의 시스템 안에서 놀공이라는 신생 집단이 생존할 수 있는 생태계도 직접 만들어야 한다는 숙제가 눈앞에 놓여 있었다. 디자인하랴, 사업 구상하랴 머릿속에 입력해야 할 것들이 넘쳐 났다.

처음 1년은 내가 뭘 하고 있는지 몰랐다. 아마 나뿐만 아니라 놀공 멤버 모두가 나와 같았으리라 생각한다. 사업의 꼴이 갖춰졌던 2년째에는 주변에서 '그게 돈이 되냐?'고 묻는 사람이 하나둘 생겨나기 시작했다. 3년이 되니 주변에서 의심과 걱정의 눈초리를 던지는 사람보다 놀공의 가치가 세상에 더 많이 알려졌으면 좋겠다며 응원하는 사람들이 많아졌다.

취업을 걱정하는 대학 졸업반 학생들에게는 사업을 한다는 것이 먼 나라의 이야기라고 여겨질지도 모르겠다. 불과 몇 년 전만 하더라도 나 역시 그랬으니까. 하지만 이제는 사업이 어떤 것이라고 나름의 정리를 할 수 있을 듯하다. 사업이란 우리의 가치를 알아봐 주는 사람들을 찾아가는 아주 신 나고 감동적인 여정이다.

지난 3년간 놀공에서 진행한 많은 프로젝트 중에서 가장 좋아하는 것을 꼽기는 쉽지 않다. 열 손가락 깨물어서 안 아픈 손가락을 꼽는 것과 마찬가지다. 하지만 가장 먼저 깨물었던 손가락은 꼽을 수 있겠다. 놀공이 리더 한 사람의 이상을 추구하기 위해 뭉친 곳이 아니라 다른 사람들에게 꿈을 심어 주기 위해 뭉친 곳이라는 것을 처음으로 실감했던 순간을 기억하고 있기 때문이다.

어린이들에게 유니세프가 하는 일을 알리기 위한 교육 프로그램을 구상할 때였다. 그동안 유니세프가 대중에게 전달한 것은 세계 곳곳에서 고통받고 있는 어린이들의 숫자와 도움이 필요한 나라의 정보였다. 하지만 그 아이들을 왜 구호해야 하는지 가슴으로 느끼고 구호 활동에 대한 생각을 바꾸기 위해 장기적인 투자를 해야 한다는 것이 놀공과 유니세프가 공감했던 부분이었다. 3개월 동안 유니세프 한국위원회의 모든 교육 자료와 사진을 분석하고 하나의 게임으로 만드는 작업을 진행했다.

어린이들이 구호 대원이 되어 2박 3일 동안 구호 활동을 펼친다는 스토리가 나왔다. 캠프가 진행되는 동안 아이들은 목이 터져라 '아이티에 지진이 일어나서 긴급 구호 키트가 필요하다'고 외쳤고, '캄보디아에 식수 공급이 원활하지 않아 콜레라가 생겼다'는 메시지를 외쳤다. 캠프가 끝날 무렵 소감을 물었을 때, 불쌍한 아이들을 도와야겠다는 생각은 했었지만 세계 지도에서 아이티와 캄보디아가 어디에 있는지조차 몰랐고 게임을 하고 나니 머릿속에서 내가 구해야 할 아이들의 얼굴과 나라의 위치가 저절로 떠올랐다는 말을 할 때 말로 표현할 수 없는 감정을 느꼈다.

우리가 전달하고자 했던 메시지와 품었으면 좋겠다고 기대했던 꿈이 아이들의 입을 통해 그대로 내뱉어지는 순간, 팔이 오소소해지면서 소름이 돋았다. 부끄럽지만 놀공은 꿈을 전달하는 회사라 감히 말할 수 있다. 누구나 가슴속에 품고 있는 메시지를 세상에서 가장 즐거운 방법으로 전하는 회사가 바로 놀공이다. 그리고 나는 놀공의 멤버다.

나는야
놀공의 액받이 무녀

대외적으로 내가 놀공에서 담당하고 있는 업무는 프로젝트의 시작부터 함께하며 전체 방향과 틀을 설계하고 기획서를 쓰는 것이다. 그러나 놀공에서 실질적으로 담당하고 있는 업무는 '관찰'이다. 눈을 뜨고 있다고 해서 보는 게 아니라는 것을 이제는 너무나 잘 알고 있다. 유심히 그리고 가까이 바라보고 때로는 다르게 보기 위해 노력하는 관찰을 통해서 나의 모든 아이디어가 나온다고 해도 과언이 아니다.

사진과 영상으로 놀공의 모든 순간을 기록하는 것도 관찰력 담당인 내가 하는 일이다. 사진과 영상에 담지 못하는 분위기와 비화는 틈틈이 만화로 그려서 SNS에 주기적으로 업로드하고 있다. 캐릭터와 실존 인물 사이의 싱크로율이 100%라서 원성을 사기도 하지만 그때마다 나의 관찰력이 갈수록 성장하고 있다는 증거로 여기고 있다.

어느 회사나 마찬가지겠지만, 사건과 사고로는 둘째가라면 서러운 놀공은 연말이 다가오면 멤버들의 얼굴에 먹구름이 낀다. 새로운 일을 한다는 것은 그만큼 시행착오를 겪는다는 뜻이고 시행착오로 쌓인 마음의 피로는 제아무리 긍정 마인드로 무장한 놀공이라고 해도 피할 수 없다. 말 그대로 어두운 역사, '흑역사'가 쌓여 가는 것이다.

놀공 멤버들이 순간순간 힘들고 불안한 마음을 내비칠 때마다, 그럼에도 불구하고 우리가 이 일을 하는 것이 의미 있는 일이라는 사실을 어떻게 말해 줘야 할까 고민했다. 나는 애써 좋은 면만 바라보며 '긍정'하려 노력하는 대신 모든 일에는 명암이 있다는 것을 '인정'하는 법을 택했다.

사람마다 스트레스를 푸는 방법은 다르겠지만 나는 노래를 만들거나 악기를 연주하면서 내 안에 있는 부정적인 에너지를 해소한다. 놀공에 합류한 이후로 내가 만드는 노래의 관객이자 가사의 주인공은 당연히 놀공 멤버들이 되었다. 놀공에서 청춘을 보낸다는 건 그 어떤 로맨스 못지않게 심장이 두근거리는 사건이 벌어진다는 의미고 그 어떤 실연 못지않게 쓰디쓴 술잔을 기울이게 된다는 것을 의미한다. 이러니 절로 노래가 나올 수밖에.

그래서 연말이 되면 나는 '액받이 무녀'를 자청하며 놀공 멤버들의 흑역사를 수집해 노래로 만든다. 이렇게 만들어진 노래를 바탕으로 어느덧 놀공의 연례행사가 되어버린 '흑역사 청산의 밤'을 개최한다. 정말로 흑역사를 청산했는지는 모르겠지만 어쨌든 나는 즐겁다.

내 인생을 놀공 이전과 이후로 나누었을 때 가장 많이 달라진 점은 긍정적인 사람이 되었다는 것이다. 처음 놀공의 아이덴티티를 세울 때에는 불안의 연속이었다. 돌이켜보면 내가 어떻게 그토록 불안했던 상황을 뚫고 나왔는지 믿기지 않는다. 놀공을 알기 전에는 누가 봐도 완벽한 상황 속에서도 한 가지 단점 때문에 안절부절못하고 고치고 싶어서 안달을 내는 사람이었기 때문이다. 보이는 것에 얼마나 많은 시간을 휘둘리면서 살아왔는지 모르겠다. 99가마니의 쌀을 가진 자가 1가마니의 쌀을 탐하는 욕심을 비웃으면서도 정작 내가 완벽하게 갖지 못한 것은 늘 억울해했다.

하지만 이제는 달라졌다. 언제 다시 볼지 모르는 사람들에게 친한척하려는 노력을 멈추었고, 나는 괜찮다 말하면서 억지로 밝게 보이려는 노력도 멈추었다. 내가 하는 일을 몰라 주는 사람들을 이해시키려는 노력도 이제는 하지 않는다. 나를 만나는 사람들에게 좋은 에너지를 주면 그걸로 된 거다. 나에게는 놀공이라는 든든한 배경이 있으니까.

놀공 초반부에 느꼈던 불안은 이제 뿌듯함으로 바뀌었다. 어차피 인생에서 완벽한 상황을 만나는 것은 불가능하다. 불완전한 상황 속에서 한 가지 좋은 점이 있다면 거기에 최선을 다하면 된다. 그것이 새로운 일을 시작할 때 좌절하지 않는 요령이라는 것을 이제는 알고 있다. 나는 물론 모든 놀공의 멤버도 그럴 것이라 믿는다.

일 핑계로 놀 궁리를 하는 것이 행복하다

88호기 통찰력 담당 은현공 이야기

피터공은 푸딩 같다. 몰캉몰캉해 보이지만 생각보다 단단하고, 용기에 따라 다른 모양으로 변하는 푸딩. 윤기를 차르르 뽐내면서 그 안에는 상큼한 알맹이를 감싸고 사람들을 유혹하는 푸딩 말이다. 반면 애련공은 고양이 같다. 자꾸만 신경을 쓰게 되고 강아지와 다르게 도무지 속을 몰라서 자존심을 버리고 먼저 다가가게 하는 도도한 매력을 갖고 있다. 같은 고등학교, 같은 대학, 같은 전공이라는 인연도 모자라 같은 회사에서 만난 지인공은 이제는 눈빛만 봐도 통하는 사이라 여기고 있다.

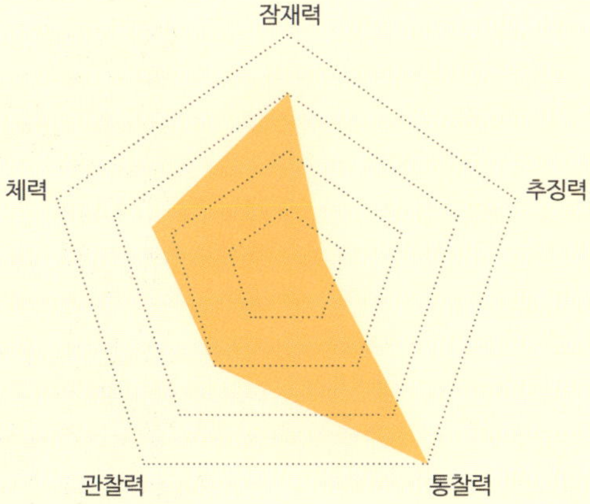

이름	박은현
호기	88호기
능력	통찰력
강점	그림으로 그려서 기억하기
약점	어디로 튈 지 모르는 마음
주의사항	각종 유혹에 잘 넘어감

나랑 할래요?
말래요?

2010년 워킹홀리데이를 떠났던 해, 나는 타국에서도 고국에 대한 호기심을 저버리지 못하고 끊임없이 기웃거렸다. 그러던 중 친한 대학 선후배들이 피터공과 함께 놀공이라는 이름으로 재미있는 일을 꾸미고 있다는 소식을 들었다. 어깨너머 들려오는 소식만 듣고는 도대체 놀공이 어떤 곳인지, 뭐를 하겠다는 곳인지 알 수 없어서 귀국 후 직접 방문하게 되었다.

처음 놀공에 발을 들여놓던 날, 인사가 끝나기 무섭게 '욕정 게임'이라는 것을 했다. 머리털 나고 처음 보는 사람들이랑 '저랑 할래요? 말래요?'라며 19금 게임을 했던 그날의 낯 뜨거웠던 기억이 아직도 생생하다. 그 뒤로 학교에 복학해 피터공의 게임 수업을 들으면서 생소했던 게임을 해 보기도 하고 만들기도 많이 만들었다. 그러던 어느 날, 놀공에서 기획한 'THE NOLJA FESTIVAL'에 개발자로 참여하면서 행사 준비에 여념이 없을 때

우연히 지하철에서 지인공을 만났다.

"선배, 놀공 어때요? 일 할만 해요?"

이렇게 아무렇지 않은 척 무심한 듯 시크하게 물었던 것 같다. 선배는 구구절절한 설명 대신에 이렇게 말했다.

"놀공은 페라가모 구두보다 반스 운동화가 더 필요한 회사야."

지인공은 말이 끝나기 무섭게 발을 치켜들었다. 그 발끝을 물끄러미 바라보고 있는 나에게 언제 한 번 놀공에 놀러 오라고 했었는데 그 말을 담아두었다가 진짜 하루 날을 잡아서 작정하고 놀러 갔다. 그날의 욕정 게임을 시작으로 당시 놀공에서 진행하던 프로젝트에 얼떨결에 합류하게 되었고 그렇게 나는 대학교 4학년이 되었다. 취업 준비와 놀공 프로젝트 사이를 아슬아슬하게 오가다 결국 놀공에 눌러앉게 되었다. 이것이 나와 놀공의 짧지만 진한 인연의 시작이다.

나는 88호기
통찰력 담당 은현공

다른 사람들은 놀공에 합류한 순서대로 번호를 가졌는데, 나는 내가 하고 싶은 번호를 갖겠다고 우겼다. 그렇게 고른 숫자가 바로 '88'이다. 소리 내 읽었을 때 약간은 상스러운 느낌도 마음에 들었고 팔팔한 활기가 느껴져서도 좋았다. 또 뉘어 놓으면 무한대가 되는 모양도 썩 맘에 들었다.

동력을 정할 때에는 나 자신, 그리고 사람들의 생각을 꿰뚫어 볼 수 있는 사람이 되고 싶어서 통찰력을 골랐다. 정하고 보니 통찰력이라는 것이 참으로 묘했다. 어떻게 하면 통찰력이 길러지는 것인지, 정말 이 세상에 통찰력이라는 것이 존재하기는 하는 것인지 어디에도 답은 없는 것 같아서 더 매력적으로 느껴졌다. 이렇게 나는 놀공의 88호기 통찰력 담당 은현공이 되었다.

내가 놀공에서 하는 일은 전달하고자 하는 메시지를 정리하고 게임을 기획해 실제 실행이 가능한 것으로 만드는 일이다. 기획하기에 앞서 반드시 거쳐야 하는 숱한 아이데이션과 자료 조사, 끝없는 테스트를 통해 수없이 갈아엎어지는 기획 과정을 지나고 나서야 본격적인 디자인 작업에 들어가고 이렇게 게임이 완성되면 현장으로 출동해서 진두지휘까지 마쳐야 비로소 숨통이 트인다. 그리고 무엇보다 중요한 한 가지, 수요일에는 틈틈이 설거지도 한다. 그런데 어쩐지 수요일에는 손님이 많이 오는 것 같은 느낌은 왜 일까?

이렇게 좋은 걸,
빨리 오세요!

나이와 성별, 학벌, 전공을 불문하고 자유롭게 회의하는 것이 놀공의 문화 중 하나다. 사실상 회의와 일상적인 대화가 구분되지 않을 정도로 삶과 밀착되어 있어서 지겨울 법도 하지만 외근을 나가서 새로운 사람들과 회의를 할 때면 놀공 멤버들이 몹시 그리워진다. 놀공에서는 분명 하고 싶은 말이 너무 많아서 목청을 높여 이야기하는데 놀공이 아닌 곳에서는 낯선 사람이 1명만 섞여 있어도 어떤 방법으로 대화를 이끌어 나가야 할지 막막할 때도 있고 숨이 멎을 것 같은 뻘쭘한 분위기를 식은땀을 흘리며 버텨야 할 때도 있다. 그럴 때면 내가 얼마나 좋은 사람들과 함께 일하고 있는지를 되새기며 마음의 안정을 되찾곤 한다. 그리고 빨리 놀공으로 돌아가서 사람들에게 내가 알게 된 재미있고 기발한 것들을 빨리 이야기해 주고 싶다는 생각으로 마음이 설렌다. 빨리 사람들에게 알려 주고 이것을 안주 삼아 신 나게 이야기하고 밤새워 놀 궁리를 하고 싶어서 발걸음도 빨라진다.

놀공에선
맛있는 냄새가 난다

우리 집에는 밥통이 없다. 놀공에서 일하기 시작한 이후로 밥통은 도통 실력 발휘를 하지 못했고 마침내 부엌에서 쫓겨났다. 제 기능을 상실한 부엌은 이제 방으로 들어가기 위해 거쳐야 하는 구조물로만 남아 있다. 사무실에서 워낙 맛있는 음식을 끼니마다 꽉꽉 채워서 먹기 때문에 집에서는 좀 굶어도 되겠다는 생각이 들었기 때문이다. 놀공의 화려한 맛집 탐방에 혀가 고급이 되어 내가 만든 음식은 못 먹게 된 것이 더 솔직한 이유일 수도 있지만.

어쨌든 끼니때만 되면 바삐 자리에서 일어나 열심히 맛집을 찾아다니고 눈앞에 있는 접시가 이 세상 마지막 남은 접시처럼 맛있게 먹으며 식탁까지 따라온 골칫거리들은 하나둘 정리한다. 안 될 것 같은 일들은 과감히 털어 버리고, 될 것 같은 일들에 매달리자며 쿨하게 깨끗하게 비워지는 접시처럼 생각도 깔끔하게 비우는 것이다. 두둑해진 배를 잡고 사무실로 돌아올 때쯤이면 머릿속에는 이런 질문이 남는다.

"상대방을 즐겁게 하는 일을 하면서 나도 즐거운가?"

이 질문은 나뿐만 아니라 놀공 멤버라면 누구나 한번은 마주하는 질문이다. 너무 많은 일이 파도처럼 밀려와 정신을 못 차릴 때, 좀처럼 무너지지 않을 것 같은 단단한 소통 단절의 벽을 만났을 때 주로 찾아오는 질문이다. 처음 이 질문과 마주했을 때 불안에 온몸을 떨었던 것 같다. 나의 불안이 모든 일을 그르치게 할 것 같다는 생각이 들었기 때문이다.

그러나 지금은 다르다. 아무리 큰 고민이 생겨도 일단 먹고 보자는 배짱이 생겼다. 입맛을 다시면서 마음을 가다듬고 생각을 정리하면서 글로 쓰거나 그림으로 표현하면서 불안을 이겨 낸다. 다른 사람을 설득하기 위해서 열심히 생각하고 정리하면서 나 자신을 설득하기 위해서는 왜 노력하지 않았는지 모르겠다. 물론 아직도 횡설수설할 때가 많지만, 쑥떡같이 말해도 찰떡같이 알아듣는 사람들이 곁에 있어서 다행이고 고맙다.

놀이를 통한
묵직한 의미의 발견

놀공의 회의는 지구 최강의 하드 트레이닝 코스다. 멤버 모두가 회의 준비를 엄청나게 하는 것은 물론이고 그 과정도 매우 치열해서 잠시라도 넋을 놓고 있다가는 흐름을 놓쳐 버리기 쉽다. 그중에서도 놀공 클래식을 준비하는 회의는 그야말로 장관이다.

놀공 클래식은 우리가 흔히 고전문학이라 부르는 텍스트를 놀이로 재해석하는 프로젝트다. 이를 준비하는 회의 내용을 정리해서 책으로 낸다면 그 자체로 회의계의 고전이 되어 새로운 문학 장르를 만들 수 있겠다는 생각마저 든다. 어느덧 놀공을 대표하는 시리즈가 된 놀공 클래식. 놀공 클래식을 제대로 끌어가기 위해서 평소에는 바쁘다는 핑계로 미루어 두거나 제대로 읽지도 않았으면서 어디서 들어 본 지식으로 아는 척했던 고전을 각 잡고 제대로 읽어야 하는데 그 재미가 매우 쏠쏠하다.

놀공 멤버 모두 책을 꼼꼼히 읽고 책에서 포인트가 될 만한 부분을 뽑아 토론을 벌인다. 같은 공간에서 같은 목표를 바라보며 일하는 사람들이라 서로에 대해서 어느 정도 알고 있다고 생각했던 사람들인데도 토론을 하다 보면 전혀 다른 사람으로 보일 때가 종종 있다. 나 역시 토론을 할 때는 내가 책인지 책이 나인지 구분되지 않는 지경에 이를 때까지 내 생각을 밀어붙인다. 물론 문자로 나열된 고전을 몸을 움직여 경험할 수 있는 놀이로 발전시키는 것이 마냥 즐거운 것만은 아니다.

때로는 책은 읽으라고 만든 것이고 가장 훌륭한 감상법인 독서를 두고 내가 지금 뭘 하고 있는 건가 좌절할 때도 있다. 하지만 많은 사람에게 독서를 뛰어넘는 즐거움과 멀게만 느껴졌던 고전을 친근하게 받아들일 수 있게 만드는 것이 얼마나 묵직한 의미로 돌아오는지 이제는 안다. 그리고 이것이 바로 놀공이 걸어가고 있는 길이고 앞으로 내가 걸어가야 할 길이다. 세상이 공유했으면 하는 긍정적인 메시지를 가장 문턱이 낮은 방법으로 전파하는 것. 놀공은 바로 이런 꿈을 가진 사람들이 모인 곳이다.

2

놀공에만 있는 것,
놀공을 놀공스럽게 하는 것

문화
사진

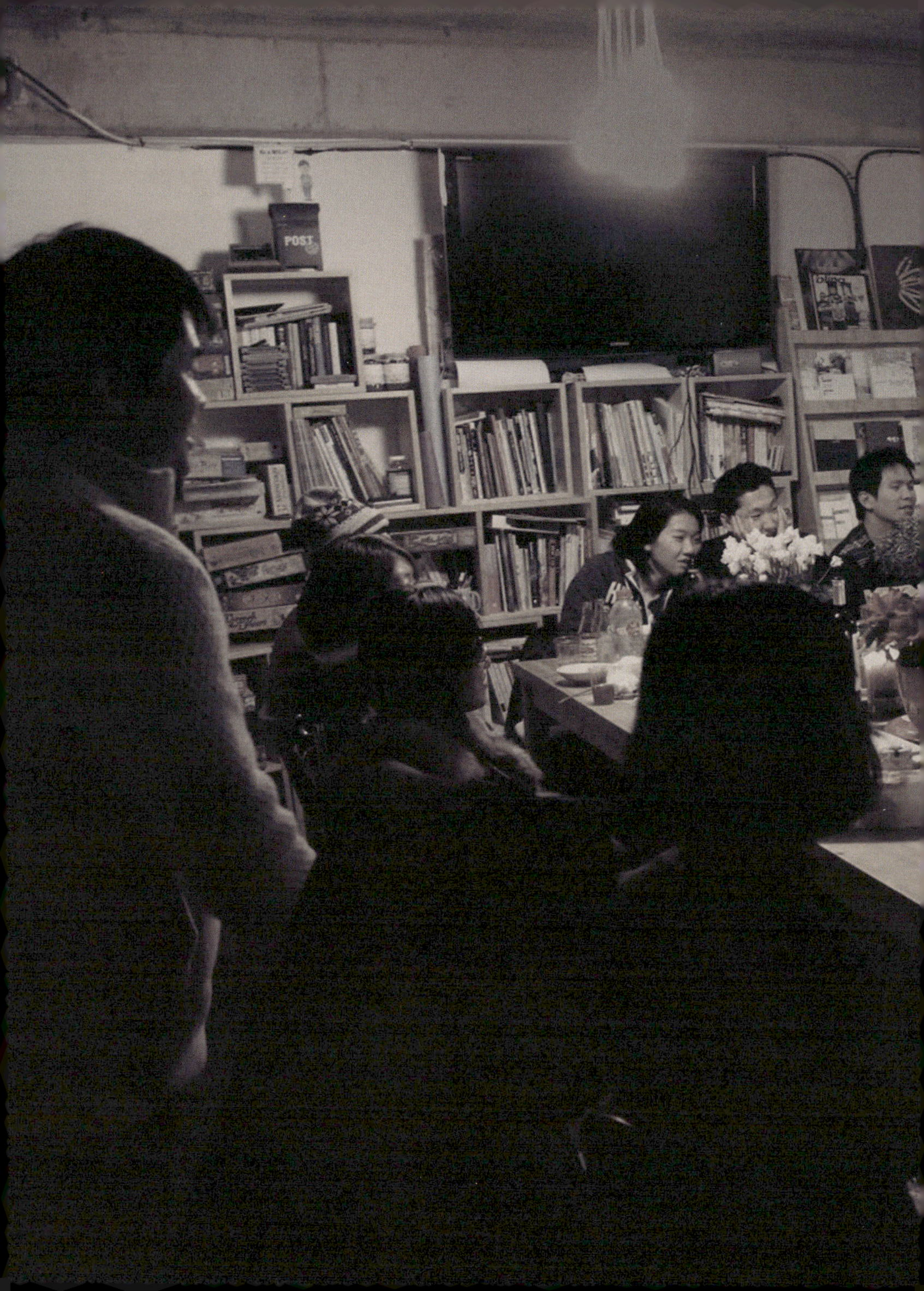
POST

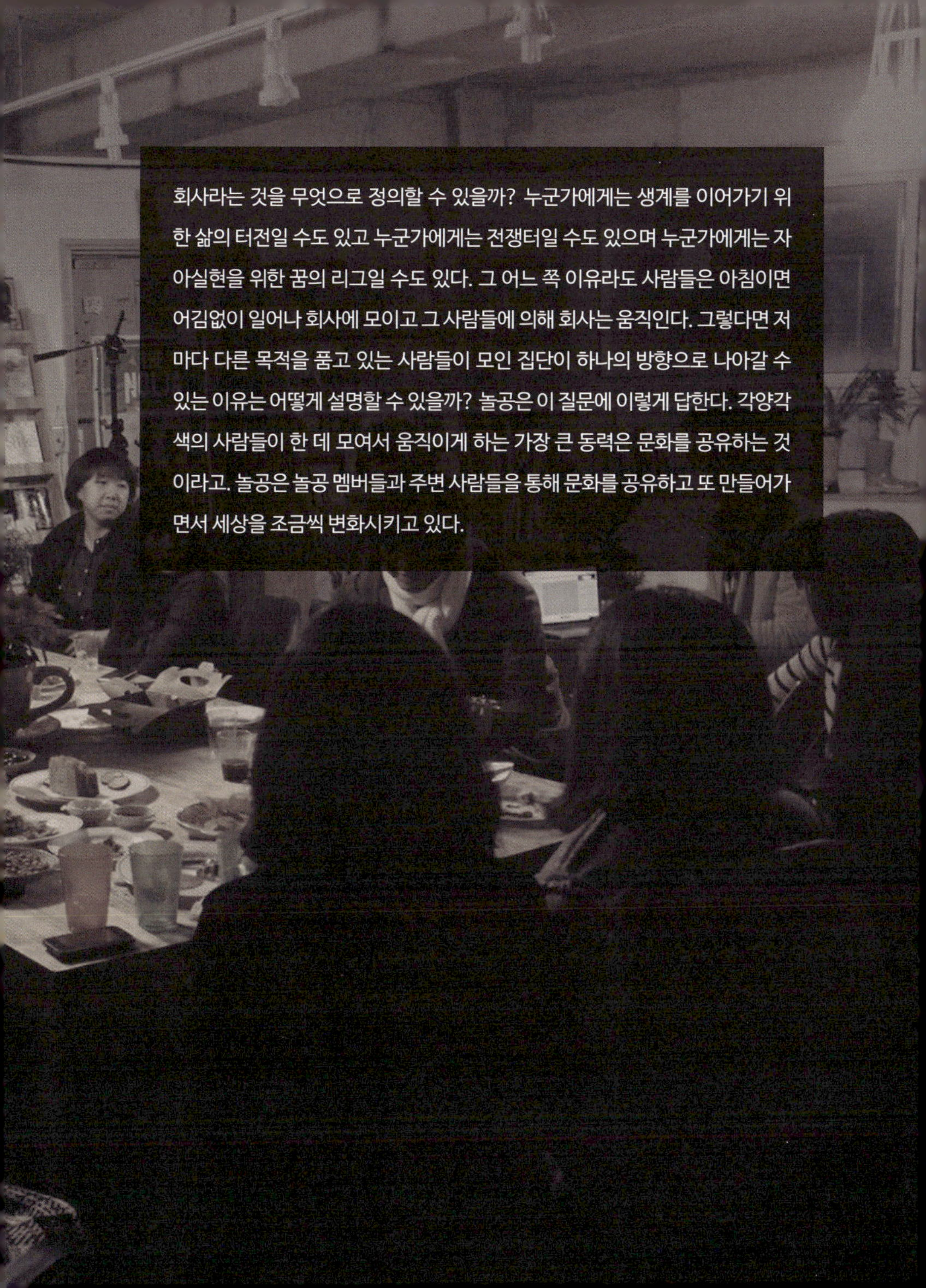

회사라는 것을 무엇으로 정의할 수 있을까? 누군가에게는 생계를 이어가기 위한 삶의 터전일 수도 있고 누군가에게는 전쟁터일 수도 있으며 누군가에게는 자아실현을 위한 꿈의 리그일 수도 있다. 그 어느 쪽 이유라도 사람들은 아침이면 어김없이 일어나 회사에 모이고 그 사람들에 의해 회사는 움직인다. 그렇다면 저마다 다른 목적을 품고 있는 사람들이 모인 집단이 하나의 방향으로 나아갈 수 있는 이유는 어떻게 설명할 수 있을까? 놀공은 이 질문에 이렇게 답한다. 각양각색의 사람들이 한 데 모여서 움직이게 하는 가장 큰 동력은 문화를 공유하는 것이라고. 놀공은 놀공 멤버들과 주변 사람들을 통해 문화를 공유하고 또 만들어가면서 세상을 조금씩 변화시키고 있다.

놀공에는 밥이 있다

글쓴이 은현공

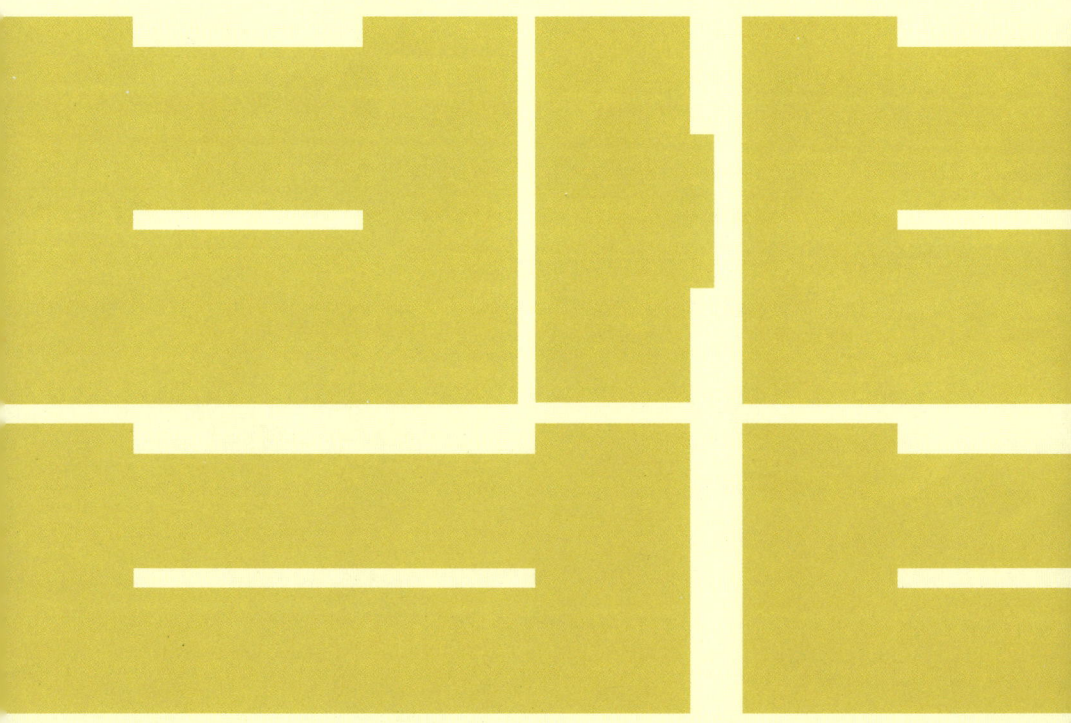

한입에 쏙 들어가는 앙증맞은 크기에 맛도 일품인 중국 만두 딤섬. 이것만으로도 딤섬을 사랑해야 하는 이유는 충분하지만 한 가지 이유가 더 있다. 딤섬은 본래 코스 요리를 먹을 때 다음 음식을 기다리면서 손님과 함께 담소를 나눌 때 먹는 음식을 지칭하는 것이지만 그 뜻이 마음에 들었다. 한자로 쓰면 점심点心, '마음에 점을 찍는다'는 뜻이다. 허기진 배를 채우는 본능적인 활동을 마음에 점을 찍는 것으로 은유한 그 감각이 마음에 들었고 입속을 과하지 않게 채우면서 이야기로 배를 채우는 모습은 상상만으로도 우아했다.

놀공 밥상 설계도

☞ **참가 인원**

· 밥 시간 때 놀공에 있는 사람

☞ **진행 순서**

1. 배꼽시계가 울리면 시작
2. 무엇을 먹을 것인가를 그날의 날씨, 기분, 체력 등을 고려해 선정
3. 배가 부를 때까지 먹으면 끝

☞ **우대 조건**

· 물만 먹어도 살이 찌는 체질이라면 무조건 환영

☞ **주의 요망**

· 입맛의 고급화

식도만은
세계 여행 중

2010년 7월 29일. 합정동의 작은 사무실에서 페인트를 칠하면서 놀공은 시작되었다. 모여서 머리를 맞대고 재미있는 일을 생각했고 때가 되면 밥을 먹으면서 달력을 하나씩 넘겼다. 앞으로 어떤 일을 할 것인가 고민하면서 회사 이름을 정했고 놀공에서만 통용되는 규칙을 만들면서 즐거워했다. '회의가 아니라 놀 궁리'라고 부르자, '직급 대신 능력'을 부여하자 등 놀공을 더욱 놀공스럽게 만드는 작은 규칙들이 바로 이때 완성되었다.

그러나 이 시기에 놀공이 했던 가장 큰 고민은 뭐니 뭐니 해도 밥이었다. 삼삼오오 사무실로 사람들이 모이면 점심 메뉴를 두고 진지한 놀 궁리에 돌입했고 놀공 멤버 중에서도 가장 까다로운 입맛을 자랑하는 피터공은 시계가 12시를 가리킬 무렵이면 언제나 이렇게 말했다.

"우리 오늘은 맛있는 거 먹어요!"

마치 어제는 굉장히 맛없는 걸 먹었다는 것처럼, 맛있는 음식이라는 것을 한 번도 구경하지 못 했던 것처럼 비장하게 말이다. 하지만 놀공에 합류한 이후 지금까지 단 한 번도 맛없는 음식으로 배를 채운 기억이 없다. 맛은 물론 양도 만족스러웠고 몸은 마포구에 있어도 식도만은 날마다 일본, 태국, 이탈리아 등지를 누볐다.

끼니와 끼니 사이에 무엇이 있나

놀공 초창기에 졸업을 앞둔 대학생들이 모여 있던 터라 식욕은 왕성했고 뚜렷한 개성만큼 입맛도 까다로웠다. 피터공은 짬뽕과 볶음밥을 먹지 않았고 지인공은 곱창과 순대를 좋아하지 않았다. 나는 채소와 생선이 없는 밥상은 생각할 수 없는 사람이었고 애련공은 여러 메뉴를 저울질하는 놀공 멤버들을 바라보면서 가격 대비 성능까지 고려해야 했다. 야근까지 예정된 날이면 애련공의 고민은 더욱 커졌다.

하루 두 끼의 식사를 물리지 않게 구성하기 위해서 출근길에서부터 메뉴를 고민해야 했다. 마치 자식이 열쯤 딸린 흥부처럼 말이다. 다행히도 놀공은 맛집이 밀집된 곳에 터를 잡아서 선택의 폭이 넓었다. 그러나 같은 이유로 메뉴를 정하는 놀 궁리는 한번 시작되면 도통 끝날 줄 몰랐다. 양과 질 이 모두 만족스러운 선택을 하는 것은 그것이 무엇이 되었든 어려운 법이다.

놀공이 메뉴를 정하는 과정을 밖에서 지켜본다면 차라리 흩어져서 먹으면 되지 않느냐고 말할지도 모르겠다. 입맛에 따라 먹고 싶은 것을 먹고, 종일 함께 있는 사람과 잠시 떨어져서 휴식 시간을 갖는 것이 더 효율적이라면서 말이다. 게다가 여러 명이 움직이면 자리 잡기도 쉽지 않고 먹는 속도도 제각각이라 빨리 먹는 사람은 빈 그릇을 앞에 두고 멀뚱멀뚱할 테고 천천히 먹는 사람은 옆 사람의 눈치를 보며 허겁지겁할 테니 불편한 것이 한두 가지가 아니라며 타박할지도 모른다. 하지만 놀공은 이렇게 묻고 싶다. 하나부터 열까지 효율을 따지는 이 세상에서 밥 먹을 때까지도 효율을 따지고 싶으냐고. 먹을 때만큼은 비효율적으로 오로지 밥에만 집중하는 것이 그렇게 이상한 일이냐고 말이다.

밥 먹을 때도 효율과 속도를 생각하는 것이 스마트한 생활이라면 놀공은 확실히 스마트한 생활과는 거리가 멀다. 밥에 관해서는 철저하게 관대하고 느긋하다. 다른 사람들이 일과 일 사이에 잠시 끼니를 집어넣은 것처럼 생활한다면 놀공은 끼니와 끼니 사이에 일이 있고 회의가 있다. 일과 시간에 쫓겨서 밥을 대충 먹게 된다면 일도 대충 하지 말라는 법은 없다.

맛있게 먹고 힘을 내서 열심히 고민한다. 이것이 놀공이 세상을 향한 도약을 준비할 때 지켰던 유일하고도 절대적인 원칙이었다. 함께하면 웃음이 끊이지 않는 사람들이 있었고 맛있는 밥도 있었다. 재미있는 생각을 하기 위해 노력했고 생각이 나면 직접 만들었다. 그러다 보면 또 맛있는 밥이 우리를 기다리고 있었다.

사람이 사람답게 살기 위해서는 옷을 입어 피부를 보호하고 집을 지어서 안전하게 쉴 수 있어야 한다. 그러나 착하게 살다 보면 어느 날 옷과 집이 하늘에서 기적처럼 뚝 떨어진다는 말은 세상 어디에도 없다. 밥을 먹고 힘을 내서 움직여야 옷과 집도 생긴다. 살기 위해 먹어야 하고 먹다 보면 제대로 살게 되는 것은 오랜 진리다. 밥이라는 것이 바쁘다는 이유로 걸러도 되는 가벼운 것이 아니라는 말이다. 혼자 있을 때는 물론 여럿이 있을 때에도 밥은 중요하다. 맛은 물론 몸에도 좋은 음식을 곁에 있는 사람들과 즐겁게 먹으면서 대화하는 자리는 꼭 필요하다.

밥을 먹으러 가면 의자를 조금만 당겨도 무릎이 닿고 손을 뻗으면 언제든지 상대방의 피부가 닿을 수 있을 만큼 가까운 거리에 아무런 경계 없이 놓이게 된다. 그러다 음식이 나오면 모두가 잠시 얼굴에 긴장을 풀고 숟가락을 입에 가져간다. 마치 숨을 쉬는 것처럼 자연스러운 동작을 반복하면서 음식이 섞이고 숨이 섞인다. 접시를 깨끗이 비우고 배를 툭툭 치며 가게 앞을 나서면 밥을 먹는 그 순간까지 머릿속을 오가던 걱정과 불안은 이미 뱃속 어딘가에서 소화된 지 오래다.

먹는다는 것,
어쩌면 세상에서 가장 창의적인 일

놀공에서 내가 하는 일을 소개하다 보면 공통적인 질문을 듣게 된다.

"아이디어는 어디에서 얻으세요?"
"창의력을 키우려면 뭘 하면 좋아요?"

사실 이 문제는 놀공 멤버들이라면 평생 머리에서 떠난 적이 없는 질문이다. 아이디어는 어디에 숨어 있는지 창의력은 어느 헬스클럽에 가야 생기는 근육인지 아는 사람이 있다면 그곳이 어디든지 달려가고 싶다. 다만 이 문제에 대해 아는 것이 있다면 아이디어나 창의력이라는 것이 특별한 사람들이 특별한 자리에 모였을 때에만 튀어나오는 것이 아니라는 사실이다. 길을 걷다가 문득 자려고 누웠을 때 번쩍, 그 어느 때보다도 자연스러운 상태에 놓여 있을 때 나오는 것이 바로 아이디어다. 그렇다고 해서 창의력이 필요할 때마다 자리를 깔고 누워서 잠을 청할 수는 없는 노릇이다. 대신 놀공은 밥을 먹는다. 사무실에는 먹을 것이 풍부하고 먹을 것이 떨어지면 거리에 있는 식당으로 달려간다.

"아무리 힘들어도 일단 먹자, 그것도 아주 맛있는 걸로."

밥을 먹을 때 우리는 어떤 반찬을 집을까 생각하고 어느 순간에 물을 마실까 고민한다. 뿐만 아니라 옆에 있는 사람의 밥그릇은 얼마만큼 비어 있나 확인하면서 바로 옆 사람의 근황부터 연예계 가십까지 다양한 주제를 꺼내 전방위적으로 토론한다. 설사 입으로 떠 넣는 음식이 맛이 없더라도 둘러앉아 밥을 먹는 것만큼 창의적인 일이 또 있을까 싶다. 메뉴를 정하는 것부터 계산하는 그 순간까지 모든 과정이 고스란히 창의적인 생각을 자극하는 요소가 되는 것이다. 놀공에는 밥이 있고 생각이 있다. 놀공에 합류하고 난 후 얼마 뒤 나는 집에서 밥통을 치웠고 놀공을 방문하는 사람들은 새로운 아이디어와 새로운 체험에 대한 기대와 함께 입맛을 다시며 문턱을 넘는다.

PETER
GLORIA
HARRY
JORIE
CHANGSU
NOLGONG
벗어 가지런히 두고
로 갈아신어 주세요.
실은 화장실 슬리퍼로 갈아신고
해주세요.
DUNGEON LOR

검증 완료,
놀공이
보증합니다!

놀공이 선정한 베스트 맛집

다른 사람들은 회사에 가면 왕성하던 식욕도 가라앉는다던데 나를 포함한 놀공 멤버들은 정반대다. 떨어졌던 입맛도 사무실에 들어서면 활기를 되찾는다. 워낙 맛있는 것을 추구하다 보니 홍대 맛집 발굴에 많은 시간과 노력을 투자하게 되었다. 그 덕분에 아이디어가 쌓이고 살이 따라왔다. 다 같이 먹고 다 같이 살찌고 그 과정에서 생각도 살찐 것으로 생각하기로 아니 믿기로 했다. 놀공이 검증한 맛집을 따라서 여러분의 몸과 마음도 살찌기를!

맛집

놀공맛집

6개의 맛집과 1개의 카페와 1개의 베이커리

몸이 살찌면 생각도 살찌리니
불어나는 살들을 기쁘게 맞이하고
아이디어를 기다리며 먹고 또 먹자.

옥이네생선구이
IZAKAYA 花伝
미래광산
KyoBakery

돈사돈

힘든 프로젝트를 끝내고 원기 회복이 필요할 때 가는 곳이다. 연탄불에 구워 먹는 맛이 일품이고 독특한 멸치젓 소스가 입맛을 더욱 자극한다.

SHANTI

모처럼 식사 시간에 손님이 오는 날 가는 곳이다. 입이 깔깔하거나 이국적인 향신료가 그리울 때 가면 좋다. 네팔 출신의 주방장과 상냥한 여사장님이 있고 탄두리 치킨과 모든 커리가 맛있다.

면채반

무더운 여름에는 냉면을 먹으러 추운 겨울에는 떡만두국을 먹으러 간다. 메뉴가 다양해서 놀공 멤버들이 시키는 음식도 천차만별이다. 가격도 만 원이 넘지 않아서 좋다. 어느덧 소문이 나서 줄을 서서 기다리는 일이 많다는 것이 살짝 아쉽다.

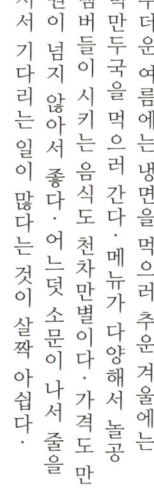

미래광산

상수동에 있는 카페다. 이곳에서 아이디어 회의를 계속하다 보면 광산에서 금광을 찾듯이 번쩍이는 대박 아이디어가 나타날 것이라고 믿고 있다. 모든 음료가 좋지만 놀공 멤버가 고르게 선호하는 것은 아이스 달다구리다.

버튼업

준비된 재료가 떨어지면 주문을 마감하는 파스타집이다. 파래 파스타 등 다양한 종류의 파스타가 있고 스테이크도 훌륭하다. 가격도 비교적 저렴한 편이고 무엇보다 한정판이라 음식 주문에 성공하면 기분이 좋아진다.

옥이네생선구이

해산물을 좋아하는 놀공 멤버들은 주기적으로 이곳을 방문한다. 모든 생선을 철판에 굽고 섞어서 내 주시는 것이 특징이다. 삼치, 고등어, 가자미 등 어떤 생선을 택해도 후회는 없다. 하지만 고등어 김치찌개를 빼놓는다면 후회 막급!

내용물이 알찬 일식 요리집이다. 놀공이 모든 행사를 마치고 제대로 회식할 때 찾는 집이다. 생각보다 술을 적게 먹는 놀공이지만 이자카야 카덴에서는 과감하게 화요를 주문한다.

쿄 베이커리의 빵을 처음 먹던 날, 지금껏 먹어왔던 것은 빵이 아니라 밀가루 반죽이었음을 깨달았다. 중요한 손님이 방문할 때 쿄 베이커리의 빵을 바구니에 담아 놓으면 든든하다. 한 입 먹는 순간 모든 문제가 사라질 것이라 믿기 때문이다.

놀공에는
흑역사
청산의 밤이 있다

글쓴이 지인공

놀공에 모인 사람들은 운이 좋은 사람들이다. 젊은 나이에 하고 싶은 일을 찾았고 아무도 가지 않은 험난한 길을 같이 헤쳐 나갈 동료를 만났다. 그리고 조금 느려도 세상에 없던 것을 하나씩 만들어가고 있다. 하지만 세상에 없던 것을 만든다는 것은 시행착오의 역사를 쓰는 일이기도 하다. 넘어지고 깨지면서 다시 일어나는 시행착오 속에서 우리는 조금씩 성장하고 있다. 실패와 재도약 사이에서 우리가 행하는 의식이 바로 '흑역사 청산의 밤'이다. 지금 당신의 꿈이 한 번에 이루어지지 않는다고 실망하지 마시라. 그 꿈을 이루기 위해 내년에도 더 힘든 일이 기다리고 있을 테니까. 긍정하기보다는 자조하고 엄살을 부리며 한 번도 좌절해 본 적 없는 철부지들처럼 또다시 도전하기 위해 우리는 매년 흑역사 청산의 밤을 연다. 먹고 마시고 노래하며 한 해의 성장통을 위로한다.

흑역사 청산의 밤 설계도

☞ **초대 인원**

· 사무실의 식기 수만큼(대략 30~40명)

☞ **진행 순서**

1. 셰프 애련공의 특제 저녁 식사
2. 특별한 주인공들의 흑역사 낭송 시간
3. '누가 더 비참한가?'를 겨루는 흑역사 배틀
4. 한 해 동안 수집한 흑역사 사연으로 만든 노래 발표회

☞ **우대 조건**

· 놀공과 부대끼며 프로젝트를 했던 전우들
· 얼굴에 사연 가득한 표정을 담을 줄 아는 사람
· 사연은 없지만 어쩐지 미안한 마음이 드는 사람
· 흑역사는 없더라도 흥과 맛을 아는 사람

☞ **주의 요망**

· 먹는 시간이 오래 걸리므로 소식가는 뻘쭘함을 무릅쓸 각오가 필요함
· 1급수 청정 지역에만 산다는 물고기처럼 영혼이 맑은 자는 각별한 주의가 요구됨
· 흑역사 챔피언을 진지하게 노리는 사람은 눈물 콧물 쏟는 진상이 될 가능성이 높음

흑역사 수집의 두 가지 원칙

☞ **첫 번째.**
하늘 아래 한 점 부끄럼 없는 사실성

사연의 주인공과 직접 얼굴을 보고 나누는 대화와 SNS를 철저히 분석해 사실에 근거한 것인지 확인하며 최대한 가공하지 않고 날 것의 문장을 가사로 삼는다.

☞ **두 번째.**
쿨한 척은 절대 하지 않기

애초에 엄살을 부리기로 작정한 이상 끝까지 앓는 소리만 담는다. 억지로 의젓한 척 하거나 어설픈 희망의 메시지를 넣지 않는다.

끝이 보이지 않는 흑역사 수집의 날들

놀공의 기반은 자본과 기술이 아니다. 게임으로 세상을 바꾸겠다는 비전에 공감한 사람들이 모여서 시작된 것이 바로 놀공이다. 눈에 보이지 않는 아이디어를 손에 잡히는 프로젝트로 실현하며 이상적인 커뮤니티를 형성해 가기 시작한 지 1년쯤 되었을 때였다. 하고 싶은 일을 하면서 이윤을 창출하는 기업이 되어가는 과정에서 놀공은 시행착오도 차곡차곡 적립해 가고 있었다. '자기가 좋아하는 일을 하면서 무슨 배부른 고민이야' 라는 소리를 들을 수 있기 때문에 '놀공은 즐거운 일을 하는 이상적인 곳'이라고 외치고 다녔지만 정작 우리는 점점 지치고 힘들어지는 이 상황을 무엇으로 설명해야 할까?

긍정을 강조하며 최면에 빠지는 것보다는 얇은 벽 하나에 의지해 모든 것을 쏟아 내는 고해성사가 더 필요했다. 우선 나부터 속에만 꽁꽁 접어 두었던 나쁜 기억을 기록해 보았다. 그저 솔직하게 마음껏 분출하는 것만으로도 꽤 많은 마음의 짐이 덜어졌다. 사랑과 우정, 여유와 휴식, 여행과 일탈이라는 여러 주제를 제쳐놓고 오로지 일에만 매달려 있는 청춘이었지만 그 속에서 얼마나 다양한 감정과 에너지를 발산하고 있는지 확인할 수 있었다.

이후 주변 사람들에게 지금 당장 당신을 괴롭히는 것이 무엇이냐고 묻기 시작했다. 이른바 흑역사 수집의 날들이 시작된 것이다. 실존 인물의 실제 사연을 듣자니 가만히 앉아 있을 수 없었다. 눈물 없이는 들을 수 없는 그들의 사연은 그 자체로 이미 한 편의 노래에 가까웠다. 나는 좀 더 다듬어 가사를 만들어 곡을 붙였고 그 결과물을 당사자들에게 들려 주니 잠시 잠깐 신세 한탄을 한 것으로 끝을 맺을 수 있었던 시간이 좀 더 가치 있는 시간으로 변했다.

우리는
피로를 나눈 형제

나를 비롯해 놀공에 합류한 청춘 멤버들은 당시에는 가르쳐 주는 선배도 없이 일을 해야 하는 어려움이 있었다. 지금 생각해 보면 충분히 피해 갈 수 있는 작은 실수에도 모조리 발을 빠트리며 지나갔다. 그러다 보니 자연스럽게 작업 시간은 2배, 3배씩 더 걸렸고, 수평 구조를 지향하는 터라 간단한 의사 결정을 할 때에도 모두의 의견을 수렴하고 서로가 납득할 수 있는 결론을 내리기까지 엄청난 시간이 걸렸다. 회의가 끝나면 또 회의였고 삽질이 끝나면 또 삽질이 이어졌다. 퇴근 시간은 자꾸만 늦어지는데 누구에게도 '우리는 왜 이러고 있냐!'고 물어볼 수 없었다. 누가 시켜서 하는 일도 아니고, 다른 사람들은 나더러 참 재미있게 산다고 하는데 달빛을 등대 삼아 퇴근할 때는 왜 그렇게 외롭고 서럽던지.

좋아하는 일을 한다는 것은 일이 잘 풀릴 때는 자아실현이지만 고비가 닥

칠 때는 도망갈 여지 없이 그대로 나에 대한 신랄한 평가를 받아야 한다는 것을 뜻한다. 자신의 가치와 비전을 투영한 일을 직업으로 삼을수록 일과 자신을 분리하기가 어렵기 때문에 쉬려고 누워도 잠이 오지 않았다. 그래서 내가 곧 일이고 일이 곧 나인 삶을 살게 되는 것은 물론 개인의 일상을 자진하여 상납한다는 워커홀릭, 다른 말로 하면 CEO병에 걸리게 되는데 이 무시무시한 병에 놀공의 청춘 멤버들이 모두 감염되었다.

여느 날처럼 밤늦게 들어와 메신저를 보니 나 말고도 밤을 새우는 사람이 또 있었다. 놀공의 창립 멤버인 예리공이었다. 예리공은 하나의 피드백을 받으면 10개, 20개의 시안을 만들어야 직성이 풀리는 완벽주의자로 밤을 새우고 출근하는 일이 비일비재했다. 새벽에 뭐 하고 있는지 뻔히 알면서 예리공에게 나는 말을 걸었다.

지인 안 자고 뭐해?

연애하고 있어요. 예리

지인 누구랑? 언제부터!!!

오래전부터, 모니터랑요. 예리

지인 아이고, 연애는 사람이랑 합시다. ㅠ.ㅠ

당시 대학도 졸업하지 않은 20대 청춘이었던 우리는 '적당히 쉬면서 일해'라는 충고가 들리지 않았고 넘치는 주인의식과 열정만 있었다. 그리고 늘 밤을 새우면서 피를 나눈 형제보다 진한 피로를 나눈 형제가 되었음을 자축했다. 우리가 채팅창에서 나눈 농담은 노랫말처럼 보였고 얼추 멜로디를 입혀 보니 웃기면서도 왠지 모르게 짠한 노래가 탄생했다. 그리고 이 노래는 늦은 밤까지 작업을 하는 친구들에게 전송되어 아는 사람만 알고 모르는 사람은 모르는 놀공의 공식 '야근송'이 되었다. 그 후로 몇 년이라

는 시간이 지나서야 나와 에리공은 시간 관리와 의사 결정 방법을 터득했다. 물론 그 몇 년이라는 시간이 결코 호락호락하지 않았지만, 그 시간이 딱히 후회스럽거나 억울하지는 않다. 당시에는 잔소리처럼 느껴졌던 선배 창작자들의 충고가 이제는 소중하다. 밤새 모니터와 연애한 얼굴로 사무실에 들어서는 열정적인 후배들에게 동료애를 넘어서는 형제애를 느낀다. 그리고 열정적인 후배들에게 나 역시 선배들이 그러했던 것처럼 몇 마디 말을 보탠다.

"우리 늦은 새벽까지 메신저에 접속해 있는 사람이 있다면 할 말이 없어도 말 걸어 주기로 하자. 아마 그 사람도 모니터와 연애 중일 테니까. 그리고 쉬면서 일해."

피로를 나눈 형제

늦은 밤 퇴근하고 와서
아무 데도 수다 떨 곳이 없어
메신저에 들어와 보니
아직 너는 일 하고 있었어

잘 지내, 형식적인 말 뒤에
우린 항상 얘기하지

너도 언젠가 좋은 사람 생길 거야
너도 언젠가 좋은 일이 생길 거야
비록 지금은 하루 종일 모니터와 연애하지만

오, 우리는
술보다 진한 피로를 나눈 형제~
술보다 진한 피로를 나눈 형제~
술보다 진한 피로를 나눈 형제~
술보다 진한 피로를 나눈 형제~

※ 이 노래는 놀공의 시작을 같이 한 멤버 예리공과 메신저를 통해 주고받은 내용을 토대로 만들어졌다.

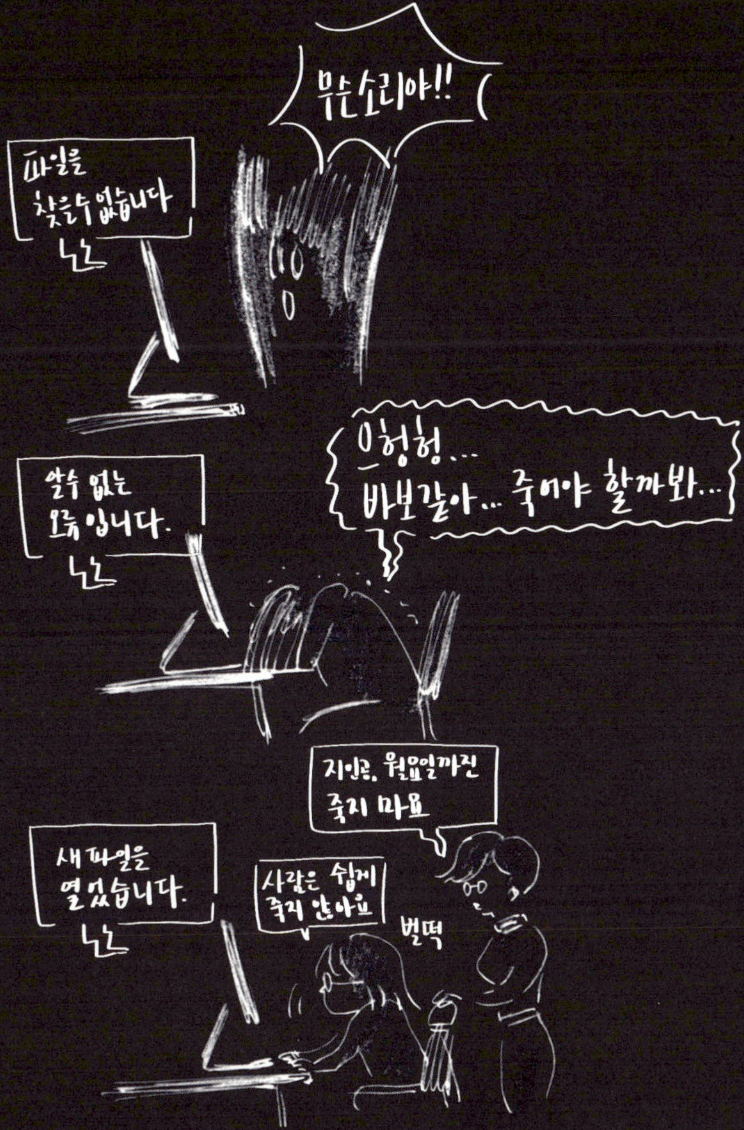
파일을 찾을수 없습니다
무슨소리야!!
알수 없는 오류 입니다.
으헝헝...
바보같아... 죽어야 할까봐...
지인공, 월요일까진 죽지 마요
새파일을 열었습니다.
사람은 쉽게 죽지 않아요
벌떡

놀공의 리더는 외롭다

놀공의 피터공은 다른 여느 리더와도 다른 사람이다. 일단 '멘토'라 불리기 원하지 않고 '초딩'을 자처한다. 영원히 '동심'을 지니고 싶어하는 중년, 아니 청년이다. 하지만 그래도 놀공에서 피터공은 리더다. 리더가 흔들리는 모습을 보이면 다른 멤버들까지도 불안해진다. 절친한 또래 친구이기도 한 놀공의 청춘 멤버들은 서로서로 고민을 털어놓으며 위로하지만, 리더는 섣불리 고민을 털어놓을 수도 털어놓을 상대도 없다. 리더는 자고로 외로운 법이지만 피터공이 이 사실을 받아들이기까지는 제법 많은 시간이 필요했다.

오랜 외국 생활을 정리하고 20년 만에 한국 생활을 시작한 피터공. 미국과는 다른 한국만의 문화를 익히는 데 꽤 애를 먹었다. 그리고 애초에 게임으로 배우는 학교를 세우겠다는 목표로 한국에 왔지만, 학교 하나를 세운다고 교육 문화 전체를 바꿀 수 없다는 결론을 마주하게 되었다. 이후 방향을 선회하고 새로운 비즈니스 모델을 찾기까지 여러 번의 시도와 고민이 있었다. 어느 날 피터공이 말했다.

"인생은 등가교환의 법칙이지. 내가 원하는 것을 얻으려면 그만큼 지불해야 할 몫이 있는 거야."
"벽이라는 건 내가 얼마나 원하는지 알게 해 주지. 내가 쉽게 넘어서지 못하는 벽을 만나면 내가 얼마나 이걸 원하는지 보여 줄 때가 왔구나 싶어."

한편, 대기업 소속 교육 담당자로 살면서 빠른 일 처리에 익숙했던 애련공은 놀공의 전매특허인 마라톤 회의를 경험하면서 자그마치 1년 동안 답답증을 겪어야 했다. 또 놀공에 청춘을 바치는 젊은이들에게 부와 명예를 안겨 주고 싶었지만, 마음과는 다르게 1년 동안은 정말 밥만 먹고 살게 했으니 그 중압감도 상당했다. 회사의 경영을 책임지면서 받는 스트레스는 대기업 직장인으로서 느끼는 스트레스와 차원이 다른 것이었다. 이렇게 모두 어려운 시기를 지나면서 클라이언트와 늦은 밤까지 기나긴 미팅을 했던 날, 피터공의 페이스북에는 이런 글이 올라왔다.

"자고 일어나서 사라진다면 상처가 아니었겠지."

힘들어하는 피터공과 애련공을 보면서 또 하나의 벽을 마주하고 있는 리더의 모습을 보았다. 모두가 평등해야 한다고 솔직해야 한다고 말했지만 정작 다른 누구에게도 털어놓을 수 없었던 리더만의 고민이 있었던 것이다. 게시물을 올린 피터공은 아차 싶었겠지만 나는 흑역사로 수집했다.

자고 일어나서
사라진다면
상처가 아니었겠지

벽을 만날 때마다 알게 되지 얼마나 간절한지
내가 부딪히고 부딪히다 오늘은 기대어 본다
자고 일어나서 사라진다면 상처가 아니었겠지
자고 일어나서 사라진다면 상처가 아니었겠지

※ 이 노래는 외롭다는 말을 할 수 없었던 놀공의 리더가 마음에만 새기려고 했던 이야기를 포착해 만들었다.

나는 사장인데 안티소셜인가봐. 사람이 참 힘들어
안티 소셜!
아무도~ 사장의 고민을 몰라...
흑흑...
하지만 주변에 친구들도 많고 같이 일하자고 찾아오는 사람도 있고 안티소셜치고 인기만점인데요!
그래, 내가 사교성은 없지만 매력은 있지!
사람이 참.. 힘들어...

우리는 모두
용기가 필요해

힘들었던 몇 차례의 고비가 지나자 놀공은 어느덧 어엿한 회사가 되었다. '하고 싶은 일을 하면서 살 수 있는 공동체'가 실현되어 갈 무렵, 놀공의 멤버들은 또 한 번 선택의 기로에 섰다. 창립 멤버들은 졸업을 앞두고 있었고 놀공을 업으로 삼을 것인지 전공을 살려 취업이나 창업에 나설 것인지 결정해야 했다. 놀공을 만나기 이전에 이들은 광고를 만들고 싶었던 학생이었고, 일러스트레이터를 꿈꾸는 학생이었고, 청소년 교육 전문가를 꿈꾸던 학생이었다. 남다른 인연과 열정으로 놀공을 탄생시키기는 했지만 각자의 꿈은 분명히 있었다. 하나둘 각자의 길을 찾아 떠나고 창립 멤버 중에서는 유일하게 나 혼자만 놀공을 지키게 되었다. 초기 멤버들이 놀공을 떠날 때쯤 내가 일하는 모습을 처음부터 지켜봤던 한 친구가 이런 말을 했다.

"그래서, 넌 언제 관둘 거야? 언제 네 일 할 건데?"

𝄞 용기가 필요해

어디로 가야 할지 알고 있는 사람도
그저 힘없이 먼 곳만 바라볼 때가 있어
그럴 때 내 입술이 어떤 거짓말을 해도
믿지 말아 줘 믿지 말아 줘

그대 나를 보는 눈빛이 너무 서글퍼서
혼자 있을 때도 씩씩하게 나를 속여 왔네
그런 내 뒷모습이 어떤 말을 걸어도
믿지 말아 줘 믿지 말아 줘

오늘은 더 큰 용기가 필요해
오래된 두려움이 순간 나를 덮쳐도
그대의 더 큰 용기가 필요해
가야 할 길을 알고 있다면

※ 의지했던 동료들이 떠나고 내가 지금 가는 이 길이 맞는지 혼란스러운 마음을 위로하며 만든 노래다.

마음의 터널에
유라시아 횡단열차가
지나가는 기분이야
내가 터널인가…
터널이 나인가…
덜컹
덜컹
덜컹
덜컹

이 밤의 끝에는 무엇이 있나

놀공이 발전하면 할수록 시행착오라는 이름의 흑역사도 함께 쌓여 갔다. 누적되는 피로, 리더가 짊어져야 하는 외로움, 주변의 걱정 어린 시선 등이 쌓일 만큼 쌓여서 흑역사의 디테일이 풍부해지고 어느덧 노래가 제법 모였다. 이제는 이러한 흑역사와 결별하는 의식이 필요하다는 생각이 들었다. 어둠의 디테일이 풍부해졌을 무렵, 때는 마침 세상 모든 사람이 지난 1년간 힘들었던 일상과 이별하느라 떠들썩한 연말이었다. 그래, 송년회를 하자! 송년회를 열어서 노래로 한풀이하며 흑역사와도 안녕을 고해야겠다는 생각이 머릿속을 가득 메웠다. 내가 주변 사람들의 흑역사를 수집해 노래로 만드는 모습을 보고 누군가 내 이름의 초성을 따서 'ㅇㅈㅇ 증후군'이라는 이름을 지어주었다. 이것은 그대로 밴드의 이름이 되었다. 누구도 기대하지 않았지만 공연 연습에 돌입하고 휴대폰 속의 몇 안 되는 지인에게 즉흥적으로 문자를 보냈다.

"12월 28일, 송년회를 하겠습니다. 제목은 '흑역사 청산의 밤'입니다. 지우고 싶은 흑역사 사연을 하나씩 들고 와 주세요."

모두가 힘든 한 해였는지 아니면 놀공의 파티에는 으레 맛있는 음식이 있겠거니 생각했는지 제법 많은 사람이 모였다. 흑역사 청산의 밤은 애련공의 특제 저녁 식사로 시작한다. 집에서 먹는 밥처럼 김이 모락모락 나는 밥과 밑반찬이 차려지고 명절에 큰집에서나 볼 수 있었던 갈비를 뜯는다. 술과 음료를 곁들이며 이야기를 나누다 보면 어느덧 테이블에는 빈 접시가 쌓이고 대신 둘러앉은 사람들의 흑역사가 안주가 된다. 자연스럽게 서로 자신의 흑역사가 최고라고 겨루는 분위기가 조성되면 특별히 초청된 손님들이 자신이 직접 쓴 흑역사를 읽는다. 누가 제일 비참한가, 누가 제일 병맛인가를 두고 참석한 사람들은 각자의 의견을 내놓는다. 그게 무슨 흑역사냐며 코웃음을 치기도 하고 감히 평가하기 어렵다며 손사래를 치기도 한다. 자신의 흑역사를 말하는 사람은 과장과 비약을 섞어서 자신을 더욱 비참하게 만들고 흑역사를 듣는 사람은 그건 아무것도 아니라며 조롱한다. 공감과 위로가 아닌 비약과 자조로 밤이 떠들썩해진다. 참석한 사람들은 자신의 기억을 몽땅 털어서 가장 슬픈 기억을 끄집어내고 더는 흑역사가 떠오르지 않을 무렵 노래가 시작된다.

노래의 주인공 이름이 호명되고 사연이 소개될 때마다 웃음이 나오기도 하고 모두가 겪었던 갈등을 이야기할 때는 숙연해지기도 했다. 노래가 된 흑역사는 혼자만 끙끙 앓고 있던 고통과 불안의 에너지를 점점 희석시키는 마법을 부렸다. 물론 마이크를 붙잡고 노래를 부른다고 해서 눈물을 흘리며 화해하는 감격스러운 풍경이 펼쳐지리라 기대하지 않았다. 그렇지만 흑역사 청산의 밤이라는 행사를 통해 얻고자 했던 것은 조금씩 진화하고 있던 놀공이 겪는 성장통을 양지로 끌어내는 것이었다. 흑역사를 서로의 마음속에 꼭꼭 숨겨 놓고 오해를 만들기보다는 유쾌하게 털어 버리고 싶었다. 좋아하는 사람끼리 모여서 하고 싶은 일을 하고 있는데 스스로 실망하는 것도 모자라 내 편이라고 생각했던 사람들 때문에 좌절한다면 내가 좋아하는 일은 현실에서 영원히 이룰 수 없는 꿈이 되어 버릴지도 모른다. 이상을 현실로 만들기 위해서 우리는 좀 더 시끄럽게 떠들고 흥청망청 먹고 마실 필요가 있었다.

병원에 입원할 정도로 다치지 않고서는 읽기 어렵다는 악명 높은 책이 있다. 바로 『잃어버린 시간을 찾아서』다. 이 책을 쓴 마르셀 프루스트는 일찍이 '고통에도 우리를 친밀하게 해 주는 힘이 있다'고 했다. 프루스트의 말이 맞다면 마음에 상처만 낸 흑역사도 우리를 끈끈하게 만드는 마법을 부릴 가능성이 농후했다. 흑역사 청산의 밤 끝에서는 혼자 끙끙 앓았던 마음의 짐은 하찮아지고 전우애 같은 친밀함이 남기를 바랐다. 2011년 아무도 기대하지 않았지만 시작했고 누구도 예상하지 못했지만 나름대로 뜨거운 반응을 이끌어낸 흑역사 청산의 밤은 그렇게 깊어 가고 있었다.

쿨한 척 하지 말고 엄살을 피우자

첫 번째 파티를 마치고 나자 자신의 흑역사를 노래로 만들어 달라는 요청이 쏟아지기 시작했다. 사연도 각양각색이었다. 매달 해외여행을 다니는 남부러운 직업을 가졌지만 쉬는 날 같이 밥 먹을 친구가 없다는 여행 기자, 계속되는 야근으로 다크서클이 지워지지 않는다는 디자이너, 28살 취업 준비생의 고백 등 서툰 청춘들의 각종 사연이 쏟아졌다. 눈물 없이 들을 수 없는 사연을 청산하느라 1년에 한 번 하기로 했던 흑역사 청산의 밤을 급기야 격월로 치르는 사태까지 벌어졌다. 이렇게 흑역사가 많아서야 소는 도대체 누가 키우느냔 말이다!

청산할 틈도 없이 쌓여가는 흑역사에 가끔은 고개를 내저으며 주변 사람들에게 흑역사 청산의 밤이 어쩌면 저주가 된 것은 아닌지 생각해 본다. 그렇지만 우리는 안다. 좋아하는 일을 한다는 것은 행운이라는 것을. 그리

전격 공개, 흑역사 카툰

그린이 지인공

도전 엄살왕!
내가 제일 힘들어~

우리 중 제일 힘든 사람은 누구일까? 누가 누가 제일 힘든가, 배틀이라도 해야 하나? 누구 하나 예외 없이 다들 위로받고 싶은 상태인데 무어라 위로해 줄 말이 없었다. 그저 답답한 마음을 그림으로 그리고 그래도 풀리지 않으면 노래로 만들었다. 여기, 노래는 되지 못했지만 접어두기에는 아까운 흑역사 카툰을 소개하고자 한다.

〈어차피 내년엔 더 힘들테니까〉

이번해가 힘들었다고
생각하지 말기로 해요
내년엔 더 빡셀테니까!

〈도전, 엄살왕〉

내가 제일 외롭다구!
너희가 뭐가 외로워?
나는 고향아닌 곳에서
가족이랑 떨어져서
말도 안통하는 사람들이랑
전쟁처럼 살아간다구!
흑역사 배틀의 밤

〈피터공의 내적 갈등〉

미사리로 가서 국수먹고 오자!
좀 놀면서 일해야지!
그렇지... 좀 놀면서...
동네주민들
흥! 나도 스케줄이 있다오
일년만에 일이란걸 한다오
우다다다다

〈새벽 2시, 400번의 작두질〉

〈테스트는 어려워〉

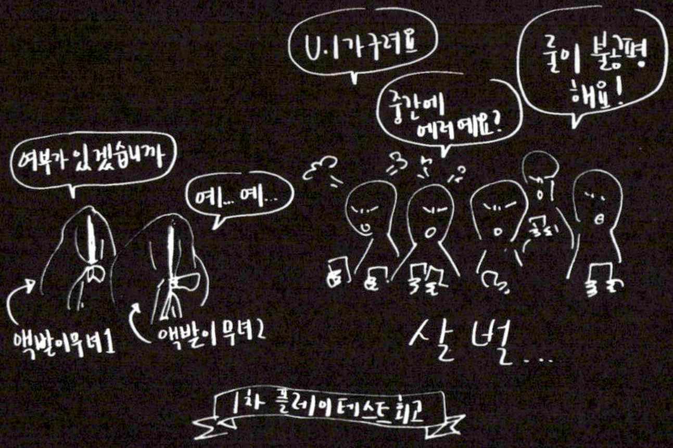
여부가 있겠습니까
예… 예…
액받이무녀1
액받이무녀2
U.I가 구려요
중간에 에러예요?
룰이 불공평해요!
살벌…
1차 플레이테스트 회고

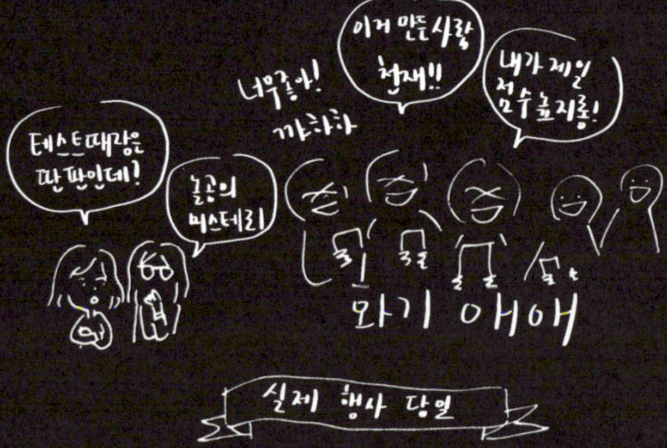
테스트때랑은 딴판인데!
놀곳의 미스테리
너무좋아! 꺄하하
이거 만든사람 천재!!
내가 제일 점수 높지롱!
와기 애애
실제 행사 당일

〈밥만 먹고 살던 시절〉

〈부러운 사람〉

힝_선배.
제 동기 XX가 대기업 취업되었대요.
부러워, 쳇!
왜?
왜 대기업가는게 부러워?
난 하나도 좋은지
모르겠던데…
흠.. 그럼 선배는
부러운 사람 없어요?
음.. 난…
치명적인 매력의
섹시한 여자?
다시 태어나고 싶게
만드는 팜므파탈!
페라가모 신발보다
반스운동화가 좋다더니 …
거짓말이었구만…
네가 그 말에
혹할 줄 몰랐지…

<여유가 생겨도>

어느 일요일...
대신여행자가 점심을 먹자고 했다...
하지만 기사 마감을 앞두고 있던 그녀는...

끝내 약속장소에 나타나지 않았다...

같은 날 월차의 요정도 티타임을 제안했는데...

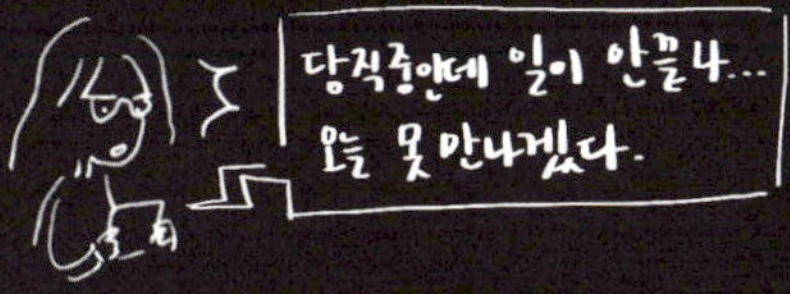

허황된 꿈이었다...

일요일 오후에 해가 지기도 전에 자리에 누워 보았다.
오늘은 일요일 오후다...

〈없는 게 겸손〉

지인공,
겸손은 미덕이 아니에요!
자기를 홍보하고 잘난 척을 해줘야
회사도 더 매력적인 곳으로
보인답니다.
자, 저에게 잘난척 연습해봐요!
할수 있을까…
Lab80 기원님
제가 다재다능한데다
초고속 성장을 하고 있어서 두려워요.
너무 똑똑하다 보니
고민과 책임이 커지잖아요
아휴- 힘들어 ——
뭐야, 이 허세는…
Ultimate 급
재수없잖아…
지금 저거
진심이다…

〈흑역사와 성장 사이〉

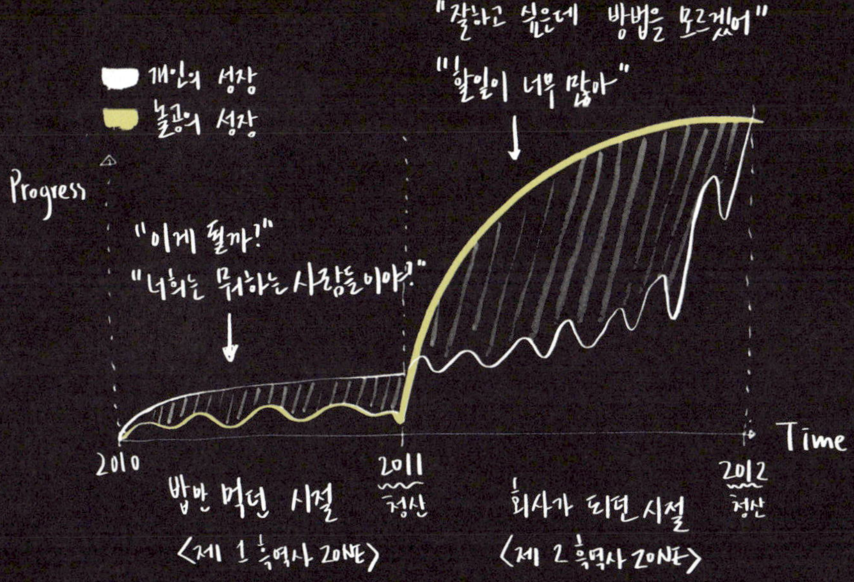
"잘하고 싶은데 방법을 모르겠어"
"할일이 너무 많아"
개인의 성장
놀공의 성장
Progress
"이게 될까?"
"너희는 뭐하는 사람들이야?"
Time
2010
2011 청산
2012 청산
밥만 먹던 시절
〈제 1 흑역사 ZONE〉
회사가 되던 시절
〈제 2 흑역사 ZONE〉

〈흑역사 투자증권의 자산관리〉

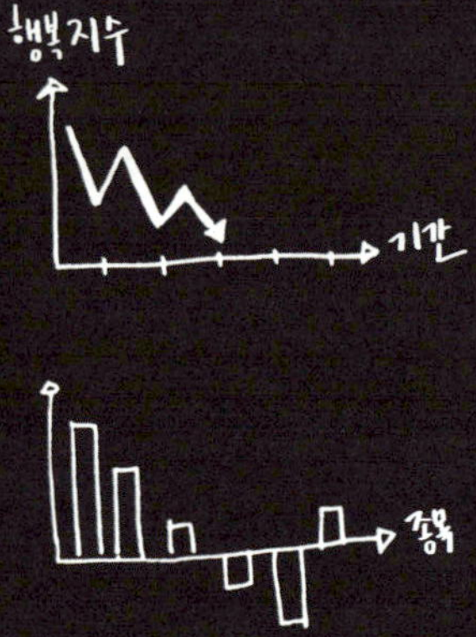
행복지수
기간
종목

최근 안지인의 행복지수가 폭락했어요.

부담스러운 부탁과 약속은

모두 거절하고 휴식모드로 전환하게나

하반기 스트레스 지수를
적정선까지 낮추기 위해
투자 종목을 줄이고
선택과 집중을 해야겠습니다.

〈그냥 눈이 왔다〉

여느날처럼 야근을 하고 있는데
첫눈이 내렸다.

"오빠, 눈와요"
생각나는 이에게 문자를 보냈다.

"ㅇㅇ"
동그라미 두 개의 짧은 답장.

눈이 온다. 많이 온다.

놀공에는
워크숍이 있다

글쓴이 피터공

학생일 때는 학교의 담장이 만리장성보다 높고 견고하게 느껴진다. 학생이라는 신분도 약자의 다른 이름이 아닐까 생각될 만큼 버거울 때도 있었다. 하지만 막상 학교라는 울타리를 벗어나 학생이라는 타이틀을 내려놓고 사회인이 되면 알게 된다. 내가 차지하고 있는 책상 너머를 곁눈질하는 것조차 힘든 일이 된다는 것을. 새로운 사람과의 만남과 겪어 보지 않았던 경험에 대한 갈망은 갈수록 높아지는데 그만큼 충족은 되지 않으니 갑자기 사표를 던지거나 해외로 도피하듯 떠난 여행을 택하는 사람들이 점점 많아진다. 하지만 지금 내가 서 있는 곳에서 새로운 만남과 경험을 찾는 일이 정말 불가능한 걸까? 지금 여기서 내가 할 수 있는 새로운 만남은 무엇일까? 놀공의 워크숍은 여기서 출발했다.

크숍

놀공 워크숍 설계도

☞ **준비물**

· 3일간 주린 배

☞ **참여 시기**

· 매년 상반기의 어느 일요일~월요일(1박 2일)

· 소규모 인원이더라도 때가 되었다 싶으면 수시로

☞ **개최 장소**

· 강원도 봉평 허브나라

☞ **참여 조건**

· 남의 회사 워크숍에 참석하기 위해 월차를 던질 수 있는 배짱

☞ **우대 조건**

· 자신만의 프로그램이 있다면 절대 환영

피터공 가라사대

놀공에만 있는 것을 꼽으라면 여러 가지를 말할 수 있다. 회사에는 어울리지 않는 만화책이 있고, 장을 보지 않아도 며칠을 버틸 수 있는 음식도 있다. 박물관에 있어야 할 빈티지 장난감도 즐비하다. 하지만 이 모든 것이 놀공에만 있는 것이냐고 묻는다면 조심스럽다. 그래서 이렇게 답해 본다.

"놀공에는 내가 있다."

여기서 '나'는 피터공이라 불리는 나 자신일 수도 있고 이 글을 읽는 모든 사람일 수도 있다. 가급적이면 후자로 받아들여 주었으면 하는 바람이다. 놀공과 잠시 스친 사람이라면 누구나 놀공에는 내가 있노라고 외칠 수 있다면 좋겠다. 그만큼 놀공은 열린 공동체를 지향한다. 머물렀던 기간과 상관없이 주인 의식을 공유할 수 있는 그런 열린 공동체 말이다.

놀공 워크숍의 시작,
놀공 싸롱

직장 생활을 하다 보면 만나는 사람만 만나게 된다. 일과 관련된 사람이 아니라면 새로운 사람을 만날 기회 자체가 매우 귀하다. 그마저도 프로젝트가 끝나면 만남을 이어가기 힘들다. 일하는 모습만이 그 사람의 전부는 아닐 텐데 한 사람의 아주 작은 부분만 경험하고 영원히 그 느낌을 간직하게 된다면 서로에게 극심한 손해가 아닐까? 놀공은 늘 사람들로 북적이고 그 안에서 발생하는 교류를 통해 자연스러운 경험이 발생하기를 바랐다. 특별한 목적이 없어도 놀공 사무실에 찾아와 잠시 머물고 가더라도 그 인연이 끊어지지 않았으면 했다.

아무리 작은 인연도 만남의 끈을 놓지 않음으로써 훗날 어떤 이익을 보아야겠다는 사업가적 마인드 때문이 아니었다. 끝까지 아무런 이득이 나지 않더라도, 눈에 띄는 결과물 하나 없어도 좋았다. 지금의 만남이 어떠한 결과를 가져올지 예측할 수 없다는 사실이 중요했다. 마치 도착지를 정하지 않고 무작정 떠나는 여행에서나 느낄 수 있는 기분이 사무실에도 감돌게 하고 싶었다. 늘 열려 있고 흐름이 있는 그런 사무실. 바로 그 느낌이 창의성과 이어진다고 믿기 때문이다.

이러한 믿음에서 시작된 것이 바로 '놀공 싸롱'이었다. 놀공에서 프로젝트를 진행하거나 학회를 개최할 때 만나는 사람들은 자신의 분야에서 일정 수준 이상의 전문성을 확보한 사람이었다. 그들의 전문성을 한 번의 프로젝트로 소비하기에는 너무나 아까웠다. 열린 마음으로 함께 모여서 어울리고 서로의 에너지를 나누는 자리가 있다면 분명 즐거울 텐데 그런 자리를 만드는 일은 생각처럼 쉽지 않았다.

전문가와 전문가가 만나면 무언가 결과물을 내놓아야 한다는 강박관념이 뿌리 깊게 박혀 있기 때문이 아니었을까? 결과를 위한 것이 아니라 만남 자체에 의미를 두는 자리를 마련하겠다고 오랫동안 생각만 하던 때, 게임을 만드는 것처럼 규칙을 만들고 이름 짓기를 시작했다.

한 달에 한 번, 마지막 주 수요일 저녁 7시. 놀공 사무실에서 저녁을 겸한 와인 파티를 열자. 다양한 분야의 창작자를 초대해 이야기를 듣고 때에 따라서 주제가 흥미롭다면 여러 명에게 발언 기회를 주는 것도 좋겠다. 꼭 창작자로 한정할 필요도 없을 것 같다. 때로는 애니메이션 슈퍼바이저, 스타트업 단계에 있는 CEO, 클럽 DJ, 학교 선생님까지 경계를 두지 않고 다양하게 만나자. 자기 일을 사랑하는 사람이라면 누구라도 참여할 수 있게 하되 너무 유명한 사람을 초대하는 것을 될 수 있으면 피하자. 한 사람에게만 관심이 집중되면 곤란하니까. 사람이 너무 많아서 복작거려도 모두가 함께 이야기하는 것이 어려우니 10명에서 20명 내외로 추리고 최대한 궁합이 맞는 사람들을 초대하자. 이렇게 대강의 그림이 그려지고 난 뒤 마지막 화룡점정, 행사의 이름을 지었다. 이름 하여 놀공 싸롱!

이름도
묻지 마세요

우리는 직장이 정체성을 대변해 주는 시대에 살고 있다. 무슨 일을 하는지가 그 사람의 생김새와 성격보다 더 큰 관심거리가 된다. 놀공 싸롱에 모인 사람들도 자신만의 전문 분야가 있다는 공통점으로 묶여 있는 사람들이기 때문에 한곳에 몰아넣으면 일에 대한 이야기를 많이 할 수밖에 없다. 이런 대화 속에서 영감을 받는 것이 놀공 싸롱의 목표이기는 했지만, 종일 업무에 시달리고 만난 저녁, 그것도 일주일의 한복판인 수요일에 일 이야기를 하는 것은 도무지 유쾌하지 않은 풍경이었다. 그래서 한 가지 규칙을 추가했다.

“자기소개는 짧게 하고 직업과 관련 없이 내가 좋아하는 것만 말하세요.”

직업이 주는 선입견을 최대한 배제하고 그 사람 자체를 만나자는 뜻에서 만든 규칙이었지만 이러한 규칙 때문에 재미있는 일이 벌어졌다. 오히려 상대방에 대한 호기심이 끊임없이 증폭되는 경우가 많았고 심지어 바로 옆에서 한참을 이야기를 나눈 상대의 이름도 알지 못한 채 집에 돌아가는 사람도 있었다. 굳이 명함을 교환하고 연락처를 주고받으려는 사람도 없었다. 놀공 싸롱에서 진동하는 분위기를 마음껏 만끽하고 좋은 느낌만 공유하며 행사를 마무리하면 그것으로 충분했다. 한 달 후, 놀공 싸롱에서 다시 만나 더 친해지기를 반복하면서 서로의 영감을 자극하는 멘토와 멘티로 변해 가는 모습은 어떤 모임에서도 볼 수 없었던 풍경이었다.

그래픽 노블리스트 김한민 작가를 시작으로 매달 10명 남짓한 사람들이 모여서 싸롱을 이어갔다. 처음에는 사교의 장에 가까웠다면 회를 거듭할수록 오가는 대화가 묵직해졌고 이미 자신의 분야에서 성공을 이룬 전문가의 일방적인 조언이 아니라 한참 성장하고 있는 사람들이 에너지를 교감하다 보니 시간은 언제나 부족했다. 게다가 놀공이 서서히 회사의 형태로 자리를 잡아가면서 한 달에 한 번 시간을 내는 것도 점점 버거워지기 시작했다. 자제하려고 노력하기는 했지만, 판이 점점 커지는 것도 부담스러웠다. 노력하지 말자는 것이 놀공의 정신인데 싸롱을 진행하기 위해서는 엄청나게 노력해야 하는 아이러니한 상황에 놓이게 된 것이다. 그래서 지금은 정형화된 싸롱이 아니라 누군가 찾아올 때 자연스럽게 번개처럼 하는 싸롱으로 진행되고 있다.

1박 2일간의 매직 서클

놀공 워크숍은 놀공 싸롱의 기획 의도를 유지하고 놀공 멤버들의 새로움에 대한 갈증을 해갈하기 위해서 만들어진 대안이었다. 처음에는 좋은 에너지를 지닌 사람들과 함께 쉬는 마음으로 공기 좋고 풍경 좋은 곳에서 1박 하며 먹고 노는 것이었지만 워낙 재미있고 콘텐츠가 풍부한 사람들이 모이다 보니 저절로 워크숍이 이루어졌다. 날짜가 공지되면 참여를 희망하는 사람들이 하나둘 모이기 시작한다. 탐나는 콘텐츠를 가진 사람이라면 프로그램을 하나 맡아 달라고 요청하기도 했고 간혹 자신이 개발하고 있는 프로그램이 있으니 실험할 수 있게 해달라는 요청이 들어오기도 했다. 손님을 모셔다 놓고 어수선한 분위기를 선보일 수 없으니 일정표를 짜기 시작했다. 발제는 각 팀당 1시간에서 2시간 정도를 배분하고 주어진 시간 안에서 마음껏 하고 싶은 것을 해도 좋다는 메시지를 담아 전화와 메일을 돌렸다. 프로그램을 준비하는 사람이 아닐 경우에는 워크숍 현장에서

어떤 일정이 준비되어 있는지 따로 알리지 않는다. 귀한 시간을 내서 참석하는 사람들에게 일말의 부담도 주지 않기 위해서다. 그렇게 워크숍 당일이 되면 다양한 사람들이 허브나라에 모인다.

미디어 아티스트, 뮤지션, 카피라이터, 여행 잡지 기자, 유치원 원장, 컨설팅 전문가, 출판사 대표 등이 삼삼오오 모이지만 허브나라에 들어서는 순간 직업은 무의미해진다. 2011년에 첫 번째 워크숍이 시작된 이후 한 번 참석한 사람은 다음 해 워크숍에 또다시 참석하는 덕에 매년 참가자 수는 배가 되어 간다. 점점 더 많은 손님이 찾아올 것 같아 걱정되기도 하지만 모든 근심은 워크숍이 시작되는 순간부터 사라지고 만다. 놀공 워크숍이 진행되는 1박 2일 동안 매직 서클에 들어서기 때문이다.

남의 회사 워크숍 가 보셨나요?

공식 일정은 일요일 11시다. 그러나 일요일 아침 11시까지 강원도에 자리한 허브나라까지 도착하기 위해서는 달콤한 늦잠을 포기해야 한다. 잠의 유혹에 발목이 잡혀서 조금씩 늦는 사람도 있지만 천천히 시간을 보내다 보면 어느덧 낯익은 얼굴들을 허브나라 곳곳에서 마주치게 된다. 출출한 배를 부여잡고 식당으로 들어가면 각종 허브가 들어간 형형색색의 비빔밥이 워크숍의 본격적인 시작을 알린다. 허겁지겁 밥을 먹고 스크린이 설치된 워크숍 현장으로 들어서면 김승범 님이 기다리고 있다. 승범 님은 처음 만나는 사람들이 친해질 수 있는 프로그램으로 인디언 이름 짓기를 시작한다. 승범 님의 인디언 이름 짓기 시간을 거치면 처음 만나는 사람일지라도 마치 서로 잘 알고 있던 사이처럼 그 사람을 고스란히 반영하는 단어의 조합이 만들어져서 무척 신기하다. 이렇게 안면도 익히고 새로운 이름을 놓고 이러쿵저러쿵 이야기를 나누다 보면 두 번째 프로그램이 시작된다.

인디언 이름 짓기

1. 테이블에 4명씩 둘러앉은 후, 테이블에 놓인 종이에 자신의 이름을 적는다.

2. 이름이 적힌 종이를 자신의 왼쪽 사람에게 넘기고 종이를 받은 사람을 이름을 보고 그 사람을 보면 떠오르는 단어를 명사로 적는다.

3. 단어를 적고 나면 종이를 반을 접어 다시 왼쪽 사람에게 넘기고 종이를 받은 사람은 이름을 확인한 후 연상되는 단어를 의성어로 적는다.

4. 다시 종이를 반으로 접어서 왼쪽으로 넘기고 종이를 받은 사람은 종이의 주인을 확인한 후 어울리는 형용사를 적는다.

5. 종이를 다시 반으로 접은 후 종이의 주인에게 어울리는 동사를 적는다. 왼쪽에 있는 사람에게 종이를 건네면 본래 주인에게 돌아간다.

6. 자신의 이름이 적힌 종이를 받으면 접힌 종이를 하나씩 펼치며 소리 내어 읽는다.

7. 그 이름이 바로 인디언 이름이 되고 워크숍이 진행되는 동안 본명을 대신한다.

ex. 몰캉몰캉 부드럽게 웃는 구름, 둥글둥글 까칠까칠 소리치는 언덕 등

두 번째 프로그램은 미디어 아티스트이자 대학 강단에서 학생들을 가르치는 최승준 님의 시간이다. 평소에도 독특한 생각과 새로운 시도를 멈추지 않아 모험가 기질이 다분한데 워크숍에서 언제나 자신만의 프로그램을 준비해 와서 1시간 남짓의 시간 동안 새로운 경험을 할 수 있도록 지도해 준다. 수학의 연산법을 응용한 문제 해결법과 인터넷 검색 사이트를 기반으로 사물을 관찰하고 마인드맵을 그리는 방법까지. 승준 님의 프로그램을 통해 머리가 꽉 막혀서 풀리지 않을 때 발상의 전환에 성공했던 경우가 적지 않다.

세 번째 프로그램은 김경수 님의 시간이다. 경수 님은 일주일에 8시간 근무를 목표로 활동하는 프로그래머다. 업무에 많은 시간을 투자하는 사람들과 달리 남은 시간 동안 정말 하고 싶은 일을 하기 위해 노력하는 사람이다. 그는 놀공 워크숍을 위해 모바일 기기를 활용해 할 수 있는 게임을 개발해 왔다. 일명 '양털 깎기' 게임이다. 자신의 이메일을 입력해 웹에 접속하면 자기 소유인 세 마리의 양을 만나게 된다. 자신의 풀밭을 가꾸는 것은 물론 다른 사람의 풀밭으로 양을 보내 풀을 뜯어 먹도록 할 수도 있는데 만약 발각되면 털을 몽땅 깎인 채로 쫓겨나게 된다. 게임의 구조는 단순했고 화려한 이미지로 무장한 요즘의 모바일 게임과 비교하면 소박하기 그지없었지만 '양털 깎기'의 반전은 제한 시간이 없다는 사실이었다. 잠깐 화장실에 다녀오거나 짐을 정리하느라 자신의 풀밭을 관리하지 못하면 그 사이를 비집고 들어온 양들이 풀밭을 모조리 뜯어먹고 도망가기도 했고, 분명 주인이 자는 것을 확인하고 양을 투입했는데 1분도 되지 않아서 양들이 털을 몽땅 깎인 채로 되돌아오기도 했다. 더욱 놀라운 것은 접속할 때마다 눈에 띄게 발전하는 게임의 완성도였다. 경수 님은 수시로 게임을 업그레이드했고 오류가 나면 즉각적으로 대응했다. 워크숍이 모두 끝나고 집으로 돌아갈 즈음에는 몰라보게 예뻐진 비주얼을 자랑하는 양을 만날 수 있었다. 목이 마르면 허브티를, 입이 심심하면 빵과 과자를 마음껏 먹을 수 있는 놀공의 워크숍이지만 몇 개의 프로그램을 진행하고 나면 배불리 먹었던 비빔밥과 주전부리가 무색하게 출출해지기 시작한다. 점점 시계를 확인하는 사람들의 수가 늘어나고 왠지 어두워진 것 같지 않으냐면서 초조해 하는 사람도 등장하기 시작한다. 그렇다. 모두가 기다리는 저녁 식사 시간이 된 것이다. 애련공은 벌써 바비큐 파티 준비를 위해 사라지고 없다. 강원도의 신선한 공기와 노을로 물드는 하늘의 색감과 허브나라의 푸르름은 야외 바비큐 파티를 위한 훌륭한 애피타이저다.

바비큐 파티에 이름을 붙이자면 '과식'이다. 무조건 맛있게 많이 먹는 것에 집중하느라 시끌벅적했던 워크숍에 침묵이 흐르고 고기가 많이 담긴 접시를 향해 묵묵히 움직이고 상추를 슬그머니 밀어주는 것으로 애정을 표현하는 시간이 지나면 자리를 정리하고 조명을 켠다. 배불리 먹고 다시 힘을 내서 프로그램을 이어간다. 네 번째 프로그램은 여행 잡지 〈Traveler〉의 기자가 전하는 오지 여행기다. 매달 여행을 떠나는 여행 잡지 기자들은 광범위한 활동 범위에 걸맞게 어디서도 들을 수 없었던 여행 이야기를 들려주었다. 모닥불에 몸을 녹이며 이국적인 풍경을 감상하느라 시간 가는 줄 몰랐지만 어느덧 모두가 고대하던 마지막 세션만이 남았다.

놀공과 음악 사이

놀공은 유독 뮤지션과 친분이 두텁다. 페이퍼컷 프로젝트, 소울라이츠, 음란소년, 솔라티 등 개성 넘치는 음악을 하는 뮤지션들이 놀공과 인연을 맺고 있다. 놀공의 크고 작은 행사에 참석해 자리를 빛내 주는 것은 물론이고 음악이 필요한 프로젝트를 진행하게 될 때에는 기꺼이 시간을 내기도 한다.

서울에서는 볼 수 없는 주먹만 한 별들과 조명처럼 걸린 달을 배경으로 페이퍼컷 프로젝트의 설레는 사랑 이야기가 허브나라를 가득 메우기 시작한다. 앵콜에 앵콜을 거듭하던 페이퍼컷 프로젝트가 퇴장하면 담담하고 착한 목소리로 노래하는 지인공과 김윤정 님의 듀엣이 이어진다. 지인공이 몸담은 밴드 'ㅇㅈㅇ 증후군'의 노래는 놀공 멤버들은 물론 워크숍에 한 번 이상 참석한 사람이라면 누구나 알 정도로 유명하다. 이 밴드의 노래는

어느 아이돌의 노래보다 인기가 뜨거운데 처음 워크숍에 참석한 사람이라면 모두가 지인공의 노래를 따라 부는 것을 보고 굉장히 유명한 노래인데 나만 모르는 건가 싶어 고개를 갸웃거리면서도 입으로는 뻐끔뻐끔 립싱크를 하기도 한다.

목이 갈라져 더는 노래를 할 수 없을 때가 되어서야 길고 긴 워크숍이 끝이 난다. 모닥불을 끄고 주섬주섬 쓰레기를 정리하고 각자의 방으로 들어가는데 자러 들어가는 사람들의 손에 무언가 들려 있다. 다름 아닌 모닥불에 던져두었던 감자다.

놀공 워크숍
명장면 베스트 8

아무도 궁금해하지 않지만 우리는 말하고 싶다

일요일과 월요일에 걸쳐 진행되는 놀공의 워크숍. 짧다면 짧은 이 시간 동안 다른 곳이라면 2박 3일을 몽땅 써도 모자랄 만큼 빽빽한 프로그램이 진행된다. 그저 공기 좋은 곳에서 맛있는 음식을 먹으며 푹 쉬자고 시작했는데 워크숍 내내 놀공은 물론 회사에 월차를 내고 찾아온 사람들까지 머리를 쓰고 몸을 쓰면서 바삐 움직인다. 이쯤 되면 질문이 나올 수밖에 없다. 도대체 무엇을 하는 거냐고. 어쩌면 아무도 궁금하지 않을 수 있지만 우리는 답하련다. 놀공 워크숍을 빛낸 8개의 장면을.

1
오프닝
전문듀오

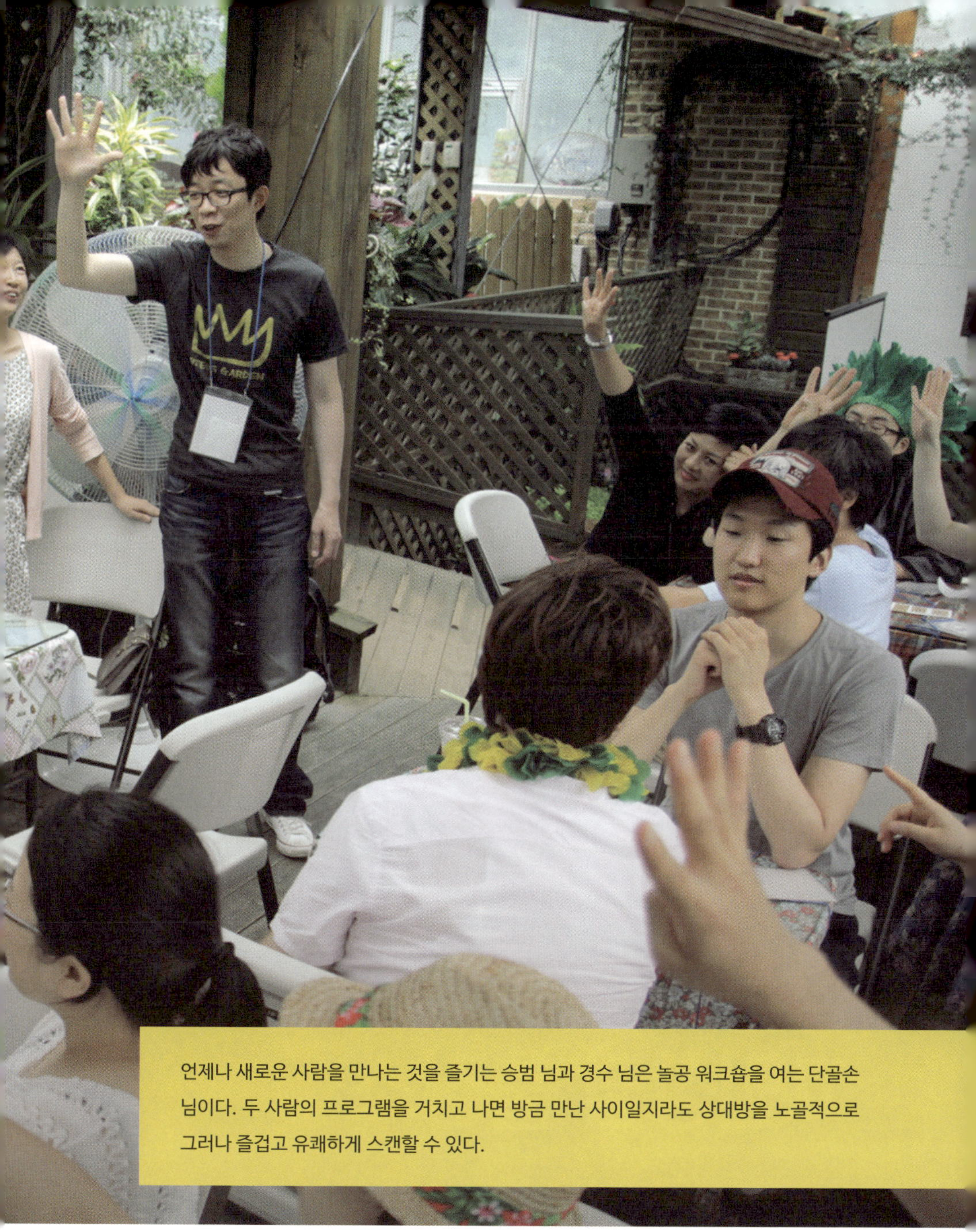

언제나 새로운 사람을 만나는 것을 즐기는 승범 님과 경수 님은 놀공 워크숍을 여는 단골손님이다. 두 사람의 프로그램을 거치고 나면 방금 만난 사이일지라도 상대방을 노골적으로 그러나 즐겁고 유쾌하게 스캔할 수 있다.

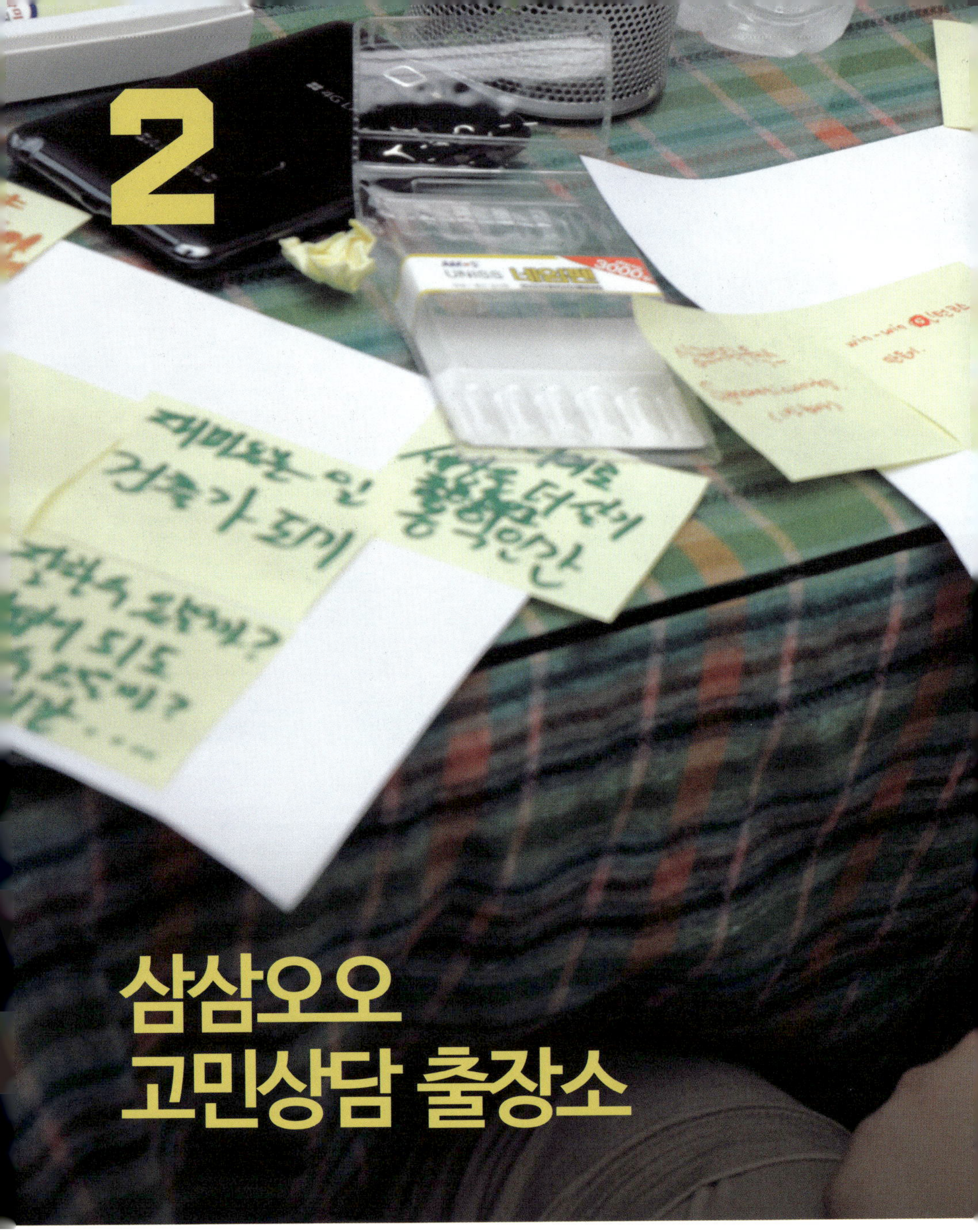

2

삼삼오오 고민상담 출장소

세상에 존재하는 모든 기회를 시도해 보아야 직성이 풀리는 사람이 바로 최승준이라는 사람이다. 잘 되면 좋고 실패해도 또 하나의 기록을 남길 수 있으니 그것도 좋다고 한다. 워크숍 때마다 새로운 프로그램을 들고 오지만 가장 기억에 남는 것은 '삼삼오오 고민상담 출장소'였다. 프로그램이 끝났다고 아무리 외쳐도 끊임없이 고민이 속출했던 그때. 역시 흑역사는 때와 장소를 가리지 않는다.

3

개강! 팅커링 아카데미

놀공 워크숍에 모이는 사람들은 게임이나 새로운 시도에 열려 있는 사람이 대부분이다. 이 사람들에게 아주 간단한 게임 이론을 알려 주면 몇 분 전까지만 해도 이 세상에 없었던 게임이 탄생하기도 한다. 워크숍 현장에서 무작위로 2명씩 짝을 지어준 후 네 가지 게임 아이템을 지급했다. 아이템을 활용해 2명이서 할 수 있는 게임을 30분간 설계하고 설명서까지 완성하라는 미션을 주었다. 30분의 시간이 지나면 다른 팀이 있던 자리로 옮겨가서 설명서를 토대로 게임을 진행하고 잘못된 점을 발견해 서로의 게임을 보완했다. 짧은 시간이었지만 게임의 완성도는 제법 높았고 자리를 이동하면서 새로운 게임을 체험하는 모습은 게임 페스티벌을 방불케 했다.

4

싸워보자! Lab 80

언제나 유쾌하고 독특한 코스튬으로 시선을 사로잡는 Lab80. 이들도 놀공 워크숍의 단골 손님이다. 이들은 놀공 워크숍을 위해 준비한 프로그램은 일명 '편 가르기 게임'이었다. 허브나라의 온실 한구석을 치우고 테이프로 금을 그었다. 금을 사이에 두고 O, X 가 구분된다. 진행자는 일곱 가지 주제를 던지는데 사람들은 그 주제를 듣고 자신의 의견과 일치하는 쪽에 가서 선다. 서로 자기 생각이 옳다고 목소리를 높이고 선택을 바꿀 기회를 제공한다. 최종 마감까지 변절자를 방지하고 상대방을 우리 편으로 끌어들이는 것이 게임의 목표다. 유쾌한 말싸움이 편 가르기 게임의 백미이며 게임의 재미는 시시한 주제를 두고 목청껏 토론하는 데서 나온다.

S

나도공방, Sticky Blocks

책상 위에 굴러다니는 끈적끈적한 포스트잇이 레고 블록으로 변신하는 마법. 이 마법을 발명한 사람은 승범 님이다. 포스트잇으로 블록을 만드는 것은 단번에 성공하기 어렵지만, 첫 번째 진입 장벽을 뛰어넘으면 그 이후에는 다양한 창작물을 만들 수 있다는 장점이 있다. 왜 하필이면 포스트잇을 재료로 택했느냐고 묻자 게임을 테스트할 때 가장 많이 사용하는 도구이기도 하고 여기저기 쓰임이 많은데 비해 부피감이 느껴지지 않는 것이 아쉬워서 극복하는 방법을 고민하다 만들게 되었다고 창작 배경을 전했다.

6

언제어디서나 구호게임

놀공은 하나의 게임을 완성하기 위해서 숱하게 많은 테스트를 거친다. 놀공의 친구라면 테스트에 참가할 수 있는데 주로 그 시연 장소는 놀공 워크숍이 이루어지는 허브나라일 경우가 많다. 유니세프 구호 게임은 놀공 초창기에 개발한 게임이자 가장 오랫동안 활용되는 게임 중 하나다. 때문에 놀공이 설계하는 게임의 목적과 의미를 설명하기 위해서 빈번하게 시연되는 것도 구호 게임이다. 허브나라 곳곳을 달리고 헤매면서 구호 게임을 즐기는 모습은 개발 단계에서 힘들었던 시간도 떠오르면서 언제나 뭉클하게 만든다.

7

워크숍의 화룡점정, 바비큐

좋은 사람들과 신 나게 떠들면서 보낸 하루를 정리하는 바비큐 파티. 맑은 공기와 함께 먹는 음식은 간이 필요 없다. 고기는 구워지기가 무섭게 게눈 감추듯 사라지지만 끝도 없이 계속 나온다. 모두가 넉넉하고 즐겁게 오로지 과식과 포만감을 향해 달려가는 이 시간이 놀공 워크숍의 하이라이트다.

8

모닥불과 공연

형광등과 휴대폰 조명에 익숙해진 우리들. 깜깜한 밤에 춤추는 모닥불 불빛을 보면 흥분할 수밖에 없다. 게다가 뮤지션의 음악이 더해진다면 더욱 감성적으로 변한다. 밤은 길다고 누가 그랬나. 밤은 짧다. 특히 놀공의 워크숍이라면 더더욱.

놀공은 이런 곳이다!

손님

한

놀공 워크숍,
단골손님들의 한 마디

같은 취미를 공유하고 비슷한 음식을 먹으며 공통의 화젯거리를 입에 올리는 사람. 우리는 이런 사람을 친구라고 부른다. 때문에 친구는 가족도 모르는 비밀을 알고 나조차 의식하지 못하고 있던 새로운 모습을 알려 주기도 한다. 놀공 워크숍에 참석하는 사람들은 모두가 놀공의 친구임을 자처한다. 그들의 입을 통해 듣는 놀공은 어떤 모습일지 그리고 놀공의 친구들은 어떤 사람들인지 들춰 보면서 놀공을 조금 더 깊이 이해해 보자.

"놀공은 당연하다고 생각하는 경험을 다른 관점으로 바라볼 수 있도록 자연스럽게 디자인한다."

슝슝공, 정진용

언제 어디서나 사람들이 연결될 수 있도록 돕는 무선통신 시스템 디자이너. 지구에 도착한 아이들에게 놀공 전파라는 특수 임무를 수행 중이다.

"놀공의 워크숍은 삼투압 현상을 연상시킨다. 안팎을 구분 짓기보다는 놀공의 진한 농도로 모든 것을 빨아들이고 있다."

서버요정, 김승범

미래의 창작자를 위한 교육자로 살고 있지만 실은 창작이 본업이다.

"게임을 통해 의미를 부여하며 세상에 없는 가치를 창출한다. 내가 항상 놀공을 기대하는 이유다."

중매쟁이, 김용재

16년차 HRD 전문가

"놀공은 하고 싶은 걸 한다. 잘하는 사람보다는 하고 싶은 사람이 그 일의 주인이다."

타사 직원, 박현석

매일 하루살이처럼 살아가는 광고개미. 먹어도 먹어도 살이 찌지 않아서 놀공에서 팽 당했다.

"놀공은 내가 도움을 줄 수 있다는 자체로 마음이 풍성해지는 곳이다. 하고 싶은 걸 하기 힘든 세상에서 자발적으로 팔, 다리를 움직이게 하는 곳이다."

월차의 요정, 조명현

놀공의 게임데이에 직장인에게 가장 소중하다는 월차를 쓰고 게임의 요정으로 변신한다.

"파트너가 원하는 무언가로 늘 변신할 준비가 되어 있기 때문에 정체를 정확하게 말할 수 없는 곳. 이것이 놀공의 운명이라는 생각이 든다."

CRESSONG, 송미영

놀공의 처음을 같이 한 그녀는 설레는 시간을 공유한 놀공의 첫사랑이다.
현재는 기업의 Creativity HRDer.

"놀공은 건강하고 강하다. 그리고 선하다. 노력으로는 만들어지지 않는 감각이 항상 튀어나온다."

창인코, 고창인

슈가볼, 페이퍼컷 프로젝트의 보컬로 아티스트 마케팅과 브랜드 마케팅 업무를 겸하고 있다.

"기본적으로 개그력을 탑재한 사람들이어서 일을 하면서 유머를 공유할 수 있다는 것이 매력이다."

대신여행자, 김윤정

본업은 매달 세계 곳곳으로 취재를 떠나는 여행 잡지 기자.
여행을 마치고 동네로 돌아오면 흑역사 청산의 밤의 뮤즈로 변신.

"언젠가 도시 전체를 거대한 놀이터로 만들 사람들이다."

음란소년, 본명은 비밀

'오빠는 이러려고 너 만나는 거야'라는 음반으로 가요계에 음란마귀 바람을 몰고 온 솔로 뮤지션이다.

"언젠가 규모가 커지고 직원들이 많아질 수도 있지만 지금처럼 가족 같은 분위기를 잃지 않았으면 좋겠다."

정희Taxi, 정희택

본업은 드러머이지만 때때로 놀공만을 위한 베스트 드라이버가 된다.

"한국에서 이런 일을 하고 있는 회사가 있다는 사실에 놀랐어요."

마이클 실만 Michael Shilman

돈에 관한 연구를 줄기차게 하면서 돈을 하나도 벌지 않고 있는 신비의 집단인 Lab80의 대표

"지금의 흑역사를 모아놓으면 비싸게 팔 수 있는 날이 올 것이다."

정기원

Lab80의 대표. Lab80은 놀공의 이웃 스타트업 회사로 희로애락을 함께 하고 있다.

"내가 좋아서 하는 일은 재미나다. 애써서 힘들게 하는 노력이 놀공에서는 느껴지지 않는다."

유니공, 이은희

뉴욕을 베이스로 한 프로그래머.
지구 반대편 뉴욕에서 놀공을 전파하는 특급 비밀요원.

"놀공은 남녀노소 누구나 즐겁게 배울 수 있는 새로운 교육의 개척지다."

민기공, 박민기

디자이너. 훌륭한 사람.

"요즘 시대에 가장 어려운 일은 사람들에게 일을 완성하게 하는 것이 아니라 다 같이 일하게 하는 능력이다. 놀공은 그 능력이 있다."

토드 홀루백 Todd Holoubek

아티스트 및 혁신 엔지니어로 활동하며 대학 강단에 서고 있다.

3

노력 금지 정신 소개

재미있는 게

이기는
거다

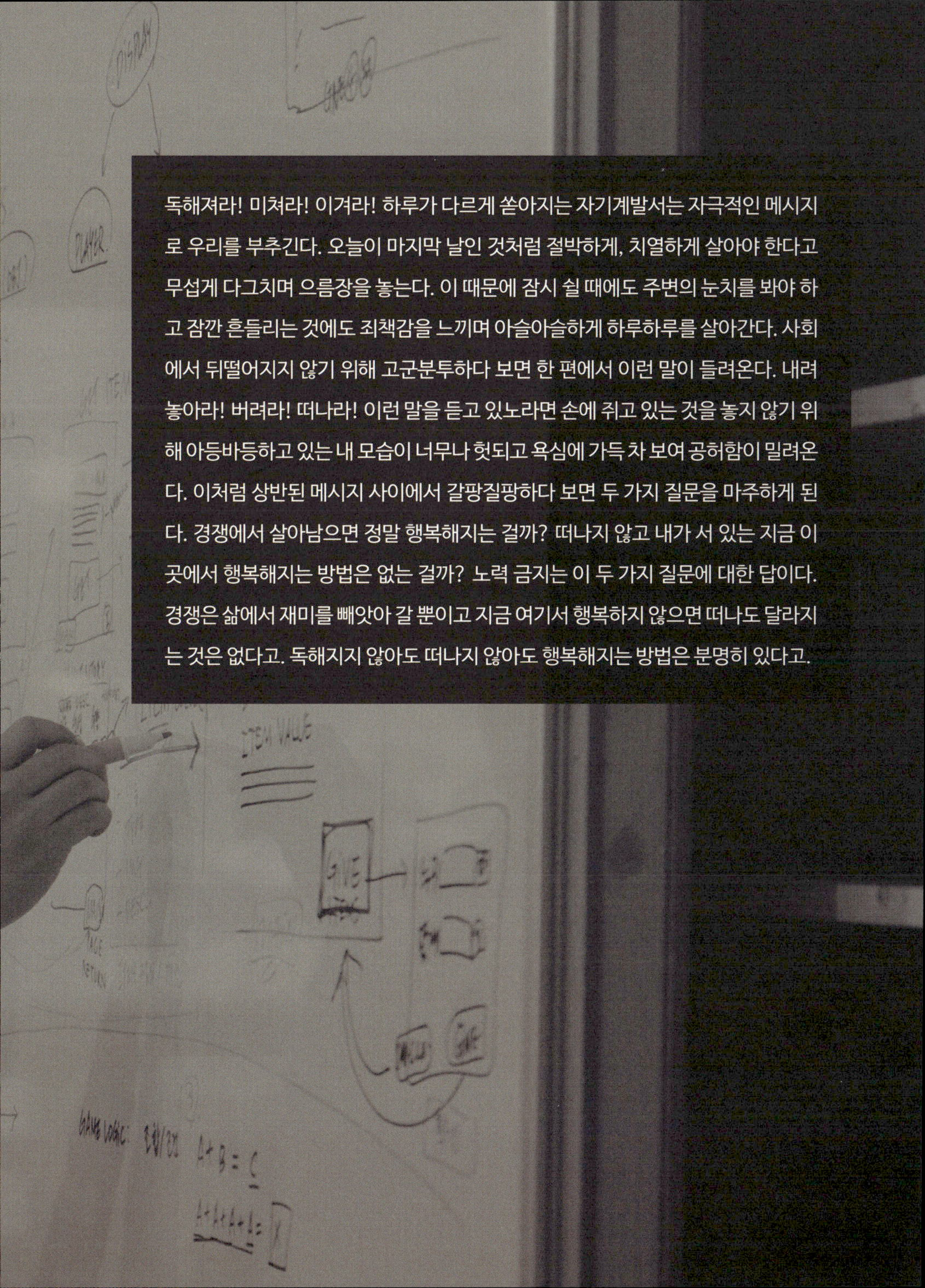

독해져라! 미쳐라! 이겨라! 하루가 다르게 쏟아지는 자기계발서는 자극적인 메시지로 우리를 부추긴다. 오늘이 마지막 날인 것처럼 절박하게, 치열하게 살아야 한다고 무섭게 다그치며 으름장을 놓는다. 이 때문에 잠시 쉴 때에도 주변의 눈치를 봐야 하고 잠깐 흔들리는 것에도 죄책감을 느끼며 아슬아슬하게 하루하루를 살아간다. 사회에서 뒤떨어지지 않기 위해 고군분투하다 보면 한 편에서 이런 말이 들려온다. 내려놓아라! 버려라! 떠나라! 이런 말을 듣고 있노라면 손에 쥐고 있는 것을 놓지 않기 위해 아등바등하고 있는 내 모습이 너무나 헛되고 욕심에 가득 차 보여 공허함이 밀려온다. 이처럼 상반된 메시지 사이에서 갈팡질팡하다 보면 두 가지 질문을 마주하게 된다. 경쟁에서 살아남으면 정말 행복해지는 걸까? 떠나지 않고 내가 서 있는 지금 이곳에서 행복해지는 방법은 없는 걸까? 노력 금지는 이 두 가지 질문에 대한 답이다. 경쟁은 삶에서 재미를 빼앗아 갈 뿐이고 지금 여기서 행복하지 않으면 떠나도 달라지는 것은 없다고. 독해지지 않아도 떠나지 않아도 행복해지는 방법은 분명히 있다고.

놀공에게
게임이란?

놀공에게 게임이란?

놀공은 게임을 기반으로 다양한 활동을 펼치는 아티스트 그룹이다. 사람들에게 새로운 게임을 개발해 각종 교육과 마케팅, 문화 활동 분야에 적용하는 일을 한다고 놀공을 설명하면 열에 아홉은 머릿속에 대한민국 PC방을 점령하고 있는 롤플레이 게임을 떠올린다. 자극적인 컴퓨터 그래픽과 중독성이 강조된 시나리오를 제작하는 곳으로 놀공을 오해하는 것이다. 그러나 롤플레이 게임은 하나의 갈래일 뿐 게임 전체를 대표하는 것이 아니다. 게임에 대한 대중의 선입견을 걷어내는 것. 이것이 그동안 놀공을 설명하는 길이었고 더 나아가 게임을 대하는 놀공의 마음가짐이다.

"A game is a **system** in which players **engage** in an **artificial conflict**, defined by **rules** that result in a **quantifiable outcome**."

"플레이어가 규칙으로 만들어진 **가상**의 **갈등**에 **참여**하고 그 과정에서 **측정 가능한 결과물**을 만들어 내는 **시스템**."

이것이 놀공이 생각하는 게임의 본 모습이다. 게임이란 무한한 자유가 보장되는 아이들의 놀이판이 아니며 선정성이 부각되는 유해매체도 아니다. 게임은 철저하게 계산된 갈등에 플레이어가 직접 뛰어들고 그 안에서만 통용되는 규칙을 지키면서 구체적인 결과를 향해 나아가는 시스템이다. 현실의 문제를 포함해 도전해야 하는 과제가 발생하면 놀공은 이것을 극복할 수 있도록 가상의 갈등을 만들고 플레이어가 기꺼이 뛰어드는 방법을 고민한다. 게임 안에서는 설사 실패하더라도 성공으로 가기 위한 중간 과정이기 때문에 좌절할 필요가 없다. 놀공은 게임 안에서는 물론 현실에서도 과감하게 도전할 수 있는 힘을 사람들에게 심어 주고 싶다.

빅게임

태초에 게임은 모두 빅게임이고 소셜 게임이었다. 2명만 되어도 이름이 뭔지도 모를 노래에 맞춰 춤을 추며 놀았지만 요즘은 어떤가? 누군가를 만나기 위해서 이렇게 말한다.

"우리 뭐하지?"

너나 할 것 없이 반복되는 일상이 달라질 수 없을까? 아무리 눈을 깜빡여도 달라지지 않는 사무실 책상이 뭔가 달라질 수는 없을까? 무엇인가 새로운 경험을 하려면 지금 이곳을 떠나야 할까?

침대가 수영장인 것처럼 팔을 휘젓고 골목이 전쟁터가 된 것처럼 몸을 숨기고 지하철이 은하수를 가로지르는 우주선이라고 생각했던 어린 시절. 그 시절에는 내가 마음먹은 대로 나를 둘러싼 환경이 변화무쌍하게 변했다. 그런데 어른이 되면서 우리는 내 생각보다는 사전 속의 정의에 발목이 잡힌다. 침대는 잠만 자는 곳이 되고 골목은 그저 눈이 오면 골치 아픈 길이 되며 지하철은 지옥철만 아니면 다행이게 된다. 고개만 돌려도 놀 거리가 다양했던 공간과 신 나는 일로 넘쳤던 일상이 어제도 오늘처럼 내일도 오늘처럼 비슷비슷하게 변한 것이다. 다시 세상을 나만의 놀이터로 만들 수 없을까? 게임은 이 질문에 대한 답이다. 게임으로 세상을 바꿀 수 있다. 우리는 세상을 바꾸는 이 게임을 빅게임이라 부른다.

빅게임은 말 그대로 BIG GAME, 큰 게임이다. 당신이 무엇을 상상하든 그것보다 거대한 경험이다. 수십 명, 수백 명, 수천 명이 함께 공동의 목표를 향해 움직이거나 내가 발 딛고 있는 모든 곳이 게임판이 되는 것이 가능하다. 게임을 통해 내가 사는 세계가 커지는 것이다. 따라서 빅게임은 단순히 규모가 크다는 의미로 정리하는 것은 아쉽다. 삶의 반경과 생각의 깊이가 게임을 통해 확장되었다면 그 또한 빅게임이 된다.

너 지금 뭐하니?

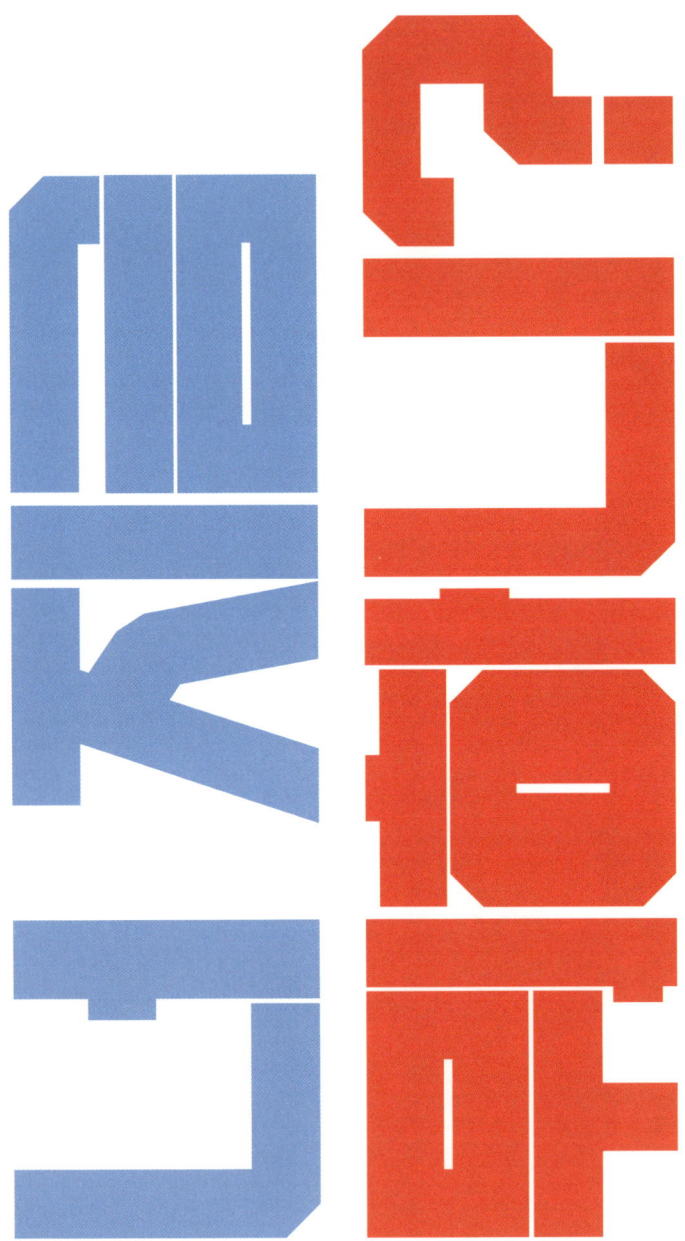

너 지금 뭐하니? -코어 메카닉Core Mecanic

완성도가 높은 게임일수록 플레이어는 자신이 무슨 행동을 하고 있는지 매 순간 분명하게 인식할 수 있다. 따라서 디자이너는 새로운 게임을 개발하기 위해 플레이어가 게임 속에서 어떤 행동을 하게 만들 것인지를 두고 치열하게 고민해야 한다. 놀공도 예외일 수 없다. 놀공이 게임을 설계하기 위해 거치는 수많은 토론의 목표는 결국 하나의 질문에 답을 구하는 것이다.

"매 순간순간 플레이어는 무엇을 해야 하는가?"

플레이어가 게임 안에서 목표를 달성하기 위해 어떤 행동을 하게 할 것인가? 이에 대한 답변이 바로 게임의 코어 메카닉Core Mechanic이다. 100미터 달리기를 잘하기 위해서는 다리를 빠르게 움직이는 것이 코어 메카닉이고 마라톤을 완주하기 위해서는 다리를 빠르게 움직이기보다는 장시간 끊임없이 달릴 수 있는 체력 관리가 코어 메카닉이 된다. 게임을 정복하기 위해 플레이어가 가장 집중해야 하는 행동 한 가지를 설정하는 것이 게임 설계의 시작이자 끝이다. 인생도 마찬가지가 아닐까? 인생에서 원하는 것 한 가지를 설정하면 주력해야 하는 코어 메카닉은 뚜렷해진다. 당신은 무엇을 할 때 가장 행복해지는가? 평생을 걸고 얻고 싶은 것은 무엇인가? 그 무엇이 인생이라는 게임에서 당신이 주력해야 하는 코어 메카닉이다.

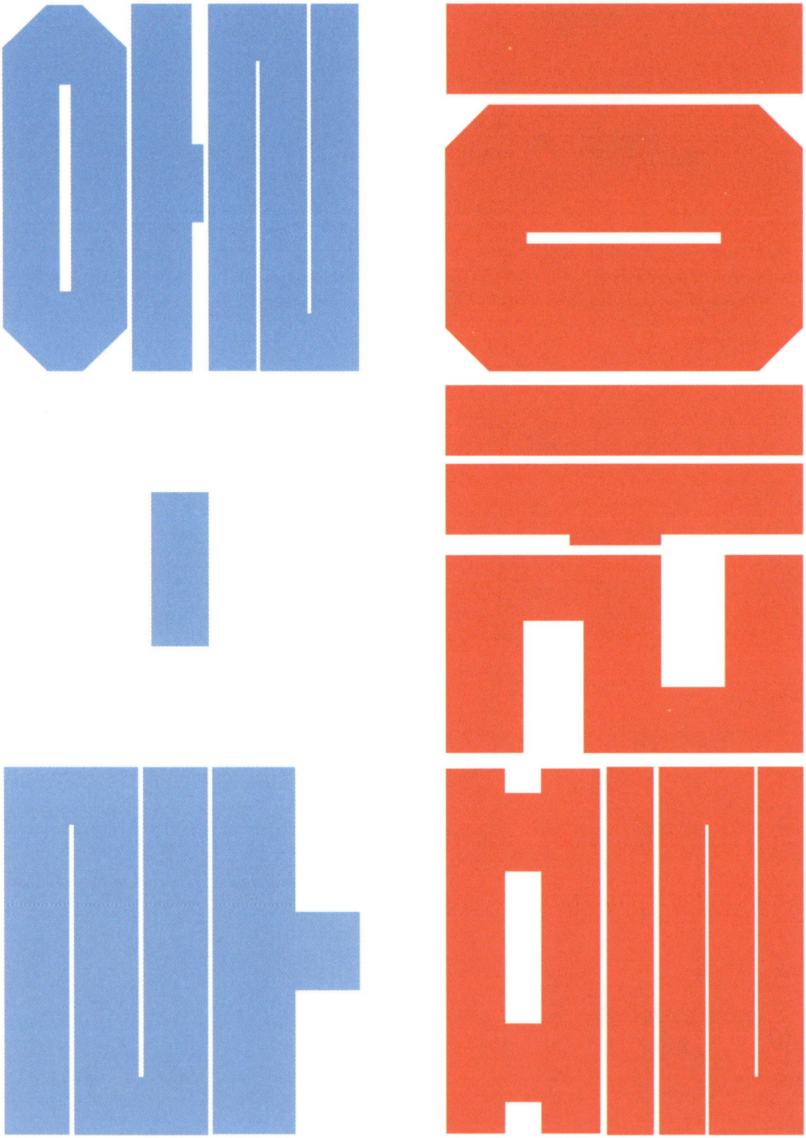

루-울Rule과 플레이Play

사람들은 흔히 생각한다. '논다Play'는 것은 '규칙Rule'이 없다는 전제가 포함되어 있다고 말이다. 하지만 규칙이야 말로 우리를 제대로 놀 수 있게 만들어 주는 마법의 가루다. 한 가지 예를 들어 보겠다. 만약 당신에게 커다란 스케치북과 연필부터 사인펜, 물감부터 유화까지 다양한 화구를 주면서 아무것이나 그려보라고 주문한다면 무엇을 그리겠는가? 하얀 종이에 압도당해 머리가 멍해지는 것은 물론 어떤 도구를 택해야 하는지도 결정하지 못해 망설이다 이렇게 되물을 것이다.

"아무거나 뭐요?"

이때 연필을 사용해서 나무를 그리라는 제한, 즉 규칙을 전달하면 아무리 재주 없는 사람이라 할지라도 조금씩 무언가를 그릴 수 있게 된다. 연필과 나무라는 두 가지 규칙이 오히려 마음껏 놀 수 있는 자유를 주는 것이다. 규칙이 없다는 것은 무한한 자유를 의미하는 것이 아니다. 규칙이 없다는 것은 아무것도 할 수 없다는 것과 마찬가지다. 자유롭게 놀고 갑갑한 세상을 바꾸기 위해서는 규칙을 없애는 것이 아니라 새로운 규칙을 만들어야 한다.

규칙은 행동을 제한하고 놀이를 방해하는 것이 아니라 재미를 유발하는 기폭제가 될 수 있다는 것을 기억하자. 그리고 생각해 보자. 지금 내 인생을 자유롭게 하는 규칙은 무엇인가? 이에 대한 해답을 찾게 된다면 당신의 인생은 놀이가 될 수 있다.

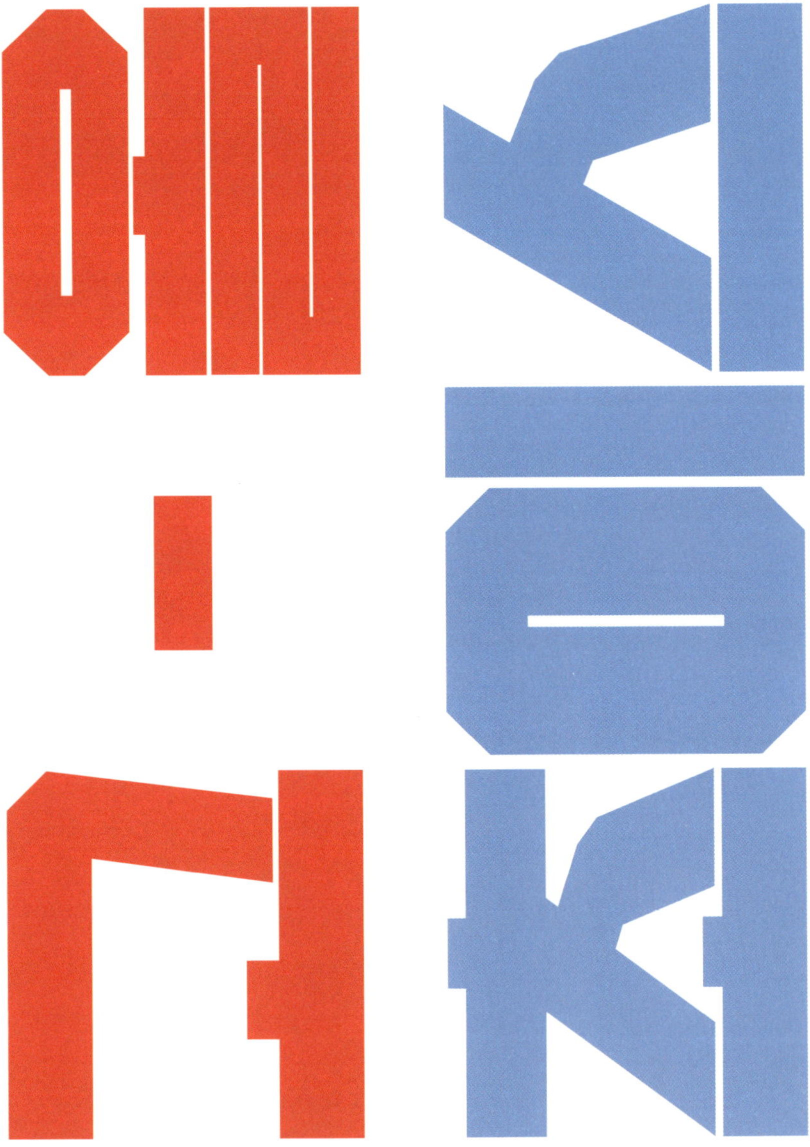

고-올Goal과 초이스Choice

게임은 하나의 '목표Goal'를 달성하기 위해 견고하게 설계된 시스템이다. 게임에 뛰어든 플레이어는 하나의 목표를 향해 촘촘히 설계된 시스템 속에서 다양한 '선택Choice'의 순간을 맞이한다. 훌륭한 게임일수록 플레이어의 작은 선택 하나하나까지도 목표와 긴밀하게 연결되어 있으며 플레이어의 선택은 즉각적인 결과로 나타난다.

선택과 그에 따른 결과. 이 두 가지 줄기가 서로 얽히고설키며 게임을 완성하는 것이다. 따라서 게임 안에서는 플레이어의 모든 선택이 의미가 있어야 한다. 아무리 작은 선택이라도 게임의 목표에 영향을 주어야 하고 그 결과가 즉각적으로 표현되어야 한다. 이것이 얼마나 충족되느냐에 따라서 플레이어의 몰입과 참여가 결정된다.

여기서 게임을 인생으로 바꿔 생각해 보자. 우리의 인생도 선택과 그에 따른 결과로 구성되어 있다. 오늘 하루 내가 했던 작은 선택이 모여서 미래의 내 모습을 결정한다. 다만 지금의 선택이 어떤 결과를 가져올지 당장 확인할 수 없다는 점이 인생과 게임이 다른 점이다. 그러나 게임을 통해 나의 작은 선택이 결과에 영향을 주고 결국 목표를 이룬다는 것을 깨달은 사람과 그렇지 않은 사람은 인생을 대하는 태도가 달라질 것이라 믿는다. 내가 내딛는 발걸음 하나, 내가 만나는 인연 하나가 결국 내가 꿈꾸는 목표에 분명한 영향을 주고 있다는 믿음. 그 믿음이 오늘보다 내일을 더 기대하게 만들 것이다.

호랑이 굴에
들어가도
링거링을
기억해

호랑이 굴에 들어가도 팅커링을 기억해

게임을 개발하는 과정에서 반드시 거쳐야 하는 단계가 있다. 머릿속에 있는 생각을 바로 눈으로 확인하고 손으로 만질 수 있는 결과물로 만들어 이를 토대로 끊임없이 실험하고 조금씩 수정하면서 완성도를 높이는 단계. 바로 팅커링 프로세스다. 여기서 '팅커링Tinkering'이란 사전적으로 '땜질, 땜방, 만지작거리고 만들다'라는 뜻을 갖고 있다. 놀공의 팅커링은 작지만 직접 만들고 행동해 보는 시도를 의미한다.

게임뿐만 아니라 무엇인가 새로운 것을 만들려면 팅커링이 필요하다. 하지만 새로운 것을 만들 때는 그 결과를 예측할 수 없다. 새로운 것을 만들어 낼 때 필요한 것은 정교한 설계가 아니라 가볍게 시도되는 팅커링이다. 팅커링에는 실패란 없다. 반복과 회고를 통해 더 많은 발견을 할 수 있다. 예측 못한 결과에서 발견하고 배움을 얻는다. 형태가 없는 아이디어를 눈과 손으로 확인하면서 실험을 거듭하다 보면 생각과 실제의 차이를 빠르게 확인할 수 있다. 물론 팅커링 프로세스는 성공보다 실패하는 것이 대부분이다. 게다가 고심한 아이디어가 실패하는 것을 보는 일은 생각하는 것 이상으로 괴롭다.

그러나 팅커링 프로세스를 거치면 오류를 잡아낼 수 있는 것은 물론이고 내가 경험한 것과 생각의 크기를 뛰어넘는 결과를 얻게 된다. 또한 시간을 오래 들여 고민하고 결과물을 완성하면 그동안의 시간과 노력 때문에 실패했을 때도 미련을 버리지 못하고 더 좋은 기회가 찾아와도 놓치게 된다. 작은 실패는 성공으로 넘어가는 수많은 징검다리 중 하나일 뿐이다. 오랫동안 생각한 아이디어가 있다면 더는 망설이지 말고 일단 시작해 보자. 실패하더라도 조금씩 땜질하듯 수정하면서 또 한 번 도전하면 된다. 인생에서 한 번에 성공했던 것이 있었는지 되짚어 보라. 걸음마 하나를 떼기 위해서 아이들은 수없이 넘어지지만 반드시 일어난다.

세 가지

실험을 말해 봐,

매직서클에 들어가

세 가지 소원을 말해 봐, 매직 서클Magic Circle에 들어가

게임 이론 중에는 '매직 서클Magic circle'이라는 개념이 있다. 현실로부터 독립된 상황에서 플레이어가 몰입하는 순간을 매직 서클에 들어왔다고 표현하는 것이다. 매직 서클 안에서는 현실의 걸림돌을 가볍게 뛰어넘을 수 있다. 현실 속에 존재하는 수많은 변수와 장애물을 지우고 마음껏 상상의 나래를 펼치며 불안을 이기는 힘을 키울 수 있다. 매직 서클을 체험하는 방법은 간단하다. 지금 곁에 있는 사람에게, 만약 곁에 사람이 없다면 휴대폰을 열어서 가장 최근에 연락했던 사람에게 전화해 질문을 던져보자.

"잠시 눈을 감고 세 가지 소원을 생각해 보세요."

이 질문을 받으면 잔뜩 긴장하고 있던 사람도 경계를 늦추고 표정이 달라진다. 질문을 던진 사람이 디즈니 영화 속에서 튀어나온 지니도 아니고 지금 손에 쥐고 있는 물건이 요술 램프도 아닌데 사뭇 진지하게 세 가지 소원을 고심한다. 마침내 상대방이 답을 하면 분위기는 전혀 다른 방향으로 흘러가기 시작한다. 애초에 질문 자체에는 현실성이 없었지만 대답 속에는 답하는 사람이 몸담고 있는 현실이 나타난다. 가족, 건강, 사랑 등 평소 고민하고 있던 내밀한 문제까지 '지금 고민하고 있는 것이 무엇이냐'고 물었다면 결코 나오지 않았을 내용이 자연스럽게 묻어나는 것이다. 실제로 소원이 이루어지는가는 핵심이 아니다. 그러나 질문을 받은 사람의 내면이 반응하고 세 가지 소원은 곧 현실이 된다. 잠시일지라도 문제를 직면하고 해결되었을 때의 상황을 상상해 보는 것으로도 충분하다. 매직 서클은 세 가지 소원을 생각하는 단 몇 분간만 지속되었지만 소원을 생각하면서 몰입했던 순간의 기억은 우리 몸 어딘가에 남는다. 현실 속 장애물이 무의미했던 순간, 꿈꾸던 것이 이루어졌을 때를 상상했던 순간을 떠올리는 것. 이것이 행복을 향해 가는 지름길이라 믿는다.

공부나 일을
그렇게 해 봐!

공부나 일을 그렇게 해 봐!

사람들에게 게임을 왜 하느냐고 물으면 재미있기 때문이라고 답한다. 그러나 가만히 생각해 보면 게임보다 풍부한 유머를 간직한 콘텐츠는 얼마든지 있다. 더구나 게임을 하는 것은 상당히 수고로운 일이다. 시간을 투자해야 하고 공부하는 것 이상으로 집중력을 발휘해야 하기 때문이다. 하지만 게임은 도전 의식을 끊임없이 자극하고, 희생한다는 피해 의식 없이 기꺼이 노동을 감수한다. 바로 이 때문에 게임의 중독성과 유해함을 지적하는 목소리도 있지만 게임이 사람을 유혹하는 것은 자극적인 재미와 폭력성 때문이 아니다.

게임 속에서 플레이어가 재미를 넘어서는 '의미'를 발견했기 때문이다. 게임 속에서 플레이어는 노골적인 자극에 반응하는 파블로프의 개가 아니다. 자신의 행동이 목표에 다가가고 있다는 사실을 인지하고 작은 행동 하나에도 의미가 있다는 것을 게임이라는 시스템을 통해 끊임없이 인지하고 있다. 사람들은 대개 공부나 일은 내가 정말 하고 싶은 것을 마음껏 하기 위해 참아야 하는 것으로 생각한다. 간혹 드물게 공부나 일이 정말 재미있어서 한다는 사람을 만나서 이유를 물어도 그 이유라는 것이 마음에 와 닿는 일은 드물다.

하지만 공부나 일을 게임처럼 내가 하고 싶은 일로 바꾼다면? 지금 내가 처한 상황에 내가 이해할 수 있는 구체적 목표와 맥락을 만들 수 있다면 아무리 하기 싫은 일이라도 게임 미션처럼 할 수 있지 않을까? 이러한 방향 전환을 위해서 필요한 것은 단 하나다. 재미를 부추기는 것이 아니라 '의미'를 심어 주는 것이다. 지금 내 손에 있는 연필은 꿈을 이루게 하는 도구라고 지금 내가 앉아 있는 자리는 언젠가 모두가 탐내는 요새가 될 것이라고. 공부와 일을 하기 위해서 거치는 사소한 단계에도 작은 의미를 불어넣는다면 일상은 게임처럼 흥미진진하게 변할 것이다.

누구나
꽃이되는
이름 짓기

누구나 꽃이 되는 이름 짓기

뭔가 창의적인 일을 하고 싶고 의미 있는 일을 하고 싶은 것은 누구나 갖고 있는 욕구다. 하지만 그것을 실행에 옮기고 현실로 만드는 과정에서 발생하는 고난을 버티는 일은 상상하는 것 이상으로 어렵다. 가장 안타까운 것은 시도조차 하지 못한 채 세상을 탓하고 자신의 능력을 책망하며 평생 머릿속에서만 꿈을 그리는 경우다. 생각을 현실로 만들고 희망사항을 행동으로 발전시키기 위해서 해야 하는 것은 모든 것을 올인하겠다는 비장한 각오와 피 흘리는 노력이 아니다. 먼저 이름을 지어주는 것이다.

흐릿한 형태로 머릿속과 입안을 맴돌던 아이디어도 이름을 지어주면 생명을 갖기 시작한다. 이름을 짓는다는 것은 사람은 물론 실체가 없는 아이디어마저도 꽃으로 만들어 준다. 가급적이면 세상에 없었던 말로, 세상이 이미 규정해 놓은 의미를 벗어난 것으로 이름을 짓는 것이 좋다.

놀공의 문화와 프로젝트도 이름을 짓는 것에서 시작되었다. 책꽂이에서 장식물로 전락하고 있는 고전을 게임으로 만들면 좋겠다는 막연한 생각이 '놀공 클래식'이라는 이름이 붙여지자 현실이 되었고 시작도 하기 전에 이름 덕에 시리즈가 되어 지속성을 갖게 되었다. 오랫동안 꿈으로만 간직했던 일이 있다면 이름을 지어 보자. 그 순간이 바로 꿈이 목표가 되어 고유의 빛깔과 향기를 뿜어내는 몸짓의 시작이다.

우리 모두 공이 되자

놀공을 방문한 사람이라면 묻는 것이 있다. 바로 호칭에 대한 질문이다. 피터공, 지인공, 애련공, 은현공이라 부르는 놀공 멤버들을 가만히 살피다가 조심스레 공이 뭐냐며, 아무나 그렇게 불러도 되냐며 낮은 목소리로 묻는다. 놀공이 이런 호칭을 갖게 된 데에는 배경이 있다.

대한민국에서 수평적인 대화 환경을 만드는 것이 쉬운 일이 아니다. 까다롭고 복잡한 존댓말은 물론 교수님, 부장님 등의 존칭은 대화를 더욱 부담스럽게 만든다. 예의를 갖추는 대화가 필요한 상황도 분명히 존재하지만 의견을 주고받고 때로는 비판도 해야 하는 자리에서는 존댓말과 존칭은 걸림돌이다. 서로를 존중하면서도 자유로운 토론과 약이 되는 비판이 마구 튀어나올 수 있는 대화판을 만드는 것이 창의적인 일을 하는 집단에서는 반드시 필요했다. 놀공의 시작을 함께한 멤버들은 나이 차이도 제법 났지만 첫 만남이 교수와 제자라는 관계에서 출발했기 때문에 평등한 대화판을 만드는 일이 어려웠다. 재미있고 편안하면서도 존중한다는 느낌을 주는 대화를 위해 놀공만의 호칭을 정하자는 의견에는 모두가 동의했지만 마땅한 대안이 없었다. 별명을 부르자니 이름 하나 외우기 버겁다는 사람도 있었고 영어 이름을 만드는 것도 어색했다. 가장 무난했던 씨라는 호칭은 건방진 느낌이었고 님이라 하기에는 거리감이 느껴졌다. 그렇게 대화를 하기 위한 대화를 끝도 없이 반복하다가 떠오른 것이 있었다. 바로 '공'이었다. 놀공과 짝이 맞는 것은 물론 옛날 유럽 귀족의 호칭이 연상되어 존중하고 있다는 느낌마저 물씬 풍겼다. 이름 뒤에 공을 붙이며 나이 차이도, 서로의 신분도 조금씩 지워가며 놀공이라는 이름에 맞는 집단이 되어갔다. 만약 격식 없는 대화가 고픈 사람이라면, 멀리서 놀공과 가까워지고 싶은 마음을 키우고 있는 사람이 있다면 이름 뒤에 공을 붙여 보라고 권하고 싶다.

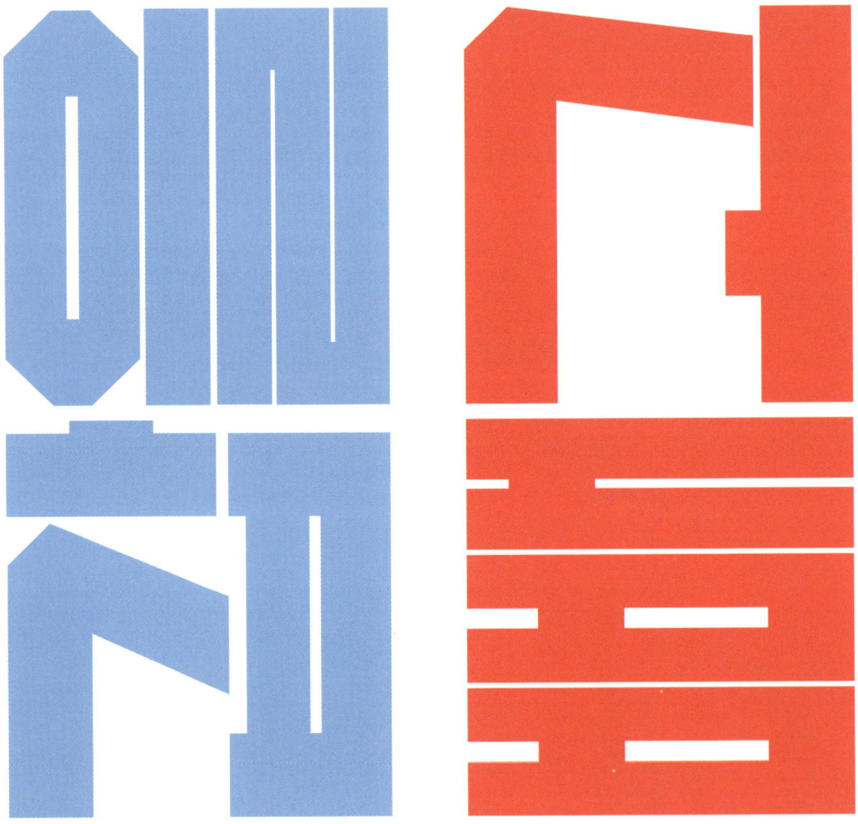

갑을 빼고

20년이라는 긴 유학 기간을 마치고 귀국한 후 얼마간, 아니 지금까지도 여러 가지 문화 충격을 겪고 있다. 그중 최고의 충격을 꼽으라면 갑甲과 을乙이라는 용어를 마주했을 때다. 개념 자체가 놀라웠던 것이 아니다. 갑을 관계가 일상의 언어로서 받아들여지고 있다는 사실이 도무지 익숙해지지 않았다. 문화의 차이라고 생각하고 넘어갈 수도 있지만 이처럼 차별적인 용어를 TV에서도 신문에서도 사용하는 것을 보고 있자니 불평등한 상황을 사회적으로 묵인하는 것은 물론 장려하고 있다는 느낌마저 들었다.

인간은 언어를 사용하고 또 그 언어의 지배를 받는다. 농담이더라도 부조리한 단어를 사용하는 것은 반드시 피해야 하는, 거창하게 말하면 인간에 대한 의무다. 미국에서 회사를 운영할 때였다. 정부로부터 받았던 비차별적 채용에 관한 가이드를 받았다. 가이드에는 면접에서 묻지 말아야 하는 질문이 자세히 있었는데 결혼은 했는지, 부모님은 무엇을 하는지, 출신 지역이 어디인지 묻는 것은 금기 사항이었다. 심지어 미국인에게 미국인이냐고 묻는 것도 금기 사항이었다. 이 모든 것은 차별로 이어질 수 있는 빌미를 제공할 수 있다는 이유였다. 물론 이런 몇 가지 질문을 금기 사항으로 명시한다고 해서 차별이 사라지는 것은 아니다. 하지만 이런 장치를 통해서 미국 사회는 차별은 나쁜 행동이라는 사실을 잊지 않기 위해 노력한다.

이를 거울삼아 놀공이 시작된 이후 모든 계약서에는 갑을이라는 용어를 빼도록 요청하고 있다. 물론 사회적으로 팽배해 있는 구조적인 갑을 문제가 계약서에서 용어를 바꾼다는 한 번에 사라질 것이라 기대하는 것은 아니다. 하지만 변화를 위해서는 작은 시작이 필요하다. 비록 형식일 뿐이라도 변화의 시작은 될 수 있으리라 믿는다.

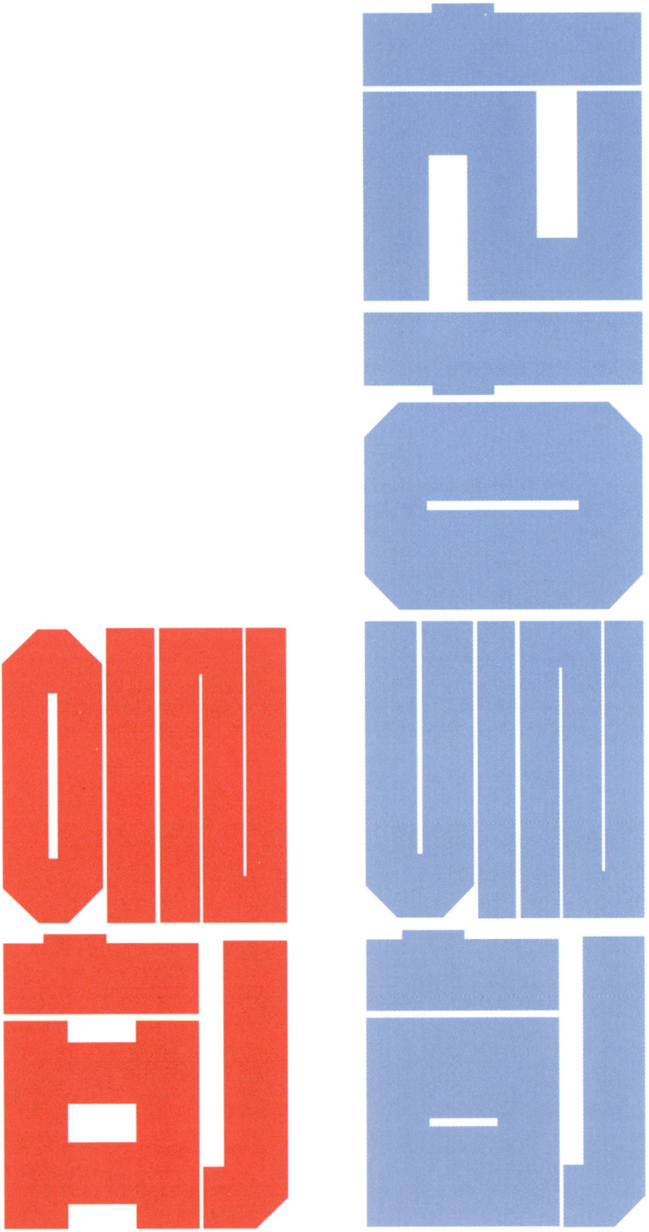

판을 만들어라

대학 강단에 서고 놀공이라는 회사를 시작한 이후 고민이 있다고 털어놓는 사람이 하나둘 생겨났다. 신기하게도 모두 다른 얼굴 다른 이유로 찾아오지만 결국 같은 질문을 하고 있었다.

"내가 하고 싶은 일을 하면서 먹고 살 수 있을까요?"

번듯한 직장에 취직도 해야 할 것 같고 하고 싶은 일에 대한 욕심도 큰 학생들의 고민은 생각보다 깊었고 재능을 펼칠 수 있는 판이 부족하다는 불만에도 공감할 수 있었다. 질문을 던지는 학생들에게 나는 이렇게 답하곤 했다. 새로운 일을 한다는 것, 하고 싶은 일을 한다는 것에는 단순히 욕심과 재능만 포함되는 것이 아니라고 말이다. 하고자 하는 일을 펼칠 수 있는 판이 없다면 그 판까지 만들어 보겠다는 마음가짐이 준비되어야 한다고 말해 준다.

판이 생길때까지 기다리는 것은 누구나 할 수 있다. 그렇지만 판을 만들겠다고 나서는 사람이 아무도 없다면 내가 하고 싶은 일은 꿈으로 남을 수밖에 없다. 아직 어린 청춘에 하고 싶은 일을 발견했다는 것은 그 자체로 축복이다. 그 축복을 구체적으로 해결할 수 있는 판을 만들어 보겠다는 생각을 하지 않고 불만을 표출하는 것은 의미 없는 행동이고 사람들이 가장 쉽게 택하는 변명이다.

재미있는-게 이기는 거다

재미있는 게 이기는 거다

"놀공으로 돈 많이 벌어서 나한테 투자 좀 해요."

"넌 결국, 내 직원이 되겠다는 거니?"

하고 싶은 일로 먹고살 수 있는 판을 만드는 것. 물론 쉽지 않은 일이다. 그러나 꿈을 간직한 채 그에 반하는 일로 괴로운 하루를 보내는 것보다는 훨씬 더 재미있는 일이다. 마지막에 웃는 사람이 승자라고 하지 않는가? 마지막에 웃는 사람이 과연 돈과 명예를 쌓은 사람일 것이라 생각하지 않는다.

재미있는 일을 많이 한 사람이 훨씬 더 크고 행복한 웃음을 지을 것이라 믿는다. 나아가 지금 당장 행복한 사람도 돈과 명예가 있는 사람이 아니라 재미있는 일을 하는 사람이라 믿어 의심치 않는다. 재미있는 게 이기는 거다. 돈도 명예도 재미 앞에서는 맥을 못 춘다. 하고 싶은 일로 판을 만드는 것. 이것보다 재미있는 일을 나는 아직 알지 못한다.

재미가 있으면 사람들이 모인다. 물질적인 보상으로 사람을 모을 수 없다. 꿈꾸었던 것이 완성되어 가는 과정 자체가 가장 훌륭한 보상이 된다. 돈이면 무엇이든 할 수 있다는 생각은 틀렸다. 사람이 없이 돈으로만 완성되는 일은 여태껏 없었고 앞으로 없다.

각오 금지

시험에 합격할 때까지 고향에 가지 않겠어. 돈 벌 때까지 연애하지 않을 거야. 우리는 무언가를 얻기 위해 독하게 결심하고 비장하게 각오하는 일을 서슴없이 한다. 그리고 그 각오를 곁에서 지켜보며 결심이 대단하다고 박수를 보내거나 존경의 뜻을 표하는 일도 적지 않다. 반드시 이루고야 말겠다는 의지는 충분히 느껴지지만 목표를 달성할 때까지 어떠한 행복도 재미도 누리지 않겠다는 그 마음이 안타까울 때가 많다.

인생에서 행복한 순간은 끊임없이 찾아오지만 바로 지금 누리지 않으면 다시는 돌아오지 않는 행복도 존재한다. 각오한다는 것은 바로 지금이 아니면 마주할 수 없는 행복을 포기한다는 전제가 깔려 있다. 한 번뿐인 인생을 사는 데 비장한 각오까지 해야 할 의무는 없다. 어떻게 변할지 모르는 변수로 가득한 미래의 어느 날을 위해서 내가 지금 발 딛고 있는 순간의 행복을 버리는 것이 박수를 받을 일이라 생각하지 않는다. 각오라는 것은 결국 하나의 목표만을 바라보게 하고 주변의 모든 가능성을 차단해 자신을 스스로 코너로 몰고 갈 뿐이다. 지금이 행복하지 않으면 미래도 행복할 수 없다는 걸 기억하자.

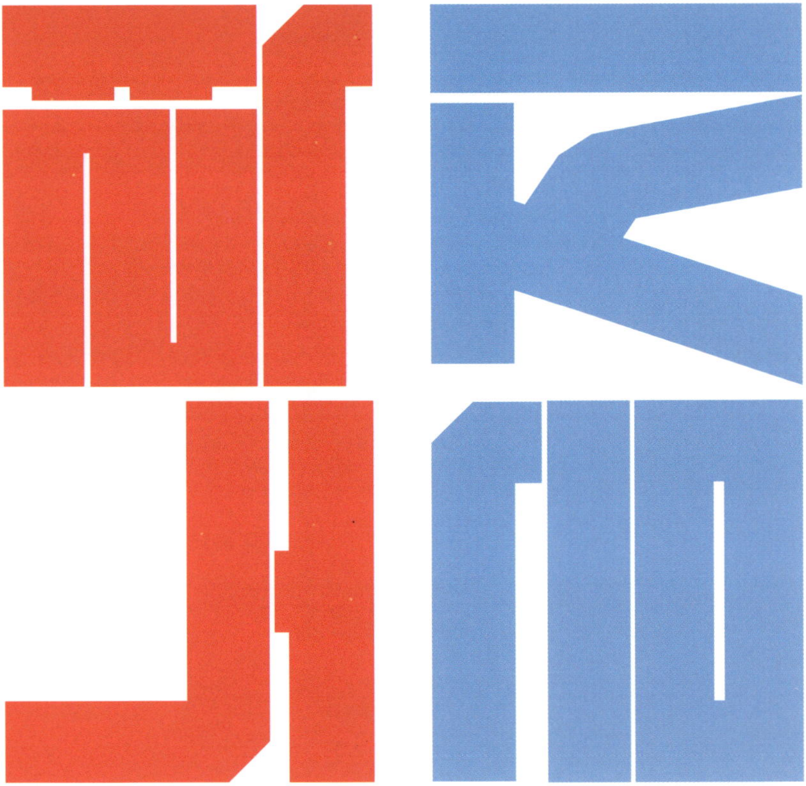

노력 금지

10대에는 대학, 20대에는 취업, 30대에는 결혼, 40대에는 성공. 10년을 주기로 우리는 새로운 미션을 부여받는다. 기간 내에 달성하지 않으면 엄청난 불행이 닥칠 것처럼, 남들만큼 해내지 못하면 불행해질 것처럼 필사적으로 노력한다. 뒤처지지 않기 위해서, 남들 앞에서 부끄럽지 않기 위해서. 수많은 매체는 이러한 노력에 기름을 붓고 불을 지른다. 어서 독해지라고, 한 발 더 앞서 나가라고.

많은 것을 포기하면서 노력한 결과물이 결국 비슷한 인생을 살기 위한 것이었음을 알게 되었을 때에는 이미 다른 인생을 살 수 있었던 기회가 희미한 뒷모습만 남긴 채 사라진 후다. 노력 금지는 열심히 하지 말라는 의미가 아니다. 남과 같아지기 위해서 다리가 찢어지는 것도 모른 채 노력하는 뱁새들에게 던지는 메시지다. 모두가 황새가 된 세상은 재미없다. 짧은 다리로 낮은 눈높이로 살아가도 불행하지 않다.

경쟁력은 나 자신에게서 나온다. 남과 같아져서는 경쟁력을 얻을 수 없다. 내가 아닌 남이 되는 노력은 필요 없다. 남들에게 보이기 위한 노력은 버려도 좋다. 그 누구도 아닌 나를 위해 무엇을 해야 하는가부터 생각하는 게 먼저다. 내가 뭘 잘하는지, 뭘 못 하는지 뭘 할 때 흥미를 잃지 않는지 알아야 한다. 이에 대한 답을 찾기 전에는 어떤 것에도 노력하지 말자. 내가 나를 인정할 수 있을 때, 내가 나를 이해할 수 있을 때까지 노력하지 말자. 진짜 재미있는 일을 하고 있다면 노력이라는 말이 무의미해지는 순간이 찾아온다. 그때를 기다리며 우리 모두 노력 금지!

4

책이 나의 현실이 되다,
놀공클래식

놀공이

하는 일

Rules of Play
Cambodia
PREDICTABLY
지상 최대의 쇼
만들어진 신

책은 인류의 가장 오래된 장난감이다. 사람들은 문자를 만들기 전부터 이야기를 나누며 즐거움을 찾았고 문자가 발명된 이후에는 이야기를 책으로 남겨 그 즐거움을 먼 후대에도 지속하게 만들었다. 함께 한 시간이 긴 만큼 책을 사랑하는 방법도 무척 다양하다. 어떤 이는 처음부터 끝까지 한 글자도 놓치지 않고 치열하게 읽는 것으로 애정을 표현하고 어떤 이는 하나씩 사서 품에 안는 것으로 마음을 드러내며 때로는 직접 만들면서 책의 주인이 되기도 한다. 여기에 놀공은 책을 사랑하는 새로운 방법을 추가했다. 동서고금을 막론하고 사랑받아 온 고전을 철저하게 분석해 새로운 옷을 입힌다. 활자 사이에 숨어 있는 격렬한 감정을 끄집어내어 몸소 겪게 한다. 놀공은 가장 놀공스러운 방법으로 책을 사랑하고 있다.

19

84

“전쟁은 평화다.”
“자유는 예속이다.”
“무지는 힘이다.”
“거짓을 내면화 하라.”

언어로 사상을 통제하려는
전체주의 국가에서
텔레스크린의 감시를 피해
당신만의 언어 사전을 완성하라!

첫 번째 놀공 클래식, 조지 오웰의 『1984』

소설을 찢고
감정을 꺼내다

글쓴이 피터공

아침에 눈을 뜨면 밤사이 SNS에 업데이트된 친구들의 근황을 확인한다. 얼굴을 본 지가 언제였는지 가늠이 되지 않는 친구가 무언가 힘든 일을 겪고 있는 것 같다. 무슨 일인지 전화를 걸어 물어볼 수도 있지만 그보다 더 간편한 방법이 있다. '좋아요' 버튼을 누르는 것. 또 다른 친구는 화가 난 것 같다. 이번에도 '좋아요'를 누른다. 이번에는 나 역시 화가 난다는 뜻의 '좋아요'다. 싫어요, 화나요, 공감해요 등 복잡한 감정이 '좋아요'라는 하나의 단어에 녹아들고 있다. 앱은 종료되었지만 어휘는 줄어들고 뜻은 모호해지는 언어의 감옥은 현실에서도 이어진다. 21세기를 살아가는 우리의 모습을 조지 오웰은 반세기 앞서 예측했다. 조지 오웰이 그린 언어의 감옥은 어떤 결말을 숨겨 놓았을까? 조지 오웰이 설계한 언어의 감옥을 게임으로 재현하면 어떤 일이 벌어질까?

오웰

놀공 클래식의 시작

때는 놀공에 다양한 사람들이 기웃거리던 시절로 거슬러 올라간다. 내부적으로는 회사라기보다 대학 동아리에 가까운 분위기가 지배적이었고 대외적으로는 사회적 기업이나 비영리 단체로 인큐베이팅 중인 집단으로 비치고 있었다. 이 무렵 놀공은 사람들로부터 숱하게 '거기서 뭐하니? 뭐하는 곳이니?'라는 질문을 받았고 그때마다 멤버들은 '먹는 건 잘 먹고 다니고 있어요'라고 답했다. 동호회라고 못 박기에는 뭔가 느낌이 달랐고 회사라고 하기에는 뭔가 부족했던 2011년이었다.

당시 놀공 사무실에는 '일'하는 사람보다 재미있는 '꺼리'를 찾아서 오는 학생들이 압도적으로 많았다. 대학생들이 학점 관리와 아르바이트 그리고 청춘 사업으로 바쁜 것은 그때나 지금이나 마찬가지였지만 사무실에는 없는 시간을 쪼개서 찾아오는 학생들로 언제나 북적였다. 말 그대로 밥만 제

공되는 이곳에 그들은 무슨 영화를 바라고 찾아왔던 걸까? 물론 그중에는 이력서를 채울 한 줄의 경력이 필요했던 친구도 있었을 것이다. 주린 배를 채우겠다는 단순한 목적으로 온 친구도 있었을 것이다.

이렇게 서로 다른 이유로 놀공을 찾았더라도 공통으로 충족되는 '무엇'이 있었기 때문에 놀공은 언제나 사람들로 북적였다. 재미있게 노는 법을 세상의 진리인 양 고민하고 그에 대한 아이디어가 나오면 곧바로 실행에 옮기는 일이 비일비재하게 일어나는 곳. 이것이 2011년의 놀공을 지탱하던 에너지였다. 놀공 클래식 역시 재미있는 것을 고민하고 무작정 실행하던 에너지가 만들어낸 결과물이었다.

초원 결의의 결과물

놀공 클래식은 성균관대학교에서 강의할 때 만난 학생이 잔디밭에서 던진 한마디 말에서 비롯된 아이디어였다. 2010년부터 놀공 멤버로 활동하고 있던 송지공은 내 수업을 3번이나 들으면서 초창기 놀공의 시작을 함께했던 친구였다. 처음부터 송지공이 게임에 대한 흥미를 보였던 것은 아니다. 오히려 게임에 대한 관심이 전혀 없던 평범한 학생이었다. 그러나 첫 번째 수업부터 금방 이론을 습득하고 몇 개의 게임을 척척 만들어 냈다. 어려서부터 카트라이더와 닌텐도, 스타크래프트를 마스터하며 게임 디자이너를 꿈꾸었던 게임 키즈가 아니었음에도 불구하고 게임에 대한 이해가 매우 높았다. 현재 놀공을 지키는 든든한 멤버인 지인공과 은현공도 마찬가지였다. 이 친구들의 공통점은 영화와 음악 등 다양한 매체를 두루 선호하고 게임 업계가 제안하는 상품으로서의 게임보다는 게임으로 인해 발생하는 소통에 관심이 많다는 것이다. 게임에 매몰되기보다는 한 발짝 떨어진 위치에서 객관적으로 분석하는 친구들이다 보니 게임 트렌드에 대한 조사를 하면 한목소리로 지적하는 불만이 있었다.

"왜 게임에 등장하는 캐릭터는 심지어 외계인도 8등신이죠?"
"게임이 진지하면 왜 안 팔리는 거죠?"
"제가 좋아하는 소재가 게임이 되면 좋겠는데, 예를 들면 고전 같은 거요."
"맞아요. 피터공, 조지 오웰의 『1984』를 게임으로 만들면 재미있을 것 같아요!"

봄볕을 받아 푸르게 빛나는 잔디밭에서 편안한 마음으로 주고받은 이 대화가 놀공 클래식의 시작이었다. 송지공의 입에서 나온 고전에 대한 이야기는 새로운 소재를 찾던 내게도 귀가 번쩍 뜨이는 말이었다. 국적과 시간의 한계를 초월하는 고전, 그 이야기가 게임의 소재가 된다면 사람들이 게임에 대해 갖고 있는 편견이나 한계가 사라질 것 같았다. 동시에 굉장히 재미있는 놀이를 발견한 기분도 들었다.

"재미있겠다! 이름을 놀공 클래식이라고 하는 건 어떨까? 고전이 『1984』만 있는 것도 아니니까 기왕이면 시리즈로 만들자!"

이 말과 동시에 5분 전만 해도 세상에 없었던 개념인 '놀공 클래식'이 태어났고 본격적인 시작도 하기 전에 시리즈가 되어 버렸다. 송지공은 『1984』에 나오는 신어New Speak의 특별함을 이야기했다. 송지공에게 『1984』가 특별했던 것은 소설 속에 묘사된 사회가 신어라는 개념을 통해 언어의 의미가 소설 밖의 현실과는 전혀 다른 모습으로 창조되었다는 점이었다. 언어로 사상을 통제하는 시스템이 생생하게 묘사되어 있어 전율이 느껴진다는 송지공의 말에서 소설 속의 시스템을 현실로 가져와 게임으로 만든다면 격렬한 감정을 체험할 수 있겠다는 생각이 들었다. 그렇게 풀밭에서 나눈 송지공과의 짧은 대화는 내게 강한 인상을 남겼고 집으로 돌아와 책장을 뒤져 『1984』를 꺼내 들게 만들었다.

고등학생의 신분으로 읽었던 『1984』는 미래에 대한 디스토피아적인 묘사로 가득한 소설이었다. 그러나 게임 디자이너로서 바라보는 『1984』는 언어에 대한 실험으로 가득한 구조적인 소설이었다. 같은 텍스트를 두고 전혀 다르게 느꼈던 경험은 그 자체로도 매우 신선했지만, 소설 속 시스템에 대한 묘사는 게임에 대한 영감을 얻기에 충분했다.

소설 속의 신어는 구어Old Speak를 대체할 언어로 개발되었다. 신어를 개발한 목적은 글의 구조를 단순하게 만들고 어휘의 양을 줄여서 사회의 구조를 위협하는 사상 범죄를 차단하는 것이었다. 어휘가 단순해지면 사고의 폭이 좁아져 사상 범죄가 일어날 수 없으리라는 것이 이유였다. 『1984』에 드러나는 신어의 개발 원리는 물론이고 책 속에 등장하는 각종 슬로건과 설정들은 너무나 매력적이었다. 『1984』는 그 자체로 너무나 재미있는 놀거리로 가득한 보물 창고였다. 재미있을 것 같다는 단순한 생각에서 시작했지만, 그 속에는 어마어마한 깊이와 의미가 숨겨져 있었다.

소설의 재료는 언어이다. 언어가 기반인 소설이 언어 자체로 갈등과 이야기 구조를 만들어 냈다는 것이 시사하는 바가 컸다. 놀공은 게임을 만드는 곳이다. 게임으로 세상을 바꾸고 게임으로 세계를 설계하고 싶다는 것이 우리의 비전이다. 『1984』가 언어 그 자체에 대한 유희로 소설을 꾸려냈던 것처럼 게임 그 자체로 재미와 이야기를 만들어 세상에 내놓고 싶었다. 게임은 우리의 도구이자 이야기다. 게임이 영화나 문학, 음악처럼 세상에 뿌리내려서 이야기를 전파했으면 좋겠다는 생각이 간절해졌다.

고전을 게임으로 만들다

게임은 규칙을 통해 완성되는 경험 시스템이다. 다른 매체들과 다르게 참여자의 선택과 활동으로 결과가 달라지고 완성되기 때문에 일회성으로 끝나는 것이 아니라 반복적인 참여Re-playability를 끌어낼 수 있어야 한다. 반복적인 참여가 발생하려면 정교한 게임 규칙에 근거한 '구조의 설정'이 필요하다. 게임에서 구조의 설정이란 게임의 규칙으로 매직 서클Magic circle이라 불리는 가상의 공간을 만들고 매직 서클 안에서 플레이어가 몰입하는 것을 말한다. 매직 서클은 현실 세계에서 통용되는 규칙이 아니라 오로지 게임 안에서만 허용되는 규칙으로 가상의 경험을 플레이어에게 허락한다. 이때 매직 서클이 강력한 힘을 발휘하기 위해서는 플레이어가 규칙을 자연스럽게 받아들이고 행동할 수 있어야 한다. 규칙이 눈에 띄기 시작하면 매직 서클과 구조 설정은 파괴된다. 『1984』는 이미 강한 구조 설정을 갖고 있는 소설이었다. 하지만 스토리 자체가 포함하고 있는 결정적인 반전이 후반부에 등장하기 때문에 이 반전을 게임으로 어떻게 소화할 것인가가 관건이었다. 이 문제를 해결하는 것은 간단한 일이 아니었지만, 이 난관이 놀공 클래식의 가치는 물론 고전을 게임으로 재창조하는 과정을 즐겁게 만들었고 그 즐거움이 놀공 클래식 자체에 대한 확신으로 이어졌다.

『1984』로 놀공 클래식을 시작하자는 아이디어는 풀밭 위에서 쉽게 나왔지만, 게임으로 만드는 과정은 순탄하지 않았다. 놀공은 먼저 고전이란 무엇인가에 대해 이야기해야 했다. 놀공 멤버들은 밤을 새우며 책을 읽었고 시간이 날 때마다 책과 고전, 인생과 사람에 대해 토론을 했다. 그래도 채워지지 않는 갈증은 주변에서 책 좀 읽는다는 사람을 초대해서 조언을 구했다. 이 과정에서 들었던 이야기는 놀공 클래식의 탄탄한 기초를 마련해 준 것은 물론이고 책에 대한 관점과 문학에 대한 이해를 넓혀 주는 소중한 자산이 되었다. 인상 깊은 메시지를 던져 준 소중한 분들이 많았지만, 김한민 작가가 던진 한 마디가 큰 힘이 되었다.

"고전은 한 줄이에요."

사람들은 고전이 중요하고 꼭 읽어야 한다는 말을 많이 하지만 실제로 처음부터 끝까지 읽은 사람과 줄거리를 정확하게 구현해 내는 사람은 드물다. 대부분 셰익스피어의 『햄릿』은 '죽느냐 사느냐 그것이 문제로다'라는 한 문장의 독백으로 기억되고 있으며, 카프카의 『변신』은 '어느 날 아침 그레고르는 침대 속에서 한 마리의 흉측한 갑충으로 변해 있는 자신의 모습을 발견했다'는 첫 문장으로 기억되고 있다. 헤르만 헤세의 『데미안』

속 주인공의 이름은 기억하지 못해도 '새는 알에서 나오려고 투쟁한다. 알은 새의 세계이다. 태어나려는 자는 하나의 세계를 깨뜨려야 한다'는 문장은 알고 있다. 고전을 읽지 않았어도 읽은 척은 할 수 있게 만드는 이 한 문장들이 처음에는 아는 척하는 사람들을 위한 것이라고 비웃으며 우스갯소리로 넘겼지만, 차츰 생각이 바뀌기 시작했다. 고전을 설명하는 단 하나의 문장. 핵심 문장을 찾아내서 그것을 바탕으로 게임을 만든다면 고전을 읽은 사람은 물론이고 그렇지 않은 사람도 접근할 수 있는 게임이 될 것이라는 확신이 들었다.

'고전은 한 문장이다'라는 키워드를 얻기는 했지만, 『1984』는 결코 만만한 텍스트가 아니었다. 책을 읽고 영화를 보면서 이야기를 나누면 나눌수록 『1984』라는 소설을 한 문장으로 정리하는 것이 힘들었다. 신어에서 힌트를 얻어 언어의 구조를 게임에 녹이자는 생각은 했지만 언어의 구조 속에서 플레이어의 경험과 감정을 어떻게 구현할 것인가는 그야말로 난제였다. 해답은 보이지 않고 점점 나락으로 빠져들었다. 그래도 즐거웠다. 고전을 게임으로 만들겠다는 생각이 고전을 재미있는 놀 거리로 만드는 과정으로 구체화되고 있었다. 시간은 자꾸만 흘러갔다. 게임은 여전히 풀릴 기미가 보이지 않았지만, 어쨌든 우리는 시도하고 있었고 그 자체로 충분한 의미를 만들고 있었다. 놀공은 본디 어려운 문제일수록 흥미를 잃지 않는다.

문학은 기승전결이라는 선형적 구조 속에서 등장인물이 겪는 감정적인 동요를 생생하게 묘사한다. 독자는 등장인물의 감정을 순차적으로 따라가면서 몰입하고 간접적으로 경험하면서 메시지를 얻는다. 그러나 게임은 다르다. 플레이어의 의지와 선택에 따라서 촉발되는 감정과 이야기 구조가 완전히 달라지는 비선형 구조가 게임만이 가진 특징이다. 문학이 게임의 비선형적 구조를 차용할 때에는 독자의 감정을 끌어낼 수 있는 장치가 반드시 필요하다. 이것이 『1984』를, 더 나아가서는 고전을 게임으로 만드는 놀공 클래식이 반드시 극복해야 하는 관문이었다.

『1984』의 결말은 초반부에는 도저히 짐작할 수 없을 만큼 강렬하다. 우리는 이 반전을 게임에 어떻게 녹일 것인가에 대한 고민은 잠시 접어두고 주인공인 스미스와 줄리아에게 집중하기 시작했다. 그러자 주인공이 남몰래 일기를 쓴다는 설정이 눈에 들어왔다. 일기를 쓴다는 것은 자신의 은밀한 감정을 가장 솔직하게 털어놓는다는 것을 의미하는 것이 아닌가? 더구나 『1984』의 주인공도 남몰래 일기를 쓰고 있다. 무언가를 몰래 한다는 것은 나만이 알고 있는 비밀이 있다는 것이고 누구에게도 들키지 않고 독차지하고 싶다는 심리의 표현이다. 이러한 심리를 시험해 볼 만한 간단한 프로토타입을 만들기로 했고 핵심을 좁히면서 방향을 잡아가기 시작했다.

메모리 카드 게임과 『1984』의 만남

메모리 카드 게임이란 똑같은 그림이 2장씩 들어 있는 카드를 섞어 바닥에 깔아 놓고 플레이어들이 교대로 2장씩 뒤집어 보면서 같은 그림이 있는 카드를 찾아내는 게임이다. 메모리 카드 게임에 참여한 사람은 게임 초반부에는 서로 다른 그림의 카드를 뒤집는 일을 반복한다. 이 과정에서 카드의 위치와 그림의 모양을 기억하게 되고 상대방보다 더 빠르고 정확하게 숙지하는 것이 승패를 좌우한다. 게임이 후반부에 다다를수록 상대방이 뒤집은 카드에서 서로 다른 그림이 나오기를 기도하고, 내가 알고 있는 정답을 상대방이 눈치채지 못하길 바라며 상대방보다 내가 먼저 카드를 뒤집기를 희망한다. 이러한 감정의 흐름이 메모리 카드 게임의 재미이고 플레이어가 몰입하게 되는 구조인 동시에 매직 서클을 강력하게 만드는 요소다. '내가 알고 있는 것을 상대방이 몰랐으면 좋겠다'라는 플레이어의 감정이 메모리 카드 게임의 핵심인데 『1984』 속 주인공이 일기를 쓰는 행위와 그 바탕에

깔린 감정과 매우 유사하다는 생각을 하게 되었다. 사실 메모리 게임은 아이들을 위한 단순한 놀이다. 하지만 우리는 놀이에서 미묘한 감정의 실마리를 보았고, 그 지점에서 우리는 게임과 소설의 접점을 찾았다. 메모리 카드 게임에서 발견한 작은 실마리를 확장해서 『1984』만을 위한 규칙을 만든다면 고전을 게임으로 만드는 놀공 클래식의 첫 단추가 끼워질 것 같았다.

놀공은 사람들이 직접 움직이며 체험할 수 있는 빅게임을 만든다. 프로토타입은 구체적인 빅게임 디자인에 기반이 되어 줄 여러 가지 게임의 메카닉과 방향을 시험하는 좋은 과정이다. 기본적으로 종이로 만든 카드를 테이블 위에 늘어놓고 진행하는 것이 메모리 카드 게임의 전제 조건이다. 그러나 『1984』를 게임으로 만들 때는 테이블이라는 1차원적인 공간을 벗어나 3차원 공간으로 확대하고 싶었고 그에 따라 자연스럽게 카드라는 도구보다는 입체적인 도구가 필요하다는 구체적인 아이디어가 뒤따랐다. 메모리 카드 게임에서 플레이어는 오로지 손만 사용하여 카드를 뒤집지만 『1984』가 게임으로 펼쳐질 때는 손뿐만 아니라 몸 전체를 사용했으면 했다. 하지만 무턱대고 3차원 공간에서 게임을 설계할 수는 없는 노릇이었다. 먼저 프로토타입을 하나둘 만들면서 테스트하는 과정을 거쳐야 했다.

게임이 펼쳐질 공간을 도면에 기초해 축소하고 사람의 역할을 대신하는 말馬을 만들어서 테스트해 보았다. 프로토타입을 통해서 몇 가지 보완점이 나왔다. 평면적인 카드보다는 넓은 공간을 활용할 수 있는 입체적인 부스가 더 적절하겠다는 아이디어가 나왔고 부스 사이를 오가는 사람들의 동선을 설계하기 위한 몇 가지 규칙과 소품을 구상할 수 있었다. 빅 브라

더가 감시하고 있다는 소설 속 설정을 게임에도 적용했다. 『1984』 속에서 인상적인 구절은 그대로 인용해 방송으로 만들었고 게임의 실마리를 제공했던 일기장은 'The Book'이라는 이름의 노트로 플레이어들의 손에 쥐여주기로 했다. 2011년 11월, 마침내 놀공 클래식의 첫 번째 시리즈 '1984'가 세상에 나왔다. 비록 『1984』의 신어에서 비롯된 언어의 메커니즘을 게임으로 발전시키겠다는 처음의 포부와 완벽하게 일치하는 형태로 실현된 것은 아니었지만, 초원결의에서 비롯된 놀공 클래식의 첫 스타트를 끊었다는 사실이 우리에게는 중요했다. 세상에 버려지는 아이디어는 없다. 시도 못 한 아이디어가 있을 뿐이다. 시도하지 못한 아이디어는 언젠가 되돌아 올것이다.

사라지는
구어를
노트에 담아라!

날짜 2011년 11월 12일

장소 논현동 플래툰 쿤스트할레

Creator 원빈공, 송지공, 해연공, 피터공

미래는 우리를 어떤 모습으로 기다리고 있을까? 오늘날 우리를 괴롭히는 모든 문제점이 해결된 유토피아일까? 아니면 모든 희망이 사라진 디스토피아일까? 어차피 정확하게 예측할 수 없다면 밝고 긍정적인 사회를 상상하고 믿어 버리는 것이 최선의 선택일지도 모른다. 그러나 조지 오웰은 『1984』라는 소설 속에서 자유와 사상이 통제되고 희망이라고는 찾아볼 수 없는 미래를 묘사했다. 그는 이토록 암울한 미래를 독자에게 선보이면서 무엇을 기대했던 것일까? 조지 오웰이 구축한 철저한 디스토피아를 체험하다보면 무언가를 깨닫게 되지 않을까?

1984 설계도

☞ **승리 조건**

· 게임이 끝날 때까지 'The Book'의 내용을 가장 많이 채우는 것

☞ **참여 인원**

· 플레이어 3~4명

· 진행인원 3명(방송 담당, 지령 담당, 투표 담당)

☞ **진행 방법**

1. 게임은 5~6 라운드로 진행되며 라운드는 날짜로 표기한다.

2. 각 라운드는 밤에서 시작해 낮이 되면 종료된다.

3. 설치된 12개의 부스 속에는 각각 서로 다른 단어가 스티커로 보관되어 있다.

4. 12개의 부스의 한쪽 면에는 빅 브라더를 상징하는 조지 오웰의 얼굴이 표시되어 있다. 플레이어는 조지 오웰의 얼굴이 그려진 쪽으로는 지나갈 수 없다.

5. 플레이어는 12개의 부스를 드나들면서 그 속에 있는 단어를 기억한다.

6. 플레이어가 착용하고 있는 무전기를 통해서는 지속적으로 프로파간다의 방송이 흘러나온다.

7. 방송 사이에 기습적으로 부스 속에 있는 단어를 찾으라는 지령이 나온다.

8. 플레이어는 지령 속에서 언급되는 단어가 감춰진 부스를 찾아가 자신이 갖고 있는 'The Book'에 붙인다.

9. 'The Book'에는 날짜가 기록되어 있고 스티커를 붙일 자리가 표시되어 있다.

10. 1부터 9까지의 과정은 밤에만 진행된다.

11. 낮에는 밤 동안 찾은 단어를 진행자가 주관하는 투표를 통해 없앤다. 없어진 단어는 부스에서 사라지며 새로운 단어가 부스에 남는다.

12. 1부터 11까지의 과정을 5회에서 6회 반복하고 'The Book'에 가장 많은 단어를 수집한 사람이 승리한다.

프로파간다 방송 내용

☞ **생활 수준 관련 프로파간다**

주목하십시오! 프롤레타리아의 생활 수준은 계속해서 발전하고 있습니다. 성인의 교양 수준이 작년보다 2배 이상 높아졌고 유아 사망률은 십 분의 일로 감소했다는 통계가 집계되었습니다. 또한 정부가 권장하는 식이요법을 실천한 프롤레타리아 가정에서는 구루병이 사라지고 안과 관련 질환도 발병이 현저히 감소했다고 합니다. 폐렴과 천연두에 걸려 사망하는 프롤레타리아가 줄어든 것도 마찬가지로 풀이됩니다. 앞으로 프롤레타리아의 보건 상태는 하수 시설 개선과 설치류 대책반의 활동으로 더욱 개선될 예정입니다.

지령과 The Book 에 기록된 해설

☞ **빅 브라더를 찾아라**

The Book: 빅브라더는 당신을 통제하기 위해 만들어진 가공인물일 뿐, 그는 존재하지 않는다.

☞ **이중사고를 찾아라**

The Book: 2개의 상반된 내용을 모두 받아들이는 사고방식. 당이 선전하는 거짓을 철저히 내면화해야만 살아남는다.

☞ **진리부를 찾아라**

The Book: 무지는 힘이다. 당의 선전에 맞추어 거짓을 유포하고 기록을 날조한다. 이곳은 진리를 말하지 않는다.

☞ **풍요부를 찾아라**

The Book: 기근과 아사를 만들어낸다. 이곳에 풍요란 없다.

☞ **애정부를 찾아라**

The Book: 자유는 노예. 사상의 자유를 뺏고 그 죄를 다스리는 곳. 고문을 담당한다.

☞ **평화부를 찾아라**

The Book: 전쟁은 평화. 전쟁을 담당한다.

☞ **신어를 찾아라**
The Book: 극도로 단순화된 언어는 당신의 사고를 제한한다. 당이 원하지 않는 낱말은 지금 이 순간에도 사라지고 있다.

☞ **텔레스크린을 찾아라**
The Book: 쌍방향 송수신이 가능한 이 기계의 감시는 누구도 피할 수 없다. 텔레스크린으로 당신은 통제되고 세뇌된다.

☞ **노동자를 찾아라**
The Book: 미래는 살아 있는 사람의 것이다. 국민의 85%를 차지하는 노동자들만이 최후의 희망이다.

☞ **과거를 찾아라**
The Book: 과거를 지배하는 자가 미래를 지배하고 현재를 지배하는 자가 과거를 지배한다. 모든 기록 자료는 그 순간 당의 교리와 일치하도록 조작된다.

☞ **자유를 찾아라**
The Book: 2+2 = ? 자유란 2+2를 4라고 말할 수 있는 것이다.

☞ **전쟁을 찾아라**
The Book: 계급 체제를 유지하는 방법 중 하나. 지속되는 전쟁은 잉여 재화의 파괴를 통해 빈곤을 만들어낸다.

☞ **세계 3강의 전쟁을 찾아라**
The Book: 오세아니아, 유라시아, 동아시아. 그들은 값싼 노동력 쟁탈을 위해 전쟁을 벌인다.

이중사고
Doublethink

두개의 상반된 내용을
모두 받아들이는 사고방식.
당이 선전하는 거짓을 철저히
내면화해야만 살아남는다.

애정부
Ministry of Love

자유는 노예(FREEDOM IS SLAVERY)
사상의 자유를 뺏고 그 죄를 다스리는 곳.
고문을 담당한다.

풍요부
Ministry of Plenty

기근과 아사를 만들어낸다.
이곳에 풍요란 없다.

빅브라더
Big Brother

빅브라더는 당신을 통제하기 위해
만들어진 가공인물일 뿐.
그는 존재하지 않는다.

☞ **빈곤을 찾아라**

The Book: 당신을 우매하게 한다.

☞ **기술 진보를 찾아라**

The Book: 당은 생활을 윤택하게 하는 기술의 진보를 금지한다. 당신을 우매한 상태에 머무르도록 한다.

☞ **사랑을 찾아라**

The Book: 당은 애정과 성욕을 통제하는 방법으로 인간성을 말살시킨다.

☞ **2분간의 증오를 찾아라**

The Book: 누군가를 증오해야만 하는 시간. 당에 절대적으로 복종하는 인간을 만들기 위한 세뇌 시스템.

☞ **보급품의 진실을 찾아라**

The Book: 거의 모든 사람이 물질적 결핍에 시달릴 때 소수 내부 당원만이 자유롭게 초콜릿, 고급 커피, 포도주를 향유한다.

☞ **기억통을 찾아라**

The Book: 진실이 기록된 문서는 이곳에서 재가 된다.

☞ **골드스타인을 찾아라**

The Book: 과연 반역자 골드스타인은 실존할까? 당이 당신의 증오심을 자극하기 위해 이용하는 인물.

☞ **사상경찰을 찾아라**

당신은 감시당하고 있다. 사상경찰은 어디에나 있다.

애정부

MINISTRY OF LOVE

자유는 노예
(FREEDOM IS SLAVERY)
사상의 자유를 뺏고
그 죄를 다스리는 곳.
고문을 담당한다.

평화부

MINISTRY OF PEACE

전쟁은 평화
(WAR IS PEACE)
전쟁을 담당한다.

신어

NEWSPEAK

극도로 단순화 된 언어는
당신의 사고를 제한한다.
당이 원하지 않는 낱말은 지금
이순간에도 사라지고 있다.

텔레스크린

TELESCREEN

쌍방향 송수신이 가능한 이 기계의
감시는 누구도 피할 수 없다.
텔레스크린으로 당신은
통제되고 세뇌된다.

비밀 지령을 수행하라

첫 번째 놀공 클래식 '1984' 참가자 후기

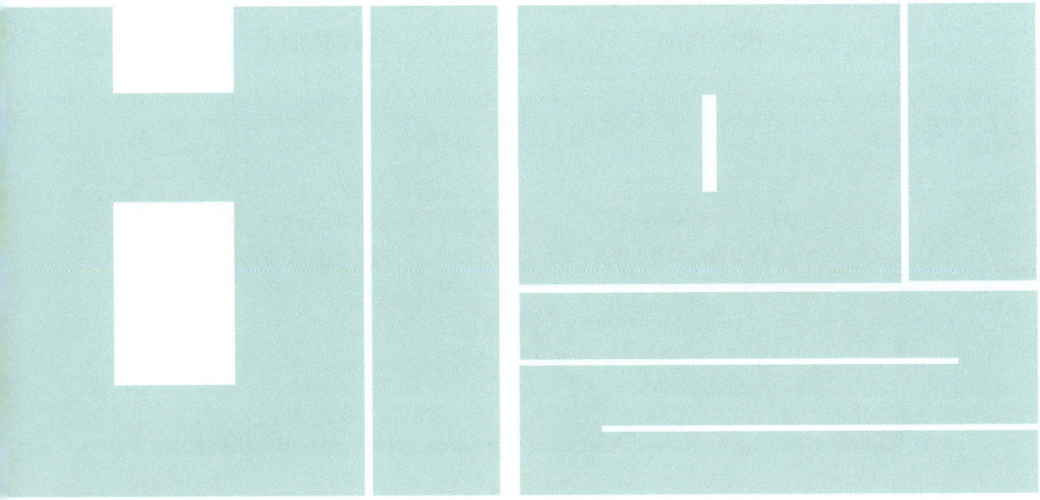

"빅 브라더의 시선을 피해 지령을 수행하라."

영화 속 스파이를 연상시키는 기묘한 게임에 한참을 빠져 있었다.
그러나 게임의 끝에서 마주한 것은 영화보다 리얼하고 현실보다 잔인한
머지 않은 미래의 내 모습이었다.

지령

논현동에 있는 플래툰 쿤스트할레에 가면 조지 오웰의『1984』가 게임으로 있대

플래툰 쿤스트할레, 조지 오웰,『1984』, 게임. 외계어를 방불케 하는 단어의 조합에 끌렸던 것 같다. 특별히 조지 오웰의 팬도 아니었고『1984』라는 책이 있다는 것은 알고 있었지만 내가 이 책을 읽었는지 아닌지도 확신할 수 없었다. 빅 브라더라는 존재가 소설 속에 나오고 이것이 현대의 매스 미디어의 기능을 정확하게 예측했다는 정보는 인터넷에서 읽은 것인지 선생님에게 들었는지 희미했다. 주말의 플래툰 쿤스트할레는 사람들로 붐볐고 어수선했다.『1984』라는 게임은 어디에 있는 건지 눈에 잘 들어오지도 않았다. 어슬렁어슬렁 이곳저곳을 기웃거리다가 낯익은 얼굴이 눈에 들어왔다. 검은 천에 반사된 날카로운 눈매를 가진 어느 사내의 얼굴, 조지 오웰이었다.

12개의 작은 부스가 설치된 작은 공간에 사람들이 옹기종기 모여 있었다.

3개씩 4줄로 늘어선 부스 사이로 서너 명의 사람들이 오가고 있었다. 진행자로 보이는 사람은 부스 바깥에 떨어져서 계속 무어라 말하고 있었고 부스 사이를 누비는 사람들은 한 손에는 노트를 쥐고 다른 한 손은 귀에 바짝 붙인 채 빠르게 걸었다 느리게 걷기를 반복했다. 널찍한 플래툰 쿤스트할레에서 유독 이곳에서만 시간과 공기가 다른 속도로 흐르고 있는 것처럼 보였다. 잠시 후 사람들이 떠나고 진행자로 보이는 사람이 내게 노트 한 권과 무전기를 보여 주며 말했다.

"해 보실래요?"

노트는 마치 일기장 같았다. 날짜가 적혀 있었고 정체를 알 수 없는 문장도 적혀 있었다. 무전기를 귀에 꽂자 알 수 없는 방송이 흘러나오고 있었다. 내용은 얼핏 들으면 뉴스 같기도 했고 정치가의 담화문 같기도 했는데 자세히 내용을 들어 보니 지도자, 프롤레타리아, 국민, 영토, 전투 등의 무시무시한 단어가 난무하는 문장들로 가득했다. 집중해서 듣고 있자니 그로테스크한 느낌마저 들었다.

"지금부터는 밤이라고 생각하세요. 무전기를 통해서 나오는 방송을 잘 들어보세요. 부스 안에는 어떤 '단어'가 적혀 있는 스티커가 있을 거예요. 뜯지는 말고 어느 부스에 어떤 단어가 있는지만 기억하세요. 부스는 얼마든지 살펴봐도 되지만 조지 오웰의 얼굴이 있는 쪽으로 지나가서 안 됩니다.

조지 오웰의 눈을 피해서 부스를 살펴보세요. 방송 중에 갑자기 지령이 나올 겁니다. 그때 지령에서 말하는 단어가 있는 부스에 들어가서 스티커를 노트에 붙이면 됩니다. 단, 낮이 되면 더 이상 움직이지 마세요."

한 번에 이해하기에는 어려운 규칙이었다. 다시 한 번 물어볼까 싶었지만 그냥 해 보기로 했다. 『1984』에 대해 이미 알고 있는 얕은 지식으로 어느 정도 파악이 가능했기 때문이다. 무전기로 흘러나오는 방송은 아마도 『1984』의 배경을 요약한 것 같았고 작은 부스 안에 있는 단어는 소설 속에서 뭔가 중요한 의미가 담긴 단어이기 때문에 선정된 것일 테니까. 그리고 조지 오웰의 날카로운 눈매가 닿는 곳은 주의 사항을 듣지 않았어도 지나가고 싶은 마음을 싹 사라지게 만들었다. 이렇게 천천히 분위기를 익히며 부스의 위치와 단어를 머릿속에 입력하고 있었다.

"성인 교양 수준이 56% 높아졌으며…… 치지직 **전쟁을 찾아라** 치지직 …… 프롤레타리아 유아 사망률은……."

방금 뭐가 지나갔지? 분명 그로테스크한 방송이 혼선된 듯 치지직거리며 낯선 목소리가 들려왔다. '전쟁을 찾아라'라고 말하고는 금방 사라져 버린 저음의 목소리가 나직하지만 분명하게 들렸다. 이 목소리를 들은 것은 나뿐만이 아니었던 것 같다. 내 앞에 놓여 있는 부스 속에서 갑자기 사람이 튀어나와 두리번거리기 시작했고 조지 오웰의 시선을 피해 부스와 부스 사이에 형성된 좁은 길을 뛰기 시작했다. 덩달아 마음이 급해졌다. 전쟁이라는 단어가 있던 부스의 위치가 갑자기 머릿속에서 엉켜 버렸다. 앞사람을 따라 발걸음을 재촉했다. 조지 오웰의 눈을 피하랴 부스 안을 살펴 보랴 몸도 바쁘고 눈도 바쁘게 움직였다. 그 와중에도 무전기를 통해 동아시아 전투의 승전보가 울려 퍼졌다. 아직 전쟁이라는 단어가 어디에 있는지 찾지 못했는데 두 번째 지령이 나왔다.

"우리가 승리를 거머쥐는 순간에도 암적인 존재가 퍼지고 있습니다. 큰 소리로 더러운 이름을 말해 보십시오! 골드스타인...... 치지직 **노동자를 찾아라** 치지직 ......"

지령을 듣고 깜짝 놀라 바로 옆에 있는 부스 안으로 들어갔더니 노동자라는 스티커가 보였다. 얼른 스티커를 떼고 노트를 뒤졌다. 노동자라는 스티커를 붙이자 비로소 노트에 적힌 문장이 완성되었다.

"미래는 살아 있는 사람의 것이다. 국민의 85%를 차지하는 **노동자**들만이 최후의 희망이다."

노동자라는 스티커를 붙이고 나니 방금 전까지만 해도 아무렇게나 들고 다니던 노트가 비밀 지령을 수행한 결과물로 바뀌었다. 부스를 나올 때는 나도 모르게 옷깃에 노트를 감추었고 괜히 주위를 두리번거리게 되었다. 조지 오웰의 눈빛이 더욱 매서워진 것 같기도 했다. 빨리 낮이 되어서 꼼짝하지 못하기 전에 다른 단어를 찾아야겠다는 사명감이 생겼다. 지도자 동지의 위대함을 알리는 방송 사이로 몇 번의 지령이 더 내려왔고 부스의 위치가 어느 정도 파악이 되었기 때문에 지령에서 언급하는 단어를 빠르게 공책으로 옮

겨 올 수 있었다. 이윽고 무전기를 통해서 낮이 되었다는 공지가 내려왔다.

"투표를 실시하겠습니다. 전쟁, 노동자, 사랑, 빈곤, 사상경찰이라는 단어는 우리 사회에서 불필요한 혼란을 가져오는 단어로 판단했습니다. 이 중에서 두 개의 단어는 영원히 지워 버리려 합니다. 사라졌으면 하는 단어에 손을 들어 주세요."

어느 단어에 손을 들어야 하나 생각하기도 전에 투표는 시작되었고 얼떨결에 나는 사랑과 빈곤에 손을 들었다. 어딘가에 숨어 있던 진행자들이 부스 안에서 사랑과 빈곤이라는 단어가 적힌 스티커를 바깥으로 꺼냈다. 이제 사랑과 빈곤은 내 옷깃 속에 있는 노트 속에서만 존재하는 단어가 되었다. 다시 밤이 되었고 잠시 멈췄던 방송이 시작되었다. 방금 전까지 사랑이 있던 부스에는 이중사고라는 단어가 놓여 있었다. 가슴이 두근거렸다. 부스의 위치와 단어를 기억하기 위해 정신을 집중하기 시작했다. 여전히 선정적인 내용으로 가득한 방송에 흔들리지 않고 침착하게 지령을 기다렸다. 지령이 나오면 조지 오웰의 눈을 피해서 누구보다 빠르게 단어를 찾아 노트에 붙였다. 단어를 3개쯤 찾았을 때 또다시 낮이 찾아왔음을 알렸고 이번에도 투표를 통해 단어가 사라졌다.

사라지는 단어들과 집중력과 판단력을 흐리게 하는 기괴한 방송들. 누군가 나를 감시하고 있다는 것을 끊임없이 일깨워 주는 조지 오웰의 얼굴. 게임이 모두 끝났을 무렵 생각보다 많이 소모된 체력에 잠시 넋을 잃었던 것 같다. 무전기와 노트를 반납하고 돌아오는 길에 나는 도서관에 들렀다. 『1984』라는 책을 실물로 만져 본 것은 이번이 처음이었다. 도대체 이 속에는 어떤 내용이 담겨 있길래 이런 게임이 나왔던 걸까? 무척 궁금해졌다. 책장을 열 때 나도 모르게 뒤를 살폈던 것 같다. 왠지 나를 지켜보고 있는 누군가의 시선이 느껴졌다.

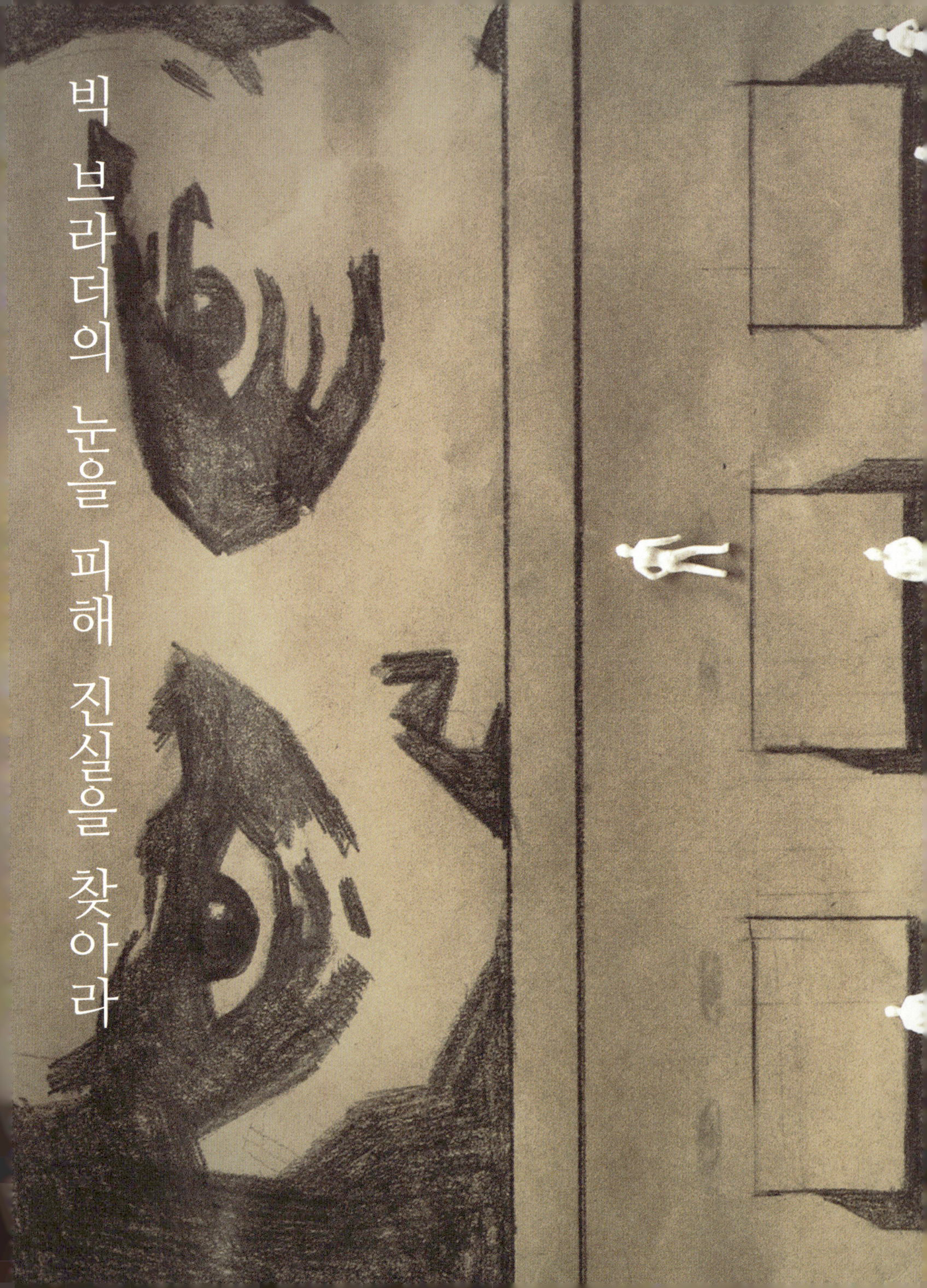
빅브라더의 눈을 피해 진실을 찾아라

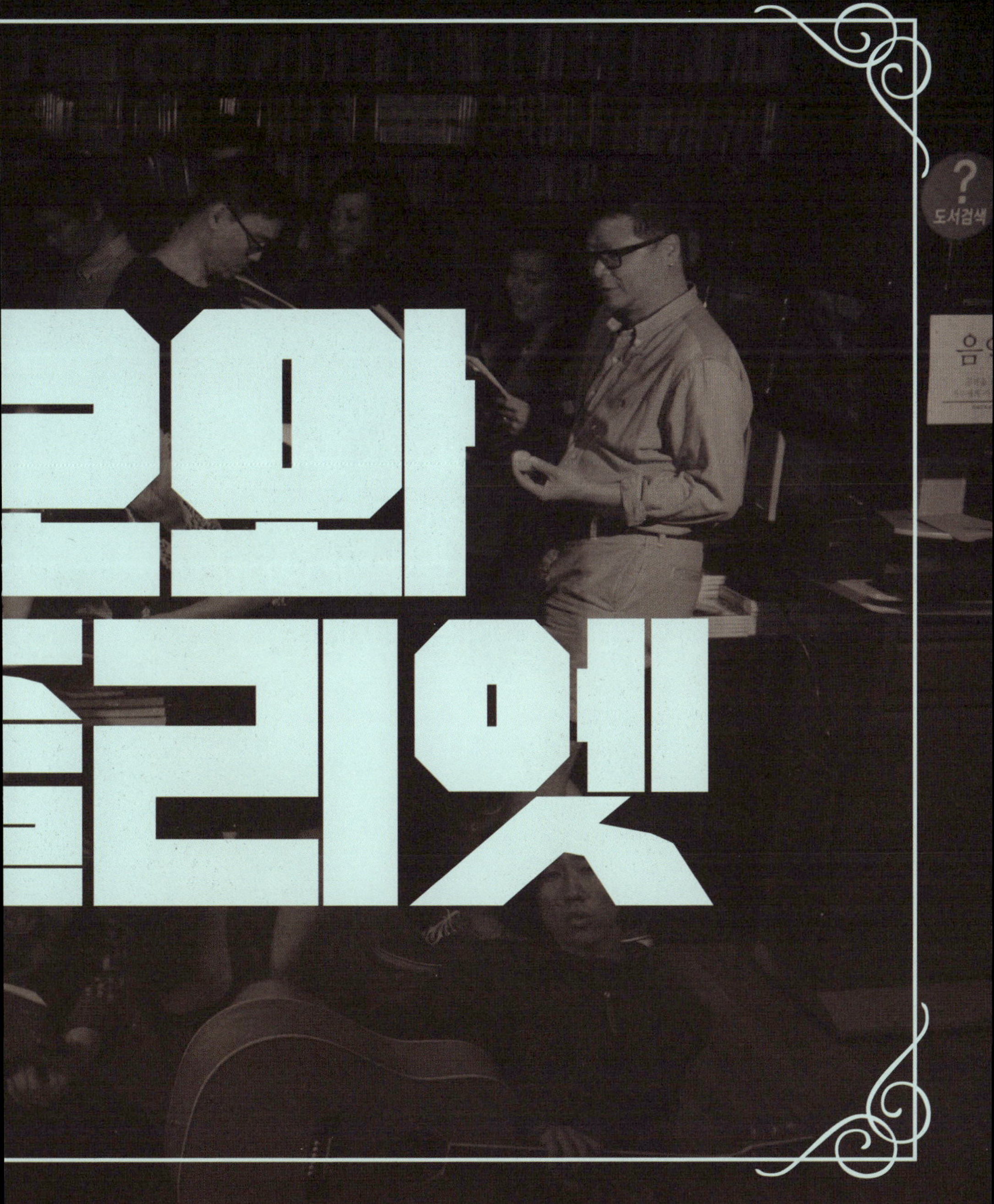
와
리엣
도서검색

사랑이 짙어지는 곳에는
밤도 짙어진다
줄리엣은 어둠을 기다리고
로미오는 어둠에 뛰어든다.

사랑에 눈먼 처녀 총각에게는
어둠 속의 게임에 어서 오라!
사랑에도 승패가 있다면
어둠은 승자의 것인가? 패자의 것인가?

두 번째 놀공 클래식, 셰익스피어의 『로미오와 줄리엣』

고전하면 셰익스피어지

글쓴이 지인공

사랑을 위해 죽음도 두려워하지 않는 여자. 사랑을 위해 가족을 버리는 남자. 케케묵은 갈등으로 서로를 증오하는 가문 사이에서 태어난 남녀의 이야기. 『로미오와 줄리엣』의 이야기 구조는 사랑의 클리셰 그 자체다. 영화와 드라마 속에서 수없이 변주되고 있어 이제는 식상하다고 말하는 것조차 식상할 지경이다. 하지만 문득 궁금해졌다. 셰익스피어가 『로미오와 줄리엣』을 세상에 처음 내놓았을 때 사람들이 받았던 느낌이 말이다. 당대 사람들의 쾌감은 감히 짐작할 수 없지만, 셰익스피어가 남긴 이야기 속 주인공이 느끼는 절절한 사랑의 감정은 시대와 언어를 뛰어넘어 생생하게 전달된다. 태어나 처음으로 사랑을 마주한 남녀의 섬세한 감정을 게임으로 재현하는 것을 위안으로 삼으면 어떨까?

불 꺼진 서점에서 무슨 일이 벌어질까?

2012년 10월 5일. 이날의 기억은 아직도 생생하다. 두 번째 놀공 클래식이었던 '로미오와 줄리엣'의 파일럿 프로그램이 펼쳐진 날이기 때문이다. 저녁으로 먹었던 닭볶음탕의 매콤함과 포만감도 아직 생생하다. 저녁 8시가 넘은 시간 놀공 멤버들은 강남 교보문고로 향했다. 셀 수 없이 드나들었던 이곳이 새삼스럽게 낯선 곳처럼 느껴졌다.

반소매를 입고도 더위에 허덕이던 2012년의 여름부터 선선한 가을바람이 불 때까지 대략 3개월 동안 놀공은 밤과 낮이 바뀐 생활을 했다. 매주 한 번씩은 교보문고의 영업이 모두 끝난 밤 10시부터 새벽까지 게임 테스트를 했기 때문이다. 사람들이 슬금슬금 빠지기 시작하는 9시 30분부터 강남 교보문고에 도착해 이곳저곳을 기웃거리다가 유명 저자가 주로 출간 기념회를 진행하는 티움이라는 곳에 들어갔다.

이곳에서 우리는 미디어 아티스트 승범님이 개발한 LED 빛공 100여 개를 조립하면서 직원들이 모두 퇴근하기를 기다렸다. 10시 30분이 되면 '탁, 탁' 형광등을 끄는 소리가 나면서 널찍한 교보문고가 서서히 어둠에 잠긴다. 이윽고 웅웅 거리던 에어컨마저 꺼지면 적막까지 더해져 서점은 전혀 다른 얼굴을 가진 지하 공간으로 변신한다. 이때부터 놀공 멤버들은 분주해진다. 지선공이 어둠을 뚫고 서가 곳곳에 빛공을 숨기고 은현공은 서가와 서가 사이를 무대처럼 꾸미며 미션 카드를 설치한다. 지인공과 영상팀은 메인 무대에 달처럼 은은한 빛을 내는 'Jam Ball'과 조명을 설치해 촬영 리허설을 시작한다. IT와 각종 기기를 담당하는 창수공은 마이크와 스피커를 살피며 공연팀을 돕는다.

어느 정도 게임 테스트를 위한 준비가 끝나면 반신반의하는 마음으로 찾아오는 플레이어들을 안내한다. 플레이어들은 '로미오와 줄리엣'이라 쓰여 있는 명찰을 목에 거는 것도 신기한 일이었지만 불 꺼진 대형 서점에 들어왔다는 사실에 더욱 매료된 것 같았다. 쉬지 않고 움직이던 에스컬레이터도 멈추고 1시간 전만 해도 사람들로 붐비던 카운터도 텅 비어 있었다. 게임 테스트에 참가하는 플레이어들은 출처를 알 수 없는 은은한 빛들이 가득한 공간에 있다는 것만으로도 이미 설레는 표정을 짓고 있었다.

이윽고 시작되는 두 번째 놀공 클래식, '로미오와 줄리엣'! 조지 오웰의 『1984』로 시작한 놀공 클래식이 두 번째 시작을 준비하고 불 꺼진 서점이라는 공간을 확보하기까지 걸렸던 총 6개월간의 시간이 주마등처럼 스쳐 지나갔다.

교보문고를 섭외하라!

교보문고와의 인연은 S그룹과 함께 개발한 창의력 워크숍 과정에서 비롯되었다. 놀공은 강남 일대를 돌아다니면서 미션을 수행하는 창의력 워크숍을 설계했고 미션의 가장 마지막 장소가 바로 교보문고였다. 놀공은 미션을 개발하기 위해서 눈으로 조심스럽게 서점 내부를 스캔하면서 최대한 영업에 방해되지 않도록 테스트를 해 보았다. 테스트를 할 때는 이렇게 몰래 하는 것이 가능했지만 실제로 기업의 워크숍을 진행할 때는 그럴 수 없었다. 장소 사용에 대한 허락을 구하기 위한 정식 협업을 요청하기 위해 당시 교보문고 대표님과의 만남을 추진했다. 국내 대형 서점의 대표이니 어쩐지 딱딱한 분위기를 예상했지만 실제로 만난 대표님은 전혀 달랐다.

“책방이 더 이상 책만 파는 곳이 되어서는 안 됩니다. 서점은 책을 파는 곳을 넘어서 꿈과 비전을 파는 곳이 되어야 합니다. 도시인을 위한 문화 공

간의 역할을 서점이 해야 합니다."

서점을 새로운 공간으로 사용해 보겠다는 놀공의 취지에 흔쾌히 동의해 주신 것은 물론 앞으로 '새로운 무언가'를 해 보고 싶다고 말씀하셨다. 이에 힘을 얻은 놀공은 워크숍뿐만 아니라 여러 시도를 서점을 배경으로 해 보자는 의욕을 불사르기 시작했다. 워크숍을 마무리한 이후 교보문고 전 지점을 게임의 장으로 바꾸기 위한 설계에 돌입했다. 그러나 예상하지 못했던 변수가 나타났다. 강력한 동기를 부여해 주신 대표님이 퇴사하게 되었다는 소식이 날아든 것이다. 그렇다고 포기할 수는 없었다. 애련공이 워크숍을 치를 수 있도록 도움을 주신 담당 과장님을 무작정 찾아갔다.

다행히도 담당 과장님은 새로운 프로그램을 운영하고 싶어 하던 참이었다. 과장님은 청소년을 위한 프로그램을 만들고 싶어 했고 놀공은 서점이라는 공간을 게임으로 풀어내고 싶었다. 두 가지 마음의 접점을 찾는 것은 어렵지 않았다. 서점에 가득한 책을 보면서 『1984』 이후에 잠시 소강상태에 접어들었던 놀공 클래식을 떠올리지 않는 것은 거의 불가능했기 때문이다.

이렇게 놀공은 청소년을 대상으로 하는 놀공 클래식을 기획하고 교보문고는 장소를 제공하는 협업 시스템이 성사되었다. 멋진 장소를 섭외했으니 모두를 놀라게 할 프로그램을 만들어야 했다. 놀공 멤버들은 이때부터 낮에는 고전을 분석하고 밤에는 불 꺼진 서점에 들어가 새벽까지 테스트하는 시간을 보냈다. 에어컨도 꺼진 공간에서 작업하느라 힘들었고 낮과 밤이 바뀌면서 몸은 지쳤지만 즐거웠다. 이 모든 과정을 지켜보고 협조해 주신 교보문고 권택경 과장님께 다시 한 번 감사의 마음을 전하고 싶다.

책이 나의 현실이 된다면

2012년 6월 23일 밤 10시 30분, 강남의 대형서점 교보문고의 첫 번째 현장 답사일, 놀공 멤버들은 영업을 마치고 불꺼진 교보문고의 구석구석을 돌아보았다. 사무실 책상에 앉아서 책을 뒤적일 때는 고만고만한 아이디어를 끼적였는데 서점에 직접 답사를 나와보니 봇물이 터진 듯 아이디어가 쏟아져 나왔다. 은현공이 이야기를 꺼냈다.

"초대장을 받은 사람에게만 서점에 들어올 수 있게 하는 건 어때요? 초대장을 받은 사람만 책의 세계로 들어오는 거죠."
"소설이 '시간 순서'대로 진행되는 이야기라면 놀공 클래식은 '공간별로' 이야기가 숨어 있도록 해요. 책의 세계를 헤매는 플레이어가 2명씩 짝을 지어서 서가를 뒤지고 게임을 하는 거예요!"

자료 조사를 하기 위해 서점을 찾았을 때는 서가에 꽂혀 있는 책에만 관심을 가졌지만, 게임 진행과 개발을 위해서 서점을 살펴보자 책보다는 책을 품고 있는 서가가 무척 매력적으로 보였다. 커다란 공간을 균등하게 나누고 있는 모습이나 동선을 고려해서 배치된 서가는 이미 그 자체로 훌륭한 게임 설계도였다. 서가를 누비면서 우리는 더욱 자유롭게 아이디어를 풀어냈다.

"조금 넓은 공간은 파티하는 곳으로 만들까?"
"여기서 노래하면 좋겠는데?"
"운명이 담긴 한 권의 책을 숨겨 놓자."

당시에는 분위기나 풀어 보자는 마음으로 마구 던졌던 아이디어였지만 시간이 지날수록 모든 아이디어가 현실이 되었다. 함께 어울려 춤을 추는 무도회장과 뮤지션이 노래하는 공연장이 교보문고 곳곳에 자리를 잡았다. 서점이라는 장소를 어떻게 활용할 것인가에 대한 아이디어는 어느 정도 가닥이 잡혔지만, 그 안을 채울 콘텐츠는 여전히 희미한 상태였다. 뮤지션 페이퍼컷 프로젝트와 음란소년, 출몰극장과 같은 아티스트들은 일찍이 섭외를 마쳤고 공간 활용에 대한 큰 그림은 있었지만 정작 어떤 고전을 다루겠다는 결정을 내리지 못하고 있었다.

『1984』라는 작품은 메시지가 묵직하고 깊이가 있었지만, 분위기 자체가 어둡고 쉽게 다가가기에는 어려움이 있었다. 두 번째 놀공 클래식에서는 이 부분을 보완하기 위해 고전을 고르는 기준을 세우자는 의견이 있었다. 풀밭에서 나온 즉흥적인 아이디어로 시작했지만 본격적으로 시리즈의 형식을 갖추게 된 만큼 고전을 선정하는 것은 여러모로 신중해야 했다. 시간이 흘러 놀공 클래식이 열 번째, 백 번째로 이어지면 누군가는 놀공 클래식을 고전의 세계로 안내하는 내비게이션으로 활용할 수도 있다는 책임감이 생겼기 때문이다. 여러 가지 의견이 오갔지만 결론은 하나였다.

"누구나 다 아는 이야기를 전혀 다른 방식으로 경험하게 하자."

독서라는 정적인 활동이 아니라 몸을 움직이고 시끌벅적 떠들면서 고전을 체험하게 하는 것이 놀공 클래식의 목표였다. 이러한 목표에 가장 잘 부합하는 고전은 무엇이 있을까라는 물음을 가슴에 새기고 다시 작품을 조사하기 시작했다. 누구나 다 아는 이야기가 담긴 고전은 무엇이 있을까? 내용이 어렵지 않아서 누구나 다 쉽게 따라올 수 있는 이야기를 하는 작가는 누구일까? 놀공 멤버들은 각자 나름대로 조사를 하기 시작했고 회의 시간에 각자 생각하는 작품과 작가를 발표했다. 작품은 저마다 의견이 달랐지만 작가는 공통분모가 분명했다. 바로 누구의 작가도 아닌, 셰익스피어였다. 누구나 아는 작품을 꼽는 것은 어려웠지만 누구나 아는 작가를 꼽는 것에는 이견이 없었다. 우리는 셰익스피어라는 출발점에서 작품을 찾는 경주를 새롭게 시작했다. 도착점에 햄릿이 기다리고 있을지 리어왕이 기다리고 있을지 알 수 없었다. 우리가 게임을 펼칠 교보문고가 물의 도시 베니스가 될지 요정이 숨어 있는 숲 속이 될 지도 알 수 없었다. 그러나 셰익스피어가 남긴 작품을 읽으면서 명대사를 정리하고 주인공들의 감정을 정리하는 일은 로미오와 함께하는 한여름 밤의 꿈처럼 달콤한 일이었다.

희대의 사랑꾼,
셰익스피어

셰익스피어의 작품을 공부하면서 놀공 멤버들은 새로운 발견을 했다. 셰익스피어가 영미권을 대표하는 문호가 아니라 희대의 사랑꾼이라는 사실이었다. 남장여자, 신분의 차이에서 오는 갈등, 배다른 형제 등 오늘날 우리가 막장 드라마라고 비웃는 숱한 설정과 키워드를 셰익스피어는 사랑으로 포장하고 있었다. 우리는 셰익스피어의 대표 희극과 비극 속에 등장하는 모든 사랑의 클리셰를 집약시킨 게임을 만들어 보기로 했다. 하지만 게임을 테스트 하다보니 『로미오와 줄리엣』을 제외한 셰익스피어의 다른 작품이 생각보다 친숙하지 않다는 것을 알게 되었다. 게다가 게임을 디자인하고 있던 놀공 멤버들 역시도 셰익스피어의 명성에 비해 각 잡고 제대로 읽은 작품이 별로 없었으니 문제는 더욱 심각했다.

"『십이야』의 남장여자 바이올라를 모른다면 게임을 하는 의미가 있을까?"

우리는 고민 끝에 셰익스피어의 작품 중 가장 잘 알려진 『로미오와 줄리엣』에 집중하기로 했다. 『로미오와 줄리엣』이라는 원작이 가진 친숙함은 게임으로 개발할 때 플레이어의 몰입을 유도하기 위해 구구절절한 설명을 생략해도 된다는 이점이 있었고 전체적인 게임 스토리 구조도 안정감이 있었다. 또한 『로미오와 줄리엣』이 연극 연출을 고려한 대본이라는 것을 깨닫자 교보문고를 서점이 아니라 연극 무대로 접근할 수 있게 되었다.

조지 오웰은 『1984』에서 자유에 대해 이야기하기 위해 감시하는 존재를 부각시켰다. 놀공 클래식으로 『1984』를 접근할 때에도 감시하는 존재를 어떻게 녹여낼 것인가가 중요한 과제였다. 그렇다면 『로미오와 줄리엣』은 무엇을 과제로 삼아야 할까? 주변 사람들에게 『로미오와 줄리엣』을 떠올리면 무엇이 생각나는지 물었다. 사람들은 책보다는 영화로 만들어진 〈로미오와 줄리엣〉을 더 많이 기억하고 있었고 수족관 너머로 얼굴을 내밀던 레오나르도 디카프리오와 발코니에서 달을 올려다보던 올리비아 핫세를 머릿속에 그리고 있었다. 이토록 아름다웠던 청춘 남녀의 사랑이 누구나 알고 있는 줄거리였고 결말이 죽음이었다는 사실에서 안타까움을 느끼는 것이 공통된 정서였다. 셰익스피어는 분명 사랑을 이야기하고 싶었을 것이다. 그리고 사랑에 대한 이야기를 더욱 극적으로 하기 위해 갈등 요소를 만들었을 것이다. 조지 오웰이 자유를 말하기 위해 감시자를 만들었던 것처럼. 셰익스피어가 고안한 사랑의 갈등 요소를 게임으로 푸는 것, 갈등 요소를 통해 플레이어가 로미오와 줄리엣이 느꼈던 사랑의 좌절을 맛보게 하는 것. 이것이 놀공이 해결해야 하는 숙제였다.

사랑의 장애물인 이름과 존재 사이에서

로미오와 줄리엣이 극복하지 못한 사랑의 장애물은 단연 가문 간의 갈등이었다. 로미오와 줄리엣은 이야기 속에서 가문의 영예를 교육받으며 자라온 귀족이지만 현실 속의 우리는 대부분 평범한 가정에서 자란 사람들이다. 가문이라는 것이 주는 중압감을 느껴본 적이 없는지라 어떻게 갈등을 유발해야 할지 막막했다. 놀공 멤버들은 다시 고전을 뜯어보기 시작했다. 그러자 성급하고 감상적인 로미오와 그에 비해 신중하고 치밀했던 줄리엣의 성격이 드러났고 두 사람이 주고받는 대화 속에서 가문 간의 갈등이 효과적으로 압축된 문장을 발견할 수 있었다.

줄리엣 **그대의 이름만이 나의 적일 뿐이에요.**

몬터규가 아니라도 그대는 그대이죠.
몬터규가 뭔데요? 손도 발도 아니고
팔이나 얼굴이나 사람 몸 가운데
어느 것도 아니에요. 오, 다른 이름을 가지세요!
이름이 별건가요? 우리가 장미라 부르는 건
다른 어떤 말로도 같은 향기가 날 겁니다.
로미오도 마찬가지, 로미오라 안 불러도
호칭 없이 소유했던 그 귀중한 완벽성을
유지할 거예요. 로미오, 그 이름을 벗어요.
그대와 상관없는 그 이름 대신에
나를 다 가지세요.

로미오 그 말 듣고 가질게요.
애인이라 불러만 준다면 다시 세례받은 뒤
앞으로는 절대로 로미오라 안 할게요.

줄리엣 누구신데 이렇게 밤의 장막 속에서
제 비밀과 마주치게 된 거죠?

로미오 이름으론
누구인지 그대에게 말할 수 없군요.
성자시여, 제 이름을 제가 미워합니다.
그것이 그대의 적이기 때문이죠.

『로미오와 줄리엣』, 민음사(2008), p. 53~54.

줄리엣은 파티에서 우연히 만난 한 남자에게 사랑을 느꼈지만 이름을 알고 난 후에 절망에 빠진다. 이윽고 줄리엣은 이름과 존재 사이에는 아무런 연관이 없음을 달빛 아래서 토로하고 이름 때문에 사랑이 불가능하다는 것을 어둠을 상대로 설명하고 있다. 여기서 줄리엣이 말하는 이름은 가문의 다른 표현이다. 가문에 의해서 강제로 정해진 이름은 가문의 속박이며, 이를 부정하는 것은 가문의 속박에서 벗어나겠다는 의지의 표현이다. 로미오 역시 이를 알고 있다. 이름을 미워하고 이름이 적이라고 말하는 것은 가문을 미워하고 가문이 사랑의 장애물이라는 것을 깨달았다는 명백한 증거였다.

놀공은 이 대화를 바탕으로 로미오와 줄리엣에게 채워져 있던 두 가지 족쇄를 발견했다. 그것은 '사랑'이라는 족쇄와 '가문'이라는 족쇄다. 사랑과 가문이라는 두 가지 요소가 섞이지 못하는 것을 게임으로 표현하는 것이 설계의 기초가 되어야 했다.

『로미오와 줄리엣』은 사랑 이야기이다. 그렇다고 우리가 사람들이 사랑에 빠지는 게임을 만들 수는 없는 노릇이었다. 그렇다면 우리가 게임으로 만들 『로미오와 줄리엣』의 핵심은 무엇인가에 대해 많은 토론을 벌였다. 생각해 보면 『로미오와 줄리엣』은 조직에 소속된 개인이 사적인 욕망을 갈망하면서 벌어지는 자아의 갈등이다. 조직은 가문이었고 사적인 욕망은 바로 사랑이다.

이렇게 구조적으로 『로미오와 줄리엣』이 정리되자 게임의 방향이 풀리

기 시작했다. 가문과 사랑을 게임의 두 가지 기둥으로 가져가고 그 사이의 갈등을 전체 경험의 축과 연결 고리로 만드는 것이다. 그러자 가문의 게임과 사랑의 게임이 서서히 모습을 드러내기 시작했다.

사랑의 성패는 무엇으로 가르나요?

사랑을 테마로 한 게임과 가문을 테마로 한 게임. 두 가지 게임을 만들어 놓은 후 플레이어로 하여금 어떤 게임을 먼저 하게 할 것인가를 두고 또다시 갑론을박이 이어졌다. 사랑에 빠진 후에 원수라는 것을 깨달은 줄리엣의 감정을 살리기 위해서는 사랑 게임을 먼저 해야 한다는 의견과 가문 게임을 먼저 하고 사랑 게임을 해야 절망감이 배가된다는 의견이 팽팽하게 부딪혔다. 어느 쪽이 맞다고 쉽게 결론을 내릴 수 없는 토론이었다. 이것은 곧 사랑을 강조할 것인가, 비극을 강조할 것인가에 대한 논쟁이었다. 그러나 언제나 그렇듯 문제 속에 답이 있는 법이다. 책 속에 길이 있으리라 믿고 또다시 분석에 들어갈 때쯤 표지에 있는 글이 눈에 들어왔다. 셰익스피어의 4대 비극, 『로미오와 줄리엣』. 그랬다. 『로미오와 줄리엣』은 비극이다. '사랑'이 아니라 '절망'이 중심이어야 한다. 결국 게임의 순서는 가문 게임을 통해 원수라는 존재를 경험한 후 사랑 게임을 통해 원수의 가문을 사랑하게 되었음을 깨닫는 순서로 정리되었다.

이제 게임 설계도 막바지에 다다랐다. 가문 게임과 사랑 게임을 모두 경험한 후 어떤 결말을 플레이어에게 선물할 것인지 결정하면 두 번째 놀공 클래식이 완성된다. 화룡점정의 상태를 목전에 둔 상태였고 잘 익은 제육볶음에 깨만 뿌리면 되는 순간이었다. 그런데 놀공 멤버들에게는 두 번째 놀공 클래식으로 『로미오와 줄리엣』을 선정하는 순간부터 자리하던 고민이 있었다. 모두가 알다시피 『로미오와 줄리엣』의 결말은 두 연인의 자살이다. 자살이 결말인 게임을 과연 사람들은 하고 싶어할까? 그리고 더 나아가 사랑이라는 것에 승패는 있는 건가? 만약 존재한다면 승리의 기준을 어떻게 만들어야 하는 걸까?

"이야기에서 주인공의 자살은 로맨틱한 정서를 절정으로 끌어내기 위한 장치이지 해결 방법은 아닌 거 같아요. 그러니까 로미오와 줄리엣의 결말은 사실상 없다고 봐도 되지 않을까요?"
"아무리 고전이 원작이라 해도 죽음이 예정된 게임은 하고 싶지 않아요. 로미오와 줄리엣의 죽음을 두고 공감하는 사람도 있고 아닌 사람도 있을 테고. 그리고 내가 줄리엣이라면 자살 안 했어요."

게임이 문학이나 영화, 음악과 다른 것은 결말이 창작자의 생각에 따라서 결정되는 것이 아니라 플레이어의 선택에 따라서 달라진다는 점이다. 플레이어의 의지가 담긴 선택에 따라서 결말이 달라진다는 게임만의 특징이 『로미오와 줄리엣』에 적용되지 않는다면 놀공이 만드는 놀공 클래식은 의미가 없다. 고심 끝에 이번에는 결말을 정해 놓지 않고 과정 자체를 즐기는 열린 게임을 시도해 보기로 했다. 미션을 수행하고 그 결과에 따라 승리자가 판가름 나는 게임은 『로미오와 줄리엣』이 담고 있는 서정성에 어울리지 않았다. 대신 승리를 위해 노력하는 과정에서 재미를 느끼는 플레이어를 위해서 원작에 등장하는 대사와 각종 디테일한 배경을 이야기 카드로 만들어서 제공하는 것으로 해결하고자 했다.

게임이 진행되는 동안 플레이어는 자연스럽게 이야기 카드를 습득하게 되고 그 카드를 조합해 '나만의 이야기'를 만드는 것으로 게임의 마지막을 장식하게 했다. 플레이어가 이야기 카드를 어떻게 조합하느냐에 따라서 『로미오와 줄리엣』은 희극이 되기도 비극이 될 수도 있다. 마치 이 세상 모든 사랑의 결말이 그러하듯이 말이다.

처음 이야기 카드를 만들 때에는 원작의 주옥같은 문장을 플레이어가 읽었으면 하는 바람이 있었다. 그래서 글의 양이 많았고 카드를 조합할수록 이야기는 복잡하게 꼬였다. 실전을 앞두고 여러 차례 실험해 본 결과 서점 곳곳을 누비다 보면 카드에 있는 글자를 제대로 읽을 겨를이 없는 것은 물론 관심조차 갖기 힘들다는 것을 알게 되었다. 기대했던 것과 다른 결과가 나오자 피터공은 다시 생각에 잠겼다.

"문학은 아름다운 구절을 음미하고 기억하는 것이 즐거움일 수 있지만, 게임은 참여가 자유로워야 하지 않을까? 이야기에 적극적으로 개입해서 새로운 결말을 만들라고 하고서는 너무 카드에 말이 많은 것 같아."

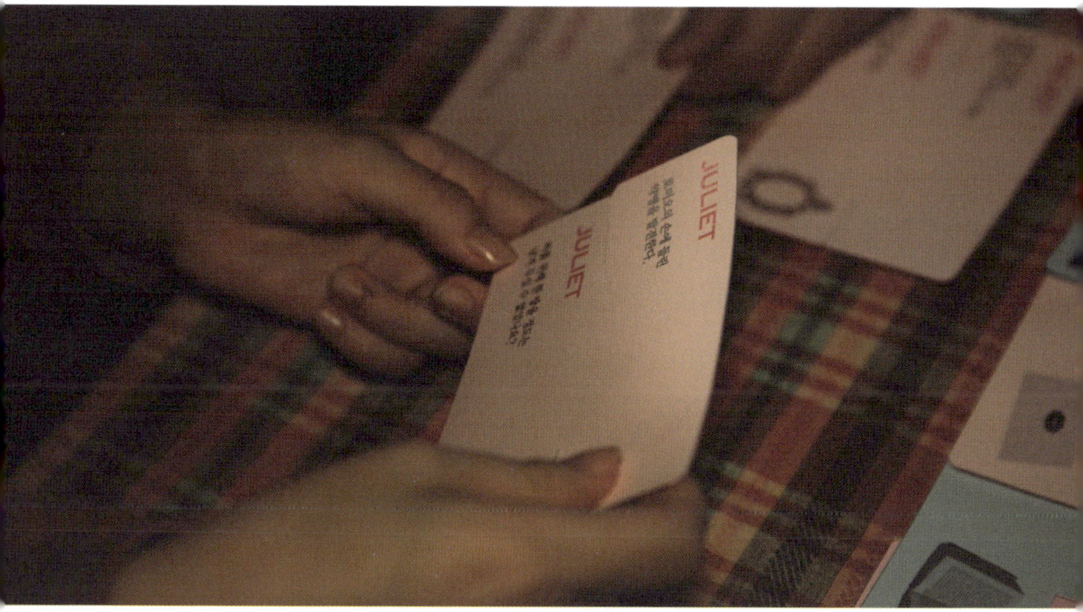

은현공도 피터공의 생각에 동조하기 시작했다.

"어쩌면 지금까지 우리는 너무 읽기를 강요한 것 같아요."

우리는 방향을 바꾸어서 이야기 카드에 담고자 했던 원작의 디테일을 걷어내고 플레이어들이 더 적극적으로 이야기를 만들어 낼 수 있도록 몇 가지 키워드와 그림으로 단순화시켰다. 그리고 이 이야기 카드를 들고 자신만의 이야기를 만들기 위해 고심하는 플레이어의 모습을 상상했다.

로미오가 쓰는 한 여름 밤의 꿈

놀공 클래식 '로미오와 줄리엣'은 10대 청소년과 30대 직장인을 대상으로 두 차례 진행되었다. 컴컴한 교보문고 곳곳을 누비며 이야기 카드를 모으고 미션을 수행하는 모습을 보면서 말로 표현하지 못할 보람을 느꼈다. 특히 게임의 결말을 앞두고 플레이어가 이야기 카드를 놓고 멋진 이야기를 완성하기 위해 고민하는 모습에서는 눈물이 나올 뻔했다. 만약 게임의 마지막 순간에서 플레이어가 이야기 카드의 조합으로 우스꽝스럽게 만들어 버린다면 어쩌나 하는 걱정이 있었지만 기우였다.

'로미오와 줄리엣'을 통해 형성된 매직 서클은 참가자들과 이야기를 자연스럽게 이어 주었다. 모든 참가자는 신중하게 이야기를 만들었고 다른 플레이어가 완성한 이야기를 경청했다. 특히 10대 청소년들의 태도가 인상적이었다. 앳된 얼굴의 소년, 소녀는 사뭇 진지한 눈빛으로 자신만의 로미

오와 줄리엣의 또 다른 이야기를 들려줄 때 분명 자신의 진심을 담고 있었다. 우리가 설계한 게임 안에서 사람들의 진심이 묻어날 때 현장에 있는 사람들끼리만 느낄 수 있는 교감은 아무리 힘들어도 게임을 만드는 일을 지속하게 만드는 동력이다. 한편 플레이어의 이야기를 듣고 있자니 우리가 만든 것은 『로미오와 줄리엣』이기도 하면서 『한여름 밤의 꿈』이기도 하다는 생각이 들었다. 조사를 통해 알게 된 사실인데 셰익스피어는 『로미오와 줄리엣』을 쓰고 난 뒤에 자신의 세계관이 지나치게 감성적이고 단편적이라는 것을 깨달은 뒤 『로미오와 줄리엣』의 구조를 대부분 빌려와 『한여름 밤의 꿈』을 썼다고 한다. 플레이어들은 『로미오와 줄리엣』이 되었고 동시에 『한여름 밤의 꿈』을 집필했던 셰익스피어의 마음까지도 경험한 것이 아닐까?

가문이냐, 사랑이냐? 그것이 문제로다!

날짜 2012년 7월 17일

장소 강남 교보문고

Creator 피터공, 애련공, 지인공, 은현공, 아형공, 창수공, 수진공

Collaborator 페이퍼컷 프로젝트, 음란소년, 출몰극장, 미래광산

달빛만이 길을 밝히는 어두운 밤. 소리마저 길을 잃은 어두운 밤. 훼방꾼들이 찾아올수 없는 어두운 밤. 오직 캄캄한 밤에만 사랑하는 사람의 얼굴을 볼 수 있었던 로미오와 줄리엣. 이들의 절절한 사랑이 강남 한복판 불 꺼진 서점에서 부활하면 어떤 일이 벌어질까? 원수인지 모르고 사랑에 빠져 버린 21세기를 살아가는 로미오와 줄리엣은 이번에도 자살이라는 비극적 결말을 선택할까?

사랑

로미오와 줄리엣 설계도

☞ **승리 조건**

· 가문의 대결과 연인의 시간 동안 모은 이야기 카드로 게임 파트너와 함께 이야기의 결말을 만든다. 가장 많은 사람의 공감을 얻은 이야기를 만든 팀이 승리한다.

☞ **참여 인원**

· 플레이어 12명(남녀 각 6명), 진행 인원 21명

☞ **진행 방법**

1. 게임은 전반전과 후반전으로 구성된다.

2. 초대장을 받은 플레이어는 영업을 끝낸 강남 교보문고의 중앙 복도에 모인다.

3. 진행자를 한 사람씩 소개하고 게임에 대한 안내와 함께 공연장, 성당 등 부스를 투어한다.

4. 베로나 광장이라고 이름 붙인 서점 중앙에 모여 플레이어는 자신이 소속된 가문의 일원들을 만난다.

5. 베로나 광장에 있는 보드에서 2명씩 깃발을 뺏는 게임을 하고 그동안 다른 팀원들은 서점 곳곳에 숨겨진 빛공을 찾는다.

6. 보드 게임이 끝나면 팀원들이 획득한 점수만큼 환산된 돈을 고르게 나누어 갖는다. 이때 개인별로 봉투가 쥐여 진다.

7. 봉투 속에는 어디서 누구를 만날지 알려 주는 메시지가 있다. 배경 음악이 낭만적인 선율로 바뀌고 메시지를 찾아 간 곳에는 파트너가 기다리고 있다.

8. 파트너와 게임을 통해서 얻은 자금을 들고 음악회, 공연장 등에 출입할 수 있는 티켓을 구입한다. 각 장소에는 최대 2팀이 들어갈 수 있다. 모든 참가자는 반드시 성당에 가서 혼인 서약을 해야 한다.

9. 각 부스에서 데이트를 마치면 이야기 카드를 받을 수 있다. 데이트 시간이 끝나는 종소리가 울릴 때까지 파트너 곁을 지켜야 한다.

10. 종소리가 울리면 다시 가문으로 돌아가 보드 게임을 시작한다. 데이트 자금을 확보하기 위해서는 보드 게임에서 승리해야 하지만 그렇게 되면 나의 연인을 이겨야 한다.

11. 5에서 10까지를 반복하며 이야기 카드를 모으고 하나의 완결된 이야기를 만들어야 한다.

12. 게임이 모두 종료되면 완성된 이야기를 발표하고 투표를 통해 승자를 결정한다.

전반전 1라운드

☞ **가문의 대결**

참가자들이 4개의 가문(팀) 중 자신의 가문을 찾아가면 가문의 대결 게임이 시작된다. 수많은 삼각형으로 이어진 거대한 게임 보드판 위에서 참가자들이 직접 게임의 말이 된다. 베로나 시장의 주요 상권을 장악하기 위해 보드에 있는 깃발을 차지하는 가문의 대결은 전형적인 팀 대전으로 이루어진 빅게임이다. '로미오와 줄리엣'을 시작하는 가문의 대결은 자연스러운 게임의 경쟁 구도를 통해 처음 만난 사람들 간의 감정 대결 구도를 만들고 팀워크를 만들어 준다. 이를 통해서 놀공 클래식에서 원하는 첫 번째 아이덴티티인 가문에 대한 소속감과 가문 간의 갈등을 조금씩 익히도록 해 준다. 첫 게임이 끝날 무렵 각 팀은 원수는 아니지만 승부욕이 불붙기 시작한다.

전반전 2라운드

☞ 연인의 시간

가문 간의 대결이 끝나면 연인의 시간이 시작된다. 플레이어들에게 명찰 뒤에 숨겨진 운명의 카드를 꺼내게 한다. 운명의 카드가 가리키고 있는 곳에는 똑같은 카드를 가진 파트너가 있다. 어두운 서가에는 LED로 만든 작은 빛공이 운명의 책을 비추고 있다. 운명의 책을 꺼내기 위해 파트너와 손이 맞닿는 순간 플레이어는 로미오와 줄리엣으로 변신하게 된다. 두 사람은 커플이 되어 아직은 서로에게 낯설지만, 이야기를 나누며 서점 곳곳을 돌며 연인의 시간을 즐긴다. 게임의 이야기 카드를 찾기 위해 연극극장, 공연장, 영화관, 해변, 카페, 성당 등으로 꾸며진 곳곳을 돌며 연극과 음악 공연을 게임의 일부로 즐기게 된다. 게임에 참여한 두 남녀는 로미오와 줄리엣이 되어 함께 베로나에서 추억을 만든다.

후반전 1라운드

☞ **가문의 갈등**

다시 가문 간의 대결이 시작된다. 이제는 누가 나의 운명의 짝인지 알고 있는 상태다. 그렇기 때문에 똑같은 게임을 하더라도 게임은 전혀 다른 양상으로 펼쳐진다. 원수의 가문에 사랑하는 연인이 있다는 것을 알기 때문에 가문의 이익을 무조건 좇는 것이 무언가 마음에 걸린다. 잠시 사람들의 눈을 피해서 지금 내가 너를 밀치는 것은 데이트 비용을 벌기 위한 것이라고 애써 변명하기도 한다. 내가 속해 있는 가문이 승리하더라도 마음 놓고 기뻐할 수 없다. 나의 연인이 지켜보고 있기 때문이다. 원수의 가문도 애절한 연인도 아니지만 모두의 마음은 미묘한 갈등에 빠져든다.

후반전 2라운드

☞ 다시 연인의 시간

두 번째 연인들의 시간에는 게임의 규칙도 낯설던 서로에게도 조금씩 익숙해져 있어 데이트가 좀 더 빠르게 진행된다. 전반에 가보지 않은 장소를 찾아가 보는 커플도 있고 벌써 자신만의 장소를 만들어 같은 장소를 다시 찾는 커플도 있다. 하나씩 모이는 이야기 카드를 어떻게 이어 나갈지에 대해 의논하기도 하며 처음보다 더 많은 이야기를 나누는 커플이 눈에 띄기 시작한다.

콜라보레이션 팀 소개

☞ **페이퍼컷 프로젝트**

페이퍼컷 프로젝트는 슈가볼의 보컬 고창인 님과 밴드 소울라이츠 출신의 기타리스트 유경표 님, 드러머 김두현 님으로 이루어진 응큼달콤한 3인조 보사노바 팀이다. 아직 미완성 상태인 '로미오와 줄리엣' 테스트에서 팬 분들을 초청해 게임의 완성도를 높일 수 있게 도움을 주셨고 당일에는 서점 한 켠에 마련된 음악회 섹션에서 달달한 곡으로 사랑스런 분위기를 연출해 주었다.

콜라보레이션 팀 소개

☞ **음란소년**

음란소년은 〈오빠는 이러려고 너 만나는 거야〉라는 음반으로 가요계에 음란마귀 바람을 몰고온 솔로 뮤지션이다. '로미오와 줄리엣' 테스트 당시 초대되어 베일에 쌓여 있던 데뷔 곡을 공개해 참가자들을 후끈 달아오르게 만들었다.

콜라보레이션 팀 소개

☞ 출몰극장

출몰극장은 무대 미술가와 가수로 구성된 소규모 공연 창작 집단이다. 여행 가방을 끌고 다니며 도시의 이곳저곳을 출몰하는 유랑 극단이 '로미오와 줄리엣'을 위해 교보문고에 출몰했다. 트레이드 마크인 거대한 백곰 가면을 쓰고 서정적인 멜로디와 퍼포먼스로 소극장 섹션을 멋지게 장식했다.

콜라보레이션 팀 소개

☞ **미래광산**

미래광산은 어딘가에 묻힌 소중한 것을 캐낸다는 뜻의 상수동에 위치한 카페다. PD겸 DJ출신의 두 '광부'가 동명의 팟캐스트도 진행 중이다. 게임 테스트에 초대했지만 재치있는 말솜씨에 반해 '로미오와 줄리엣'의 오프닝과 플레이어들의 사연과 신청곡을 받는 DJ부스를 맡아 달라고 요청했다.

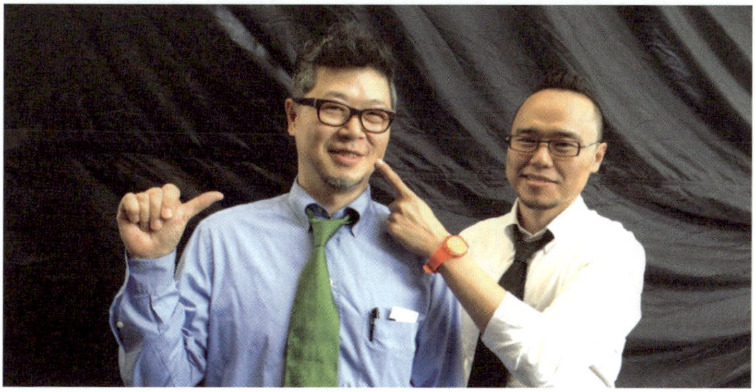

부스 소개 - 극장

☞ 서가와 서가에 나무를 걸고 반투명한 흰 천에 작은 전구 하나를 밝혀 둔다. 출몰극장이 만들어졌다. 연인들이 찾아오면 작은 전구에 불이 들어오면서 음유시인과 곰과 늑대의 공연이 시작된다.

부스소개 - 영화관

☞ '차르르' 필름 돌아가는 소리와 함께 서가 한 면에 무성 영화 한 편이 상영된다. 예스러운 음악이 나오는 셰익스피어의 흑백 영화와 영화화된 책들이 놓인 책장이 분위기를 살려준다.

부스소개 - 바다

☞ 넓은 서가 벽면 가득한 책장을 흰색 천으로 두른다. 빔프로젝터에서는 바다 영상이 돌고 있고 바다 음악 소리가 들린다. 책 위에 가득한 조개로 목걸이를 만들어 연인에게 걸어준다.

부스소개 - 카페

☞ DJ가 운영하는 카페에서 자기가 좋아하는 노래를 신청할 수 있다. 자신의 파트너에게 노래와 사연을 바친다. 커피, 음료와 다과가 준비되어 있다.

부스소개 - 성당

☞ 오르간 소리가 흐르고 교회를 상징하는 십자가 아래 혼인 서약서와 펜이 있다. 신부님이 연인들을 기다린다. 영문으로 혼인서약서를 낭독해 주고 둘이 하나가 되었음을 인증한 후 커플 사진을 찍어준다.

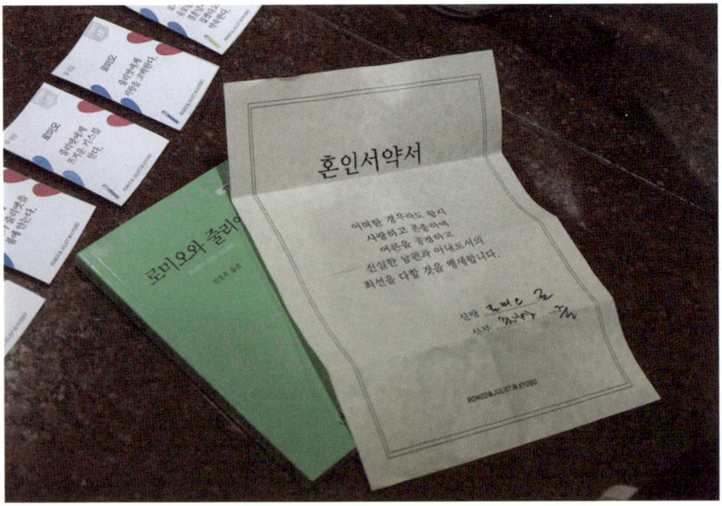

부스 소개 - 공연장

☞ 악기와 음악 섹션에 작은 공연장이 꾸며져 있다. 공연장에는 세 커플이 함께 입장할 수 있다. 은은한 램프의 불빛, 기타 소리에 연인의 밤이 깊어 간다.

이상한 서점의 줄리엣

김윤정, 여행 잡지 〈The Traveller〉 에디터

9월 늦은 밤, 불 꺼진 서점에서 나는 '줄리엣'이 되었다. 나와 똑같은 책을 집은 이 사람이 로미오라니. 서점은 지식의 보고일 뿐만 아니라 사랑의 보고이기도 했다.

"오늘 밤 그대의 이름은 로미오라 부르겠소. 부디 달빛을 물리치고 나에게 와 주오."

서점

서점에 가면
로미오가 있다

“목요일 밤 10시, 강남 교보문고에서 놀공 클래식 두 번째 시리즈 ‘로미오와 줄리엣’의 테스트 플레이가 있을 예정입니다. 손님이 빠져나간 서점에서 줄리엣이 되십시오!”

놀공에서 초대장이 왔다. 비극의 주인공 줄리엣이 되어 달라 청하는 데 거절할 이유가 없었다. 게다가 불 꺼진 서점이라는 로맨틱한 공간에서. 서점에 도착해 폐점 시간이 되길 기다렸다. 곧 손님이 빠져나가고 직원들도 집으로 돌아갔다. 고요한 서점 안에 남은 건, 나를 포함한 여성 플레이어 6명, 남성 플레이어 6명. 불이 꺼지는 순간, 여자는 줄리엣으로 남자는 로미오로 변신하게 된다. 놀공의 수장인 피터공이 각기 다른 문양이 새겨진 목걸이를 나눠 주면서 게임의 규칙을 설명했다.

"자, 랜덤으로 나눠드린 목걸이에 문양이 새겨져 있죠? 둘러보면 자신과 같은 문양을 가진 사람이 2명 더 있습니다. 그들을 찾아서 하나의 가문을 이루세요. 그러면 각 3명씩 총 4개의 가문이 탄생합니다. 우선, 한 팀을 이룬 가문끼리 대결을 펼쳐서 게임 머니를 벌게 될 거예요. 게임 머니는 로미오와 줄리엣을 찾은 다음, 데이트 비용으로 쓰이게 될 테니 주머니가 두둑할수록 유리하겠죠."

이렇게 생전 처음 보는 사람 셋이 만나 가문이라는 거창한 이름으로 뭉쳤다. 가문을 상징하는 문양의 브로치에 완장까지 갖추니 오늘 밤만은 캐풀렛가의 딸이, 몬터규가의 아들이 된 듯했다. 가문끼리의 게임은 커다란 보드 게임판 위에서 이루어졌다. 바둑판을 살짝 변형한 모습인데 삼각형이 반복되는 게임판 위에서 12명의 플레이어는 스스로 말馬이 되어 움직였다. 정해진 걸음 수 안에서 떨어진 카드를 최대한 많이 줍고 게임판 중에 위치한 깃발에 최대한 접근하는 것이 게임의 목표였다.

게임이 끝난 다음 깃발 둘레에 있는 플레이어만 손에 쥔 카드를 게임 머니로 환전할 수 있었다. 같은 가문임에도 낯을 가리던 것도 잠시, 게임에 몰입할수록 끈끈한 가족애가 쌓여 갔다. 어떻게 하면 다른 가문을 밀어내고 깃발에 가까운 자리를 차지할 수 있을까를 함께 고민하면서 말이다. 각자에게 주어진 걸음을 모두 쓰고 나서는 가문끼리 게임 머니를 합산해 발표했다. 가장 많이 수익을 올린 두 팀을 골라 보너스를 차등 지급하고 가문의 일원끼리 공평하게 게임 머니를 나누자 모든 준비가 끝났다. 게임은 2막으로 접어들어 나의 로미오를 찾을 시간이 왔다.

"목걸이와 함께 나눠 준 카드의 지령에 따라 주세요."

진행자의 말에 따라 카드를 확인하니, 책의 이름과 그 책을 찾을 수 있는 청구 기호가 적혀 있었다. 헤르만 헤세의 소설 『첫사랑』을 찾아 캄캄한 서가로 들어갔다. 나의 로미오도 『첫사랑』을 찾아 서가를 헤매고 있단 사실에 가슴이 뛰었다. 책장에 부착된 청구 기호를 확인하면서 지정된 책을 찾은 순간, 나의 로미오를 발견! 보드 판 위에서 슬쩍 눈이 마주친 사람이었다. 『첫사랑』을 사이에 두고 통성명을 나눴다. 같은 책을 골랐다는 이유로 짝이 되다니. 반대편 서가에서 만난 5쌍의 로미오와 줄리엣도 서로가 운명이라는 단어가 머릿속을 스치지 않았을까?

"오오 로미오, 어찌하여 그대는 로미오인가요. 나를 위해 아버님도 이름도 잊어 주세요. 저 또한 앞서 게임으로 단합된 가문을 잠시 잊고 식구들이 벌어 온 돈으로 로미오와 데이트를 하려 합니다."

서점 곳곳에는 교회, 영화관, 콘서트홀, 소극장, 캠핑장, 카페 등이 설치되어 있었다. 갖고 있던 게임 머니를 이용해서 각 섹션에 설치된 공간을 사용할 수 있는 표를 살 수 있었다. 고민 끝에 우리는 교회와 콘서트홀의 티켓을 구입했다. 인문학 서가 가운데 임시 교회가 자리 잡고 있었다. 교회라고는 해도 간판과 지령이 쓰인 팻말이 전부였지만 어디선가 조용히 흘러나오는 오르간 소리와 작은 십자가가 교회의 진지한 분위기를 조성했다. 우리는 지령에 따라 십자가 앞에서 혼인 서약서를 작성하고 지장을 찍었다. 게임 머니로 구입한 티켓은 교회에 비치된 카드와 교환할 수 있었는데

카드 앞면에는 셰익스피어의 『로미오와 줄리엣』의 일부분이 적혀 있고, 뒷면에는 하트와 숫자가 쓰여 있었다. 이 카드는 모든 섹션에 비치되어 있었는데 최종 우승 커플을 가르는 중요한 열쇠였다.

다음 장소는 콘서트홀이었다. 특별히 1인 밴드 음란소년이 로미오와 줄리엣이 찾아오길 기다리고 있었다. 가장 고가였던 콘서트홀 티켓을 건네주자 연주와 노래가 시작되었다. 고요한 서점 안에 러브송이 울려 퍼지기 시작했다. 이 공간이 내가 그토록 자주 드나들었던 서점이라는 것이 믿기지 않아 주변을 계속 두리번거렸다. 낮 시간의 번잡하고 활기찬 분위기는 온데간데없고 달콤하고 조금은 장엄한 분위기가 내려앉았다. 이런 순간을 운명처럼 만난 로미오와 함께하고 있다는 사실이 소설 속 주인공의 역할에 더욱 빠져들게 했다.

6쌍의 로미오와 줄리엣이 데이트를 마칠 때쯤, 줄리엣의 유모가 처음 게임을 시작했던 장소로 사람들을 불러 모은다. 이제는 나의 로미오와 잠시 헤어져, 다시 가문으로 돌아갈 차례. 종전과 똑같은 방식으로 보드 게임판 위에서 게임이 진행되었다. 처음과 룰은 같지만 로미오가 자꾸 눈에 밟힌다. 가문 사람들을 도와주면서도 로미오가 신경 쓰였다. 깃발 가까이 간 사람은 돈을 벌고 다시 그 돈으로 매표소에서 티켓을 구입해 서로의 로미오, 줄리엣과 함께 데이트를 이어 간다. 잠시 떨어져 있었더니 더욱 애틋한 마음마저 들었다. 이번에는 카페와 소극장 티켓을 구입해 다과를 즐기고 짧은 연극을 관람했다. 각 장소에서 카드를 가져오는 것도 잊지 않았다.

게임은 막바지를 향해 갔다. 게임의 결말은 로미오와 줄리엣이 데이트 장소에서 얻은 카드의 문구를 엮어 이야기를 만드는 것이었다. 가장 독창적인, 혹은 자극적인 또는 매끄러운 이야기를 만들어낸 한 커플을 투표로 뽑았다. 아쉽게도 우승은 다른 커플에게 돌아갔다. 드물게도 누가 우승을 하더라도 배 아프지 않을 게임이었다. 12명의 로미오와 줄리엣 모두가 자신의 이야기 속에서 주인공이 되었기 때문이다. 오늘 밤 가장 로맨틱한 데이트를 즐긴 줄리엣은 바로 나라고 착각하면서. 영업이 끝난 후, 금기의 공간이 된 서점 안에서 로미오와 줄리엣이 뛰어다닐 거라고 누가 상상이나 할까? 아침이 밝으면 친구들에게 자랑할 거다.

"어젯밤에 말이야. 서점의 회전문을 통과하자 불 꺼진 서가에서 로미오가 나타났어."

D24-1

나의 사랑은 어디에

얀나 카라

오랜만에 낯선 이성들도 오는
모임에 갈 때 당신이라면
옷차림 신경을 쓰겠는가?

Page 1-7

상황은 점점 악화되어가는데
내가 가진 선택지는 두 가지뿐이라는 것.

겉으로 보기에는 하나같이 행복해 보이지만
누구나 불행을 갖고 있다.

Page 1-7

200년 전,
톨스토이가 던지는 질문을 통해
내가 살아보지 못한 인생을 체험해 보자!

결혼한 당신에게

세 번째 놀공 클래식, 톨스토이의 『안나 카레니나』

톨스토이가 묻습니다

21세기에 안나를 소환하는 방법

글쓴이 은현공

고전과 빅게임을 결합했던 '1984'가 놀공 클래식을 테스트하는 자리였다면 자정이 넘은 시간 불 꺼진 교보문고에서 진행된 '로미오와 줄리엣'은 놀공 클래식의 가능성과 확장성을 실험하는 자리였다. 세 번째 놀공 클래식은 광고 기획사 TBWA와 콜라보레이션을 통해 그 어느 때보다 깊이 있는 스터디와 다양한 시도를 할 수 있었다. 게임과 광고, 고전과는 전혀 관련이 없어 보이는 이 두 가지 영역의 전문가가 만나 탄생시킨 '이 시대의 고전 읽기'는 과연 어떤 모습일까?

아직 이름이 없는 무언가를 찾아

비전을 공유하고 같은 곳을 바라보며 유기체처럼 움직이는 것이 놀공의 원칙이다. 놀공의 작업 과정은 어디로 튈지 모르는 럭비공 같고 망망대해를 표류하는 것처럼 보일 때도 있지만, 함께하는 비전이 북극성처럼 놀공의 방향을 잡아 준다. 매번 새로운 항해를 할 수 있는 용기와 파도에 휩쓸려 떠내려가지 않고 가볍게 몸을 맡기는 유연함이 놀공의 가장 큰 저력이다. 창의성을 추구하는 창작자들이 놀공과 협업하려는 이유라 믿는다. 아직 세상이 명명하지 않은 새로운 무언가를 찾기 위한 실험의 연속인 놀공 클래식. 그 세 번째는 『안나 카레니나』였다. 『안나 카레니나』를 놀공 클래식으로 부활시키기 위한 항해에 TBWA의 박웅현 ECD와 김재호 카피라이터가 합류했다. 게임과 광고. 오래된 것보다 새로운 것, 가장 트랜디한 시류를 좇아야 하는 두 매체가 고전을 통해 소통하는 시대를 만들겠다고 모인 것이다.

어처구니없는
일을 하자

사람이 사람을 만나는 데 목적과 노력이 어인 말인가! 피터공은 늘 이렇게 말한다.

“만날 사람은 만나게 되고 함께할 사람은 결국 함께하게 된다.”

박웅현 ECD는 피터공과 뉴욕에서 함께 공부한 대학원 동문으로 시간이 맞으면 함께 식사도 하고 사는 이야기도 나누는 사이였다. 그날도 여느 때처럼 신사동 어딘가에서 만나 점심을 먹으며 서로 살아가는 이야기를 하고 있었다. 마침 두 번째 놀공 클래식이었던 ‘로미오와 줄리엣’을 막 끝냈을 무렵이어서 주제는 자연스럽게 고전으로 흘러갔다.

‘로미오와 줄리엣’에 대한 설명을 가만히 듣고 있던 박웅현 ECD는 오래

전부터 『안나 카레니나』로 작업을 해 보고 싶었다는 제안을 했다. 함께 일하면 재미있는 사람도 있다면서 말이다. 피터공이 박웅현 ECD와 협업을 하게 되었다는 소식을 전했을 때 나를 포함한 놀공 멤버들은 깜짝 놀랐다. 박웅현 ECD의 광고와 책을 줄줄 외우고 있을 만큼 열렬한 팬이기 때문이었다.

얼떨떨하고도 흥분된 마음이 가라앉고 나뭇잎은 우수수 떨어지고 스산한 바람이 불던 2012년 11월의 어느 화요일하고도 오전 11시. 박웅현 ECD가 말했던 함께 일하면 재미있을 사람 즉, 카피라이터 김재호 부장님이 『안나 카레니나』를 손에 들고 놀공을 방문했다. 박웅현 ECD가 강독을 하며 『안나 카레니나』를 분석하기 시작했고 놀공은 게임을 통한 경험 디자인을 생각하고 김재호 부장님은 광고를 토대로 아이디어를 내는 새로운 창조 작업이 시작된 것이다. 놀공 사무실에서 처음으로 내뱉은 박웅현 ECD의 말이 아직도 기억에 남는다.

"어처구니없는 일을 합시다!"

『로미오와 줄리엣』이 많은 사람에게 사랑받는 고전이라면 『안나 카레니나』는 좀처럼 손이 가지 않는 책으로 높은 산과 같았다. 톨스토이가 유명한 작가라는 것은 알고 있지만 『안나 카레니나』의 작가가 톨스토이라고 답할 수 있는 사람은 생각보다 드물다. 그리고 읽어 본 사람 중에서도 재미있다 혹은 좋아한다고 말하는 사람은 더욱 찾기 힘들다.

따라서 세 번째 놀공 클래식을 통해 『안나 카레니나』라는 책이 많은 이에게 가깝게 다가가 읽고 싶은 마음이 생기게 하는 것이 제일 큰 목표였다.

200년 전 세상에 처음 『안나 카레니나』가 나왔을 때의 신선한 충격과 감동이 21세기를 살아가는 우리에게도 고스란히 전달될 수 있는 다리를 만들고 싶었다. 그것이 설사 어처구니없는 일이라 할지라도.

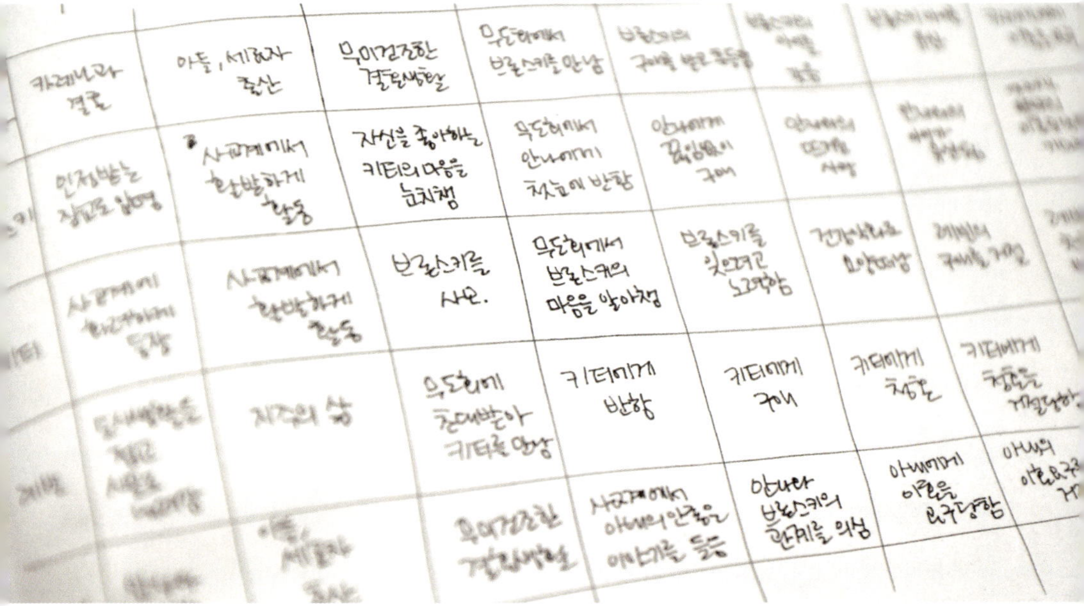

카레니나와 결혼
아들, 세료자 출산
무미건조한 결혼생활
무도회에서 브론스키를 만남
사교계에서 활발하게 활동
자신을 좋아하는 키티의 마음을 눈치챔
무도회에서 안나에게 첫눈에 반함
사교계에서 활발하게 활동
브론스키를 사모.
무도회에서 브론스키의 마음을 알아챔
브론스키를 잊으려고 노력함
무도회에 초대받아 키티를 만남
키티에게 반함
키티에게 구애
키티에게 청혼
지주의 삶
무미건조한 결혼생활
사교계에서 아내의 안좋은 이야기를 들음
안나와 브론스키의 관계를 의심
아내에게 이혼을 요구당함

10
OI
LEVIN
1
COLOR
Anna
ANNA
KARENNA

안나, 읽어보셨나요?

놀공과 TBWA는 2번의 마라톤 회의를 통해 『안나 카레니나』를 독해하는 데 주력했다. 불륜에 빠진 부유층 여성이 파국을 맞는 이야기. 주인공 안나의 이야기는 오늘날 유행하는 막장 드라마의 서사 구조와 다를 바 없지만, 톨스토이의 『안나 카레니나』가 여타의 드라마와 달리 깊은 울림을 주는 것은 톨스토이가 묘사하고 있는 사랑과 불륜이 단편적인 조각에만 그치고 있지 않아서다. 톨스토이는 안나와 상반되는 인물인 레빈을 소설 속에 등장시켰다. 이 두 사람의 상반된 삶이 톨스토이가 말하고자 했던 메시지를 이해하는 데 큰 도움이 되었다.

안나의 삶을 중심으로 바라본 줄거리 하나

때는 200년 전의 러시아. 안나 카레니나가 오빠 부부의 갈등을 중재하기 위해서 페테르부르크에서 모스크바로 오면서 이야기가 시작된다. 누가 봐도 매력적이고 교양 있는 귀족 부인인 안나가 모스크바에 첫발을 내디딘 기차역에는 그녀에게 반한 젊은 장교가 있었다. 그의 이름은 바로 브론스키다. 정부의 고위 간부인 남편과 애지중지하는 아들까지 있는 안나에게 아름답다며 과감하게 구애하는 브론스키에게 안나는 이렇게 답한다.

"그래 봐야 무슨 소용이에요?"

브론스키의 구애에 안나는 왜 정중하게 거절하지 않고 퉁명스럽게 답했을까? 아마도 그녀 안에 끓어오르는 '다른 삶에 대한 동경'을 억누르기 위한 자기방어였을지도 모른다. 브론스키의 존재가 부담스러워진 안나는 모스크바에서 페테르부르크로 예상했던 일정보다 빨리 돌아간다. 그러나 막상 집으로 돌아와 남편의 얼굴을 보니 전에는 눈에 들어오지 않았던 사소한 부분까지 이유 없이 마음에 들지 않았다. 고위 간부로 일하는 안나의 남편, 카레닌은 교과서에나 나올법한 남자다. 카레닌이 안나에게 사랑한다고 말하지만 안나는 혼란스러울 뿐이다.

"이 남자가 사랑이란 단어를 알기나 알까? 영원히 사랑을 모른 채 죽을 거야."

그렇게 안나가 카레닌에게 싫증을 느낄 무렵, 브론스키는 안나가 사는 페테르부르크로 근무지를 옮긴다. 브론스키는 여전히 안나에게 사랑을 표현했고 결국 안나는 브론스키의 유혹에 넘어가고 만다. 상류층 사교계에서 안나와 브론스키의 불륜 소식이 파다하게 퍼지고 급기야 안나는 브론스키의 아이까지 임신한다. 보통의 인간이라면 아내의 불륜을 참을 수 없을 텐데 카레닌은 예상 밖의 행동으로 모두를 당황케 한다. 모든 걸 이해할 테니 이혼만은 하지 말자며 안나를 붙잡는 것이다. 카레닌에게 안나의 불륜보다 참기 힘든 것은 이혼으로 명예가 실추되는 일이었기 때문이다. 카레닌의 애원과 만류에도 불구하고 안나는 가정을 버리고 페테르브루크를 떠나 브론스키의 영지에서 새로운 시작을 준비한다.

불륜으로 낙인 찍힌 두 사람은 사교계에 출입하는 것이 어려워진 것은 물론 사회적으로 점점 고립되어 간다. 안나와 브론스키는 자신들을 둘러싸고 있는 사회적 기반이 사라지자 점점 비참한 느낌을 감출 수 없었다. 안나는 사랑하는 아들과 이별한 것, 카레닌이 이혼에 반대하는 것을 뿌리쳤던 일에 대한 죄책감에 점점 지쳐갔고 브론스키의 사랑이 식어 간다는 사실을 확인하자 절망에 빠진다. 가족과 사랑을 모두 잃은 안나는 슬픔을 극복하지 못하고 브론스키와 처음 만났던 기차역에서 달리는 열차에 몸을 던진다.

레빈의 삶을 중심으로 바라본 줄거리 둘

레빈은 지방의 유지로 가식으로 둘러싸인 사교계를 경멸하는 지식인이다. 이런 그가 젊고 아름다운데다 상류층 자제인 키티를 사랑하게 되면서 자신이 그토록 혐오하던 파티에 조금씩 얼굴을 비추기 시작한다. 오랜 짝사랑 끝에 레빈은 키티에게 청혼을 결심하지만 키티의 눈빛이 브론스키를 바라볼 때마다 흔들리는 것을 발견하고 실의에 빠져 시골로 돌아간다. 한편, 키티는 브론스키와 안나의 스캔들을 알게 되고 그 충격으로 병을 얻는다.

레빈은 시골로 돌아가 자신의 영지에서 농장 경영에 힘쓴다. 농사를 지으며 몸을 쓰고 자연과 하나가 되는 삶을 택한 레빈에게 형 니콜라이가 찾아온다. 니콜라이는 농노개혁을 이끌어 온 지식인으로 레빈에게 진정한 개혁을 위해서 도시로 나가 활동해야 한다고 설득한다. 그러나 니콜라이는 한 번도 농민의 삶을 살아 보거나 진심으로 동화된 적이 없다. 설상가상으로 니콜라이는 불치병에 걸려 죽어 가지만 농민의 삶을 이해하지 못하고 끝까지 탁상공론에만 집중하는 지식인의 한계를 극복하지 못한다. 레빈은 니콜라이를 돌보면서 학문과 삶 사이의 괴리를 깨닫고 인생의 진정한 의미를 다시금 되짚어 본다. 레빈이 번뇌에 휩싸여 있을 때쯤 쇠약해진 몸을 치료하기 위해 시골에서 요양하던 키티와 재회한다. 키티는 레빈의 선한 마음을 아프게 했던 것을 후회하며 용서를 구하고 두 사람은 결혼에 성공해 행복한 가정을 꾸려 나간다.

안나를 바라보는 여섯 가지 시선

고전을 분석하면서 상대방과 생각을 교환하는 시간은 놀공 클래식을 준비하는 과정 중에 가장 흥미로운 시간이다. 놀공 클래식의 준비 과정은 그 자체로도 하나의 문학 장르를 형성할 수 있겠다는 생각도 드는데 『안나 카레니나』도 마찬가지였다. 박웅현 ECD가 먼저 대화를 이끌어 나갔다.

"『안나 카레니나』에는 세 가지 갈등 상황이 있어요. 안나가 겪는 '자살 충동', 안나와 브론스키 사이에서 벌어지는 '금지된 유혹', 카레닌이 원하는 '계획된 삶'이죠. 그리고 이런 갈등은 사람이라면 피할 수 없는 삶의 요소이기도 하죠. 그래서 저는 이 책을 인생의 지도라고 부릅니다. 인생에서 아무도 가르쳐 주지 않는 갈등이 닥쳤을 때 『안나 카레니나』에 등장하는 다양한 인물을 보면서 내가 하는 고민이 나만의 고민이 아니라는 위안을 받는 거죠."

나도 책을 읽으면서 느꼈던 생각을 정리해 보았다. 안나와 레빈 중 어느 한쪽의 인생도 행복하다고 할 수 없고 불행하다고 말할 수 없었다. 안나는 결국 자살을 택했지만 불꽃 같은 사랑에 빠져 세상 누구보다 행복했던 시절이 있었다. 레빈은 안정이 보장된 목가적인 삶을 꾸려 나갔지만 마음속에서 문득문득 식지 않은 열정과 도시의 삶에 대한 동경을 발견하고 괴로워했다. 『안나 카레니나』를 읽으면서 어떤 한 인물을 삶의 롤 모델로 삼아야겠다는 생각보다는 모든 등장인물에 대한 연민과 함께 그들 모두에게 나 자신의 일부를 발견했다.

"안나에게도 내가 있고 브론스키에게도 내가 있고 레빈에게도 내가 있고 알렉세이에게도 내가 있다는 것을 느꼈어요."

지인공은 책을 읽어 보니 10대에 멋모르고 읽었던 감상과 20대에 접어든 후에 읽었던 감상이 전혀 달랐다고 고백했다. 경험이 쌓이고 나니 책에서 내가 했던 고민이 보였고 책장을 넘길수록 등장인물이 겪는 갈등이 현실의 인간관계를 그대로 반영하고 있어 잠이 오지 않았다고 했다. 그러다 책을 읽는 이유란 바로 이런 것이라는 결론에 도달했다고 한다.

"끊임없이 자신에게 질문을 던지고 그 질문에 밤잠을 설치는 것. 고전을 읽는 이유는 이것만으로도 충분하지 않을까요?"

정답을 찾기 위해서가 아니라 질문을 찾기 위해서 우리는 책을 읽는지도 모르겠다. 책이 던지는 질문을 통해 계속 고민하고 갈팡질팡하는 것을 두려워하지 않는다면 험난한 이 세상을 버텨낼 힘이 생기지 않을까? 애련공도 책을 읽고 고민하며 밤잠을 설치는 것에 대한 필요성을 공감했다. 게다가 행복의 잣대는 그 누구도 아닌 '나'여야 한다는 평범한 진리를 『안나 카레니나』를 통해 다시금 알게 되었다고 했다.

"행복의 기준은 무엇일까요? 나의 행복을 타인의 것과 비교하면서 살아가는 인생은 정말 안쓰럽지 않은가요?"

애련공은 한 가지 의견을 덧붙였다. 사람들은 모두 겉으로 보기에는 하나같이 행복해 보이지만 들여다보면 누구나 불행을 안고 살아간다고. 여여하게 삶을 살아내기란 힘든 일이겠지만 좋거나 나쁜 일은 나에게만 일어나는 유별난 일이 아니라고 200년 전의 톨스토이는 지금도 안나를 통해 들려주고 있다고 말이다. 『안나 카레니나』를 영화로 먼저 접했던 피터공은 브론스키와 안나가 기차역에서 재회하는 장면에서 안나가 짓던 표정이 인상적이었다고 했다. 브론스키를 발견한 안나는 아주 찰나였지만 얼굴 가득 세상에서 가장 행복한 미소를 보이지만 이내 현실을 직시하고 어두운 표정을 지었다고 한다. 피터공은 이 장면이 안나의 의식이 무의식을 통제하지 못하고 본능적으로 브론스키를 택했다는 것을 잘 표현한 것 같다고 설명했다.

"우리는 자신이 처한 상황에 따라서 이성과 도덕을 통제하고 있다고 생각하지만 현실은 무엇 하나 제대로 선택할 수 없는 상태일 때가 더 많지요. 안나는 소설 속에서는 물론 영화 속에서도 자신이 처한 상황을 통제할 수 있으리라 믿었지만 전혀 그렇지 못했죠. 안나의 그 막막한 심경을 게임으로 만든다면 강렬하지 않을까요?"

김재호 부장님은 거듭해서 영화화되는 『안나 카레니나』가 단순한 러브스토리로 포장되는 것에 대해서 안타까움을 털어놓았다. 또한 표면적으로 드러나는 불륜이라는 자극적인 소재를 버리고 인생에 대한 깊이를 담아내야 한다고 놀공 클래식의 방향을 제시하기도 했다. 인간관계에서 비롯되는 다양한 갈등, 명예에 대한 욕망, 삶에서 필연적으로 따라오는 선택의 갈림길 등이 모두 책 안에 녹아 있음을 거듭해서 강조했다.

"레빈과 키티, 카레닌과 니콜라이 등 다양한 인간 군상이 작품의 깊이를 만들어 준다고 봐요."

이렇게 『안나 카레니나』를 둘러싼 여섯 개의 시선이 눈빛 교환을 마쳤다. 시간 가는 줄도 모르고 이어졌던 토론에 모두가 녹초가 되고 누가 무슨 이야기를 했는지 기억조차 가물가물했지만 왠지 모를 뿌듯함을 느꼈고 이 뿌듯함이 아직 『안나 카레니나』를 읽지 않은 독자에게, 오래전에 읽고 책장 어딘가에 박아 놓은 채 잊고 있는 독자에게 전달된다면 좋겠다는 마음만은 제대로 공명했다.

둥글게 둥글게
안나 매직 서클을 만들어라

『안나 카레니나』를 말 그대로 탈탈 털어 버리고 나자 놀공이 고전을 게임으로 변신시키기 위해 이리저리 조립하면서 재미있게 놀 순서가 왔다. 게임은 철저하게 계산된 경험 안에서 플레이어가 선택하고 그 선택이 결과에 직접적인 영향을 미치도록 설계되어야 한다. 나의 선택이 어떤 결과가 되어 돌아오는지에 대한 확실한 인지가 게임에 매료되는 가장 큰 이유이기 때문이다. 게임의 특성을 활용해 『안나 카레니나』와 결합한다면 어떤 일이 벌어질까? 게임이라는 틀 안에서 우리가 살면서 겪는 삶의 진중한 고민과 첨예한 갈등을 체험하고 선택에 따른 결과를 즉각적으로 보여준다면 『안나 카레니나』는 더욱 흥미로운 텍스트가 될 것 같았다. 사람들이 『안나 카레니나』가 만드는 매직 서클 안으로 들어오게 하는 방법을 고민하면서 몇 가지 프로토타입 게임을 만들었다.

텍스트로 가득한 『안나 카레니나』를 파헤치던 우리는 등장인물을 나열하고 각 인물이 지닌 갈등과 갈등의 깊이를 객관적인 수치로 만들어서 카드로 만들었다. 주관적인 갈등을 객관적으로 표현하기가 쉽지는 않았지만 소설의 작은 부분까지 다시 되짚어 볼 수 있었다. 플레이어는 게임 속에서 부여받은 갈등 카드를 버리기 위해 노력하고 그 과정에서 자신이 선택하는 가치를 모아서 승리하는 방식으로 게임을 설계했다. 자신의 캐릭터가 가진 여러 가지 갈등 상황을 비교해서 우선순위를 정하고 가치를 선택해야 하는 상황에 놓였다는 점에서 『안나 카레니나』 속 등장인물을 고르게 이해할 수 있으리라 생각했다. 몇 차례의 팅커링 프로세스 과정을 통해 캐릭터의 갈등을 조금 더 감정적으로 경험할 수 있는 요소가 필요하다는 의견이 나왔다.

보드 게임 형식으로 만들었던 프로토타입을 넘어서 플레이어가 조금 더 강력하게 감정을 체험하는 방법을 고민하기 시작했다. 여러 방법을 모색하던 차에 감정이 격해지는 것은 특별히 연출된 공간에서가 아니라 일상적인 공간이라는 의견이 나왔고 사람들에게 가장 친숙하면서도 일상적인 공간으로 『안나 카레니나』를 끌어오자는 결론에 다다랐다. 시간의 제약을 받지 않으면서도 손쉽게 접근할 수 있는 그런 공간이 어디 없나 주변을 살피고 또 살피다 보니 우리에게 너무나 익숙한 공간이 보였다. 바로 스마트폰이었다. 늘 손에서 놓지 않는 스마트폰 속으로 안나를 불러들이면 무궁무진한 방법으로 사람들의 감정을 끌어낼 수 있을 것 같았다.

게임이 시작되면 참가자들은 남녀가 한팀이 되어 부부가 된다. 어떻게 짝을 이루었는지는 공개적으로 명시되고 부부가 된 사람들에게 해야 할 일을 스마트폰으로 전송했다. 개발 과정에서는 게임의 규칙이나 방향의 변화가 수시로 있을 수 있기 때문에 게임의 아이디어를 가능한 한 빨리 실험하는 것이 좋다. 프로그램을 개발하여 정식 애플리케이션을 만드는 것도 방법일 수 있지만 그렇게 되면 실행에 이르기까지 지나치게 많은 시간과 노력이 필요하다. 또한 플레이어의 움직임에 따라 조금씩 모습이 변하다 보면 마지막에는 전혀 예상치 못했던 새로운 게임이 완성되기도 한다.

『안나 카레니나』를 게임으로 만들기 위해서 지금 당장 할 수 있는 방법 중에 택한 것이 바로 모바일 기기와 SNS였다. 이 두 가지 기반을 활용해 간단한 규칙만 있던 게임이 조금씩 변했고 마침내 새로운 게임이 나왔다. 게임에 참여한 사람들은 자신의 의지에 따라 파트너와 부부 생활을 이어

갈 수도 있었고 포기할 수도 있었다. 가상이기는 했지만 게임을 하는 동안에는 배신감과 분노, 짜릿함과 긴장감 등의 감정이 오갔고 가치가 맞는 사람들은 관계를 진전시켜 나갔다. 게임이 모두 끝났을 때 확인해보니 처음부터 끝까지 관계를 유지한 사람도 있었고 수시로 바꾼 사람도 있었다. 참가자들은 승패가 있는 게임이 아니었기 때문에 더욱 자유롭게 선택할 수 있었고 그 과정에서 다양한 감정을 느꼈다고 후기를 전했다. 물론 모두가 놀공이 설계한 『안나 카레니나』의 매직 서클 안에서 게임을 즐긴 것은 아니었다. 좀처럼 매직 서클 안으로 들어오지 못하는 사람도 있었다. 이것은『안나 카레니나』가 놀공 클래식으로 성공적인 변신을 꾀하느냐 그렇지 못하느냐가 달린 중요한 문제였다. 좀 더 강력한 매직 서클을 위해 프로

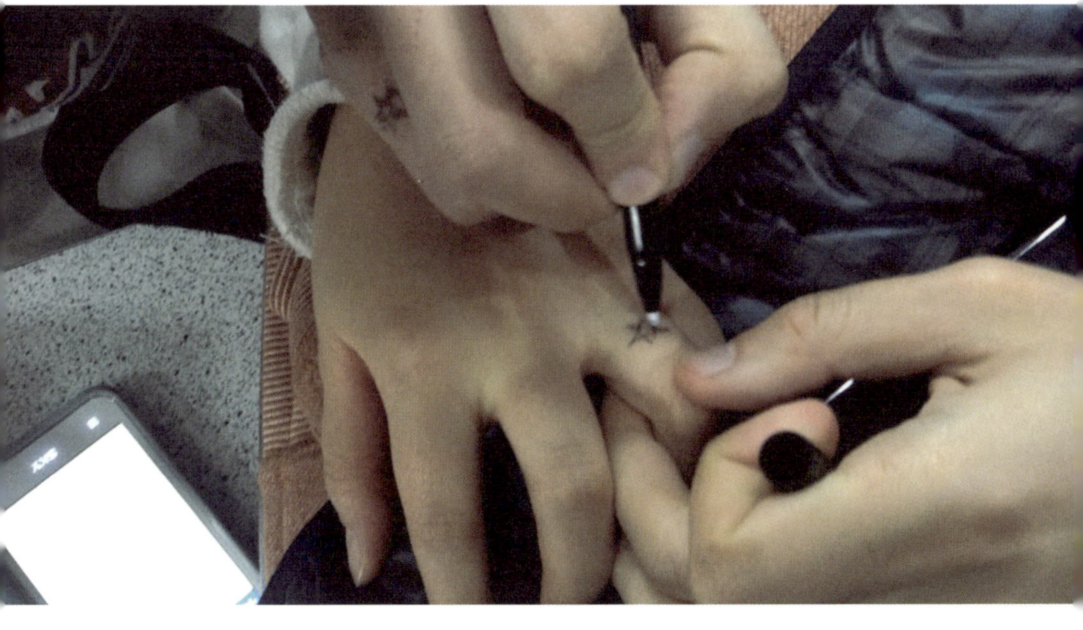

토타입의 게임을 계속 고안해 냈고 '안나 카레니나 이야기 카드'와 '톨스토이에게서 온 엽서' 등의 게임을 만들었다. 이렇게 수차례 프로토타입의 게임을 만들다 보니 어느덧 역대 최다 개수의 프로토타입 게임이 탄생했다. 수십 개의 게임을 쏟아 내면서 우리는 『안나 카레니나』라는 거대한 산을 정복해 가는 느낌을 받았다. 이제 고지가 보이는 듯했고 최종 버전을 제작할 즈음 어느새 해가 바뀌었고 놀공과 TBWA는 막바지 회의에 열을 올리고 있었다. 피터공이 고민이 가득한 얼굴로 이야기를 시작했다.

"우리의 프로젝트는 안나와 오늘을 살아가는 우리 사이에 매직 서클을 만들어 주는 일입니다. 온라인이나 오프라인에 상관없이 강한 몰입을 느낄 수 있어야 해요."

박웅현 ECD는 다시 한 번 새로움을 강조했다.

"수많은 게임 중의 하나가 아닌, 완전히 새로운 것을 만들어야 해요. 좀 더 넓게 생각하고 새로운 근육을 써보도록 하죠."

애련공은 『안나 카레니나』를 읽으면 결혼한 사람, 아이가 있는 사람, 이혼한 사람은 물론 미혼인 사람까지 각자 자신이 처한 상황에 따라서 모두 다른 생각을 하게 될 것이고, 그처럼 다양한 생각을 주고받을 수 있는 경험이 만들어졌으면 한다고 했다. 나 역시 비슷한 생각이었다. 『안나 카레니나』에 등장하는 모든 인물에게서 나의 일부분을 발견했다. 지인공도 말을 받았다.

"365일 내내 하루에 하나씩 『안나 카레니나』가 던지는 질문에 답한다면 책을 읽지 않아도 독파한 것이나 다름없지 않을까요?"

카피라이터인 김재호 부장님이 지인공이 말한 365라는 숫자에 뭔가 감이 왔다는 느낌의 표정을 지었다.

"성경책보다 두꺼운 3권의 책을 365개의 질문으로 만들어 봐요!"

40개의 질문과 마주하다

질문을 뽑아내는 것으로 방향이 정해지자 놀공과 TBWA는 너나 할 것 없이 폭발적으로 작업하기 시작했다. 박웅현 ECD와 김재호 부장님은 『안나 카레니나』를 읽고 또 읽으면서 등장인물들의 갈등 상황을 질문으로 만들었다. 그렇게 만들어진 질문은 총 40개였다. 브론스키의 유혹에 휘둘리는 안나의 감정선을 반영한 질문이 있는가 하면 '풀이 자라나는 것을 본 적이 있는가?'처럼 그동안 살아온 모든 기억을 되살려야 하는 질문도 있었다. 이러한 질문을 하나로 묶는 카피가 김재호 부장님의 손에서 나왔다. 200년 전, 러시아의 문호가 시공간을 넘어서 2013년을 살아가는 나에게 질문을 한다는 우리의 목표가 실현되고 있었다.

"톨스토이가 묻습니다."

40개의 질문을 토대로 다시 한 번 프로토타입 게임을 제작했다. 질문이 프린트된 카드를 준비하고 테이블에 4명에서 6명 정도의 플레이어가 모여 앉는다. 한 번에 하나의 카드만을 뒤집는데 질문에 동의하면 파란색 말, 동의하지 않으면 빨간색 말을 내기로 하고 질문에 각자 답을 한다. 이때 소수 의견을 낸 사람은 자신이 왜 그런 생각을 했는지 말하고 그 의견을 듣고 선택을 바꾸는 사람과 끝까지 반박하는 사람이 게임을 주도한다. 총 40개의 카드를 모두 뒤집고 나면 서로의 가치관과 삶을 살아가는 방식에 대해서 좀 더 깊이 알 수 있었고, 평소에는 잘 생각하지 않는 내용이 질문에 포함되어 있어서 많은 생각을 할 수 있었다.

여기서 또 한 가지 의미 있는 발견을 했다. 질문 카드 중에서 대답하기가 꺼려지는 내용이 있으면 다수 의견에 동참하거나 솔직한 생각을 감추는 듯한 느낌을 받은 것이다. 물론 여기서 자신의 속마음을 감추려 하는 태도를 비난하는 것이 아니다. 사람들은 질문을 앞에 두고 어쩌면 익명성이 보장되었을 때 더 진정성을 갖고 생각할 기회를 얻을 수 있으리라 여겨졌고 다른 사람의 대답과 어떤 식으로든 연결되고 싶어 한다는 점을 알게 되었다. 프로토타입 게임을 통해 플레이어들은 40개의 질문에 모두 답을 했지만 놀공과 TBWA는 또 하나의 질문을 마주했다.

“이런 경험을 많은 사람이 하는 방법은 없는 걸까?”

톨스토이가 우리에게 던지는 마지막 질문이었다.

마침내
톨스토이가 묻습니다

두 번째 프로토타입에서는 디지털 장비를 이용하기로 했다. '익명성'과 '연결'이라는 두 가지 키워드를 충족시키기 위해서는 웹을 이용하는 것이 가장 효과적이었기 때문이다. 놀공의 콜라보레이터인 김승범 님이 전체 웹 프로그램 개발을 담당하기로 했다. 이렇게 한창 웹 프로그램을 만들고 질문을 다듬어가고 있을 때 2013년 3월에 열린 정신건강박람회에서 박웅현 ECD께 강연 요청을 해 왔다. 박웅현 ECD는 놀공과 공동 작업하고 있던 '톨스토이가 묻습니다'를 소개했고 강연과 더불어 체험형 부스를 운영할 기회를 마련해 주셨다. 몇몇 사람들의 머릿속에서만 떠돌던 아이디어가 대중에게 선보일 첫 번째 접점이 생겼고 이를 발판 삼아 박람회장에 적합한 부스를 설계하면서 '톨스토이가 묻습니다'는 제대로 된 옷을 입기 시작했다.

여러 부스가 줄지어져 있는 박람회장에서 '톨스토이가 묻습니다'에 몰입하게 하려면 어떤 공간을 만들어야 하는지 파악하기 위해서 놀공 멤버들은 박람회장을 답사하며 공간의 느낌과 소음을 측정하기 시작했다. 정신건강박람회는 정신 건강에 해로운 자살, 중독, 치매 예방 등 실질적인 정보와 도움을 주고받는 부스들이 많았다. 주제가 주제인 만큼 관람객들을 배려해 조용하고 차분한 분위기를 유지하는 것이 놀공이 그동안 보아왔던 '어수선한 박람회장'과는 사뭇 다른 모습이었다. 박람회장의 분위기와 '톨스토이가 묻습니다'의 목적을 고려한 공간 디자인 방향을 잡아나갔다.

'톨스토이가 묻습니다'의 부스는 관람객에게 상담과 진단처럼 실질적인 도움을 줄 수 있는 곳은 아니었다. 자연스럽게 인문학적으로 지금 내가 처한 현실을 환기하는 것이 부스를 설치하는 목표가 되었다. 또 관람객의 동선과 시간도 고려해야 했다. 앞서 진행된 두 번의 놀공 클래식처럼 게임을 하기 위해 작정하고 오는 사람이 아니라는 것도 변수였다. 박람회를 찾는 관람객은 커다란 공간을 돌아다니면서 단시간에 많은 정보를 알아가기 위해 바쁘게 움직일 것이다. 관람객이 '톨스토이가 묻습니다'의 부스 안에 머무는 짧은 시간 안에 인문학과 게임, 디지털의 교차점으로 인도해야 했다. 새롭지만 간단한 방법으로 말이다. 즉각적인 정보와 도움을 주는 단체의 부스와 전혀 다른 맥락의 부스라는 것을 한눈에 인식시키면서 예술적인 감성을 놓치지 않는 디자인 작업에 들어갔다.

대형 스크린과 빔프로젝터, 태블릿 PC 등 다양한 디지털 기기를 사용하자는 의견이 나왔지만 디지털의 차가운 느낌만으로 '톨스토이가 묻습니다'

의 부스를 채우기에는 아쉬웠다. 각자 여러 아이디어를 내놓기 시작했는데 애련공의 한 마디에서 실마리를 찾았다.

"19세기 러시아 상류층의 무도회장을 연상시키면 좋겠어요."

이윽고 피터공이 각종 레퍼런스를 찾았고 아이디어에 살을 붙여서 천으로 공간을 장식하자는 구체적인 방법론이 나왔다. 하늘하늘한 천이 공간을 분리하고 그 안에 있으면 '톨스토이가 묻습니다'라는 부스를 찾은 관람객은 그 공간에서 개인적인 영역을 확보하게 되는 것이다. 한창 아이디어를 발전시켜 나가던 중에 현재 예산으로는 디지털 기기를 충분히 확보하는 것에 어려움이 있다는 것을 알게 되었다. 디지털 기기를 설치하는 것이 불가능해지자 지금껏 쌓아왔던 공간 설계가 모두 수포로 돌아갈 위기에 처했다. 디지털이 아니라면 아날로그가 답인 법이다. 디지털 기기 화면에 구현하려고 했던 하늘거리는 천의 느낌을 실제 천으로 대체하고 그 천에 직접 질문을 프린트하는 것으로 돌파구를 찾았다. 마치 책으로 들어가는 것처럼 관람객들이 『안나 카레니나』를 향해 걸어오는 풍경을 상상하며 스케치를 하고 이야기를 이어 나갔다.

"현수막에 톨스토이의 『안나 카레니나』를 100배의 스케일로 확대해서 출력하는 거예요. 천을 그저 장식적인 용도로 사용하는 것에 그치지 않고 그 자체가 공간을 연출하면서 메시지도 담는 거죠. 『안나 카레니나』의 책을 한 페이지씩 뜯어서 그것을 재료 삼아 미로처럼 공간 디자인을 하는 거예요. 그렇게 된다면 사람들은 페이지 사이에서 헤매게 되겠죠. 톨스

토이가 던지는 질문의 미로 속으로 걸어 들어가며 문장들을 읽는 거예요.”

예산의 제약은 오히려 아이디어를 자극했으니 이런 것을 두고 새옹지마塞翁之馬라고 하는 것 같다. 디지털 기기를 배제하니 오히려 언제 어디서든 설치가 가능한 형태로 완성되었으니 일석이조一石二鳥인 것도 같다. 놀공 역사상 가장 많은 프로토타입 게임을 내고 가장 깊이 있는 회의를 통해 탄생한 ‘톨스토이가 묻습니다’는 행사가 시작되기 하루 전인 4월 11일, 정체불명의 부스가 코엑스 홀에 세워지며 마침내 세상에 나왔다.

안나의 마법이 시작되었다

솔직히 고백하건대 시간이 부족해 박람회 전날 부스를 설치할 때까지도 이 프로젝트가 사람들에게 어떤 반응을 얻게 될 것인가에 대한 정확한 감이 오지 않았다. 박람회장에서 예상치 못한 일이 벌어질 가능성은 얼마든지 있었고 정보를 구하러 온 사람들에게 '톨스토이가 묻습니다'가 귀찮은 일이 되면 어쩌나, 기대했던 반응을 끌어내지 못하면 어떻게 대처해야 하나 걱정이 한둘이 아니었다. 그래도 우리는 놀공이니까 걱정보다는 일단 해 보는 것이 놀공다운 태도였다.

떨리는 마음을 감추고 관람객이 찾아오기를 기대했다. 결과는 모든 우려를 깨고 박람회를 통틀어 가장 신선하고 깊이 있는 체험이었다고 말하는 관람객의 반응이 대다수였다. 부스로 사람이 들어서면 자연스럽게 살랑거리며 흔들리는 천 때문에 오히려 공간이 매력적으로 보였고 흔들리는 천

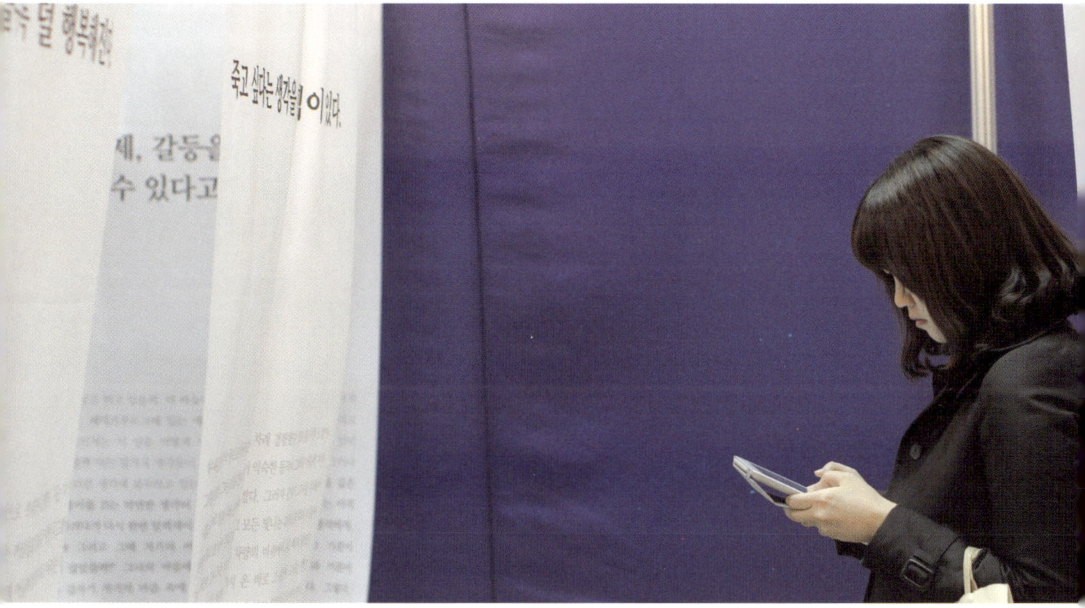

을 보는 것만으로도 마음이 흔들리는 것 같다는 사람도 있었다.

우리는 원작의 방대한 콘텐츠를 일방적으로 전달하기보다 관람객의 마음을 열고 삶의 이야기를 끌어낼 수 있는 톨스토이의 묵직한 돌직구를 관람객에게 던졌다. 짧은 시간이었지만 관람객의 삶은 『안나 카레니나』 속 등장인물의 삶과 만나면서 연결되었고 강한 몰입의 순간을 만들었다. 우리는 오랜 시간 동안 발걸음을 떼지 않던 사람, 눈물을 글썽이는 사람, 함께 온 이와 나지막하게 이야기하는 사람, 결과를 유심히 지켜보는 사람들의 모습을 흥미롭게 바라보았다.

톨스토이가 묻습니다

날짜 2013년 4월12일 ~ 13일

장소 코엑스B홀, 2013 정신건강박람회

Creator 피터공, 애련공, 지인공, 은현공, 효정공, 창수공, 도윤공

Collaborator TBWA

"결혼한 당신에게 정우성을 닮은 남자가 다가온다면?"

"사랑하지 않아도 결혼 생활을 유지할 수 있을까?"

"나는 나의 재산에 만족하는가?"

"삶의 복잡한 문제와 갈등을 죽음이 해결할 수 있다고 생각하는가?"

3권에 달하는 두꺼운 대하드라마를 읽을 엄두가 나지 않는다 하더라도 톨스토이가 당신에게 묻는 40가지 질문에 답할 수는 있다. 톨스토이가 『안나 카레니나』를 통해 던지는 질문에 대답하다 보면 200년 전 러시아 귀족 부인 안나의 고민과 오늘을 사는 우리의 고민이 별반 다르지 않다는 것을 발견할 수 있을 것이다. 지금 내가 처한, 어쩌면 처하게 될 고민이 유난스러운 것이 아니라는 사실에 위안을 받았으면 한다.

톨스토이가 묻습니다 설계도

☞ 참여 인원

· 제한 없음

☞ 진행 인원

· 2~4명

☞ 진행 방법

1. 입구에서 진행자의 안내에 따라 모바일 디바이스를 받고 설문 사이트에 접속한다.

2. 모바일 디바이스 화면에 '톨스토이와 속 깊은 소통을 위해 먼저 간단한 내용을 입력해 주세요. 실명인증은 절대 필요 없습니다'라는 안내문이 나온다.

3. 개인정보를 입력한다.
   1) 성별 (남/여)
   2) 연령대 (10대/20대/30대/40대/50대 이상)
   3) 결혼 상태 (기혼/미혼)

4. 아래의 항목 중 한 가지 상황을 선택한다.
   1) 결혼한 당신에게 톨스토이가 묻습니다 1
   2) 결혼한 당신에게 톨스토이가 묻습니다 2
   3) 결혼과 사랑에 대해 톨스토이가 묻습니다
   4) 관계에 대해 톨스토이가 묻습니다

5) 나에 대해 톨스토이가 묻습니다
6) 삶에 대해 톨스토이가 묻습니다

5. 모바일 디바이스에 화면이 나온다. 지시하는 페이지를 부스에서 찾아가 해당 질문을 읽고 모바일 디바이스로 설문에 응답한다.

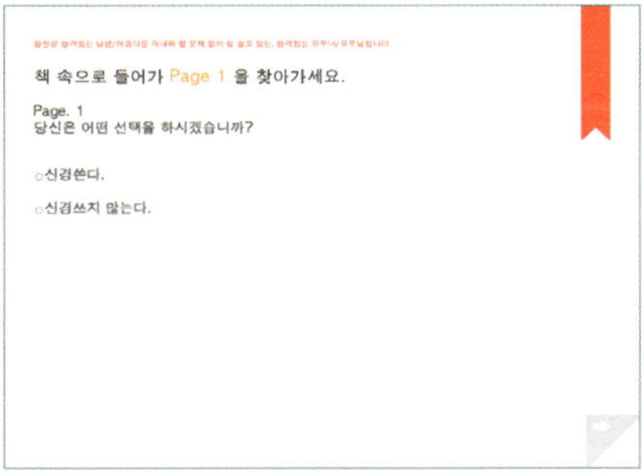

6. 다음 버튼을 누르면 내 선택과 같은 선택을 한 사람의 숫자, 성별, 연령대 결과가 나온다. 설문에 계속 응답하려면 다음 페이지를 누른다.

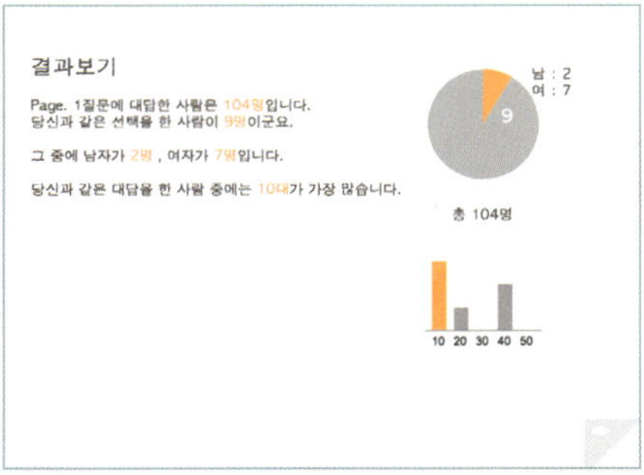

등장인물 - 안나

☞ **주의 사항**

사람을 매혹하는 미모와 매력, 감수성, 교양을 모두 겸비한 여인.

☞ **일생일대의 갈등**

눈에 넣어도 아프지 않을 아들, 모든 걸 바쳐 사랑했던 남자, 나를 놓아주지 않는 남편을 남겨두고 생을 마감할 것인가, 말 것인가?

등장인물 – 카레닌

☞ **주의 사항**

어릴 적부터 가족에 대한 결핍을 가지고 있어 사랑을 주고받는 일에 익숙하지 않음.

☞ **일생일대의 갈등**

자신을 사랑하지 않는 부인과 부인의 내연남이 요구하는 이혼 서류에 도장을 찍을 것인가, 말 것인가? 다른 남자와 바람난 부인이 그 남자의 아이까지 임신했다. 사랑하지 않아도 결혼 생활을 유지할 것인가, 말 것인가?

등장인물 - 브론스키

☞ **주의 사항**

엄친아 스타일로 인생에 두려울 것이 없다.

☞ **일생일대의 갈등**

자신의 명예와 출세의 길을 버리고 유부녀인 것 말고는 모든 게 완벽한 이 여인과 평생을 함께할 것인가, 말 것인가?

등장인물 - 레빈

☞ **주의 사항**

사색을 즐기고, 학문을 갈고닦는 선비 같은 사람이지만 좋아하는 여자 앞에서는 한없이 수줍어한다.

☞ **일생일대의 갈등**

도시, 속세와 담을 쌓고 자연에서 홀로 지낼 것인가, 말 것인가?

등장인물 - 키티

☞ **주의 사항**

예쁜 부잣집 아가씨. 마음이 약해 이끌어 주는 사람이 필요하다.

☞ **일생일대의 갈등**

그 누구보다 자신을 사랑하는 레빈의 청혼을 받을 것인가, 말 것인가?

등장인물 – 니콜라이

☞ **주의 사항**

말로 개혁을 도모하는 지식인. 불치병에 걸려 삶을 방관하고 있다.

☞ **일생일대의 갈등**

지식과 현실의 차이를 어떻게 받아들일 것인가?

톨스토이가
묻 습 니 다
톨스토이가
묻 습 니 다

톨스토이가
묻습니다.

결혼한 당신에게 톨스토이가 묻습니다 1

Q. 오랜만에 낯선 이성도 오는 모임에 나갈 때 당신이라면 옷차림에 신경을 쓰겠는가?

1) 신경 쓴다 2) 신경 쓰지 않는다

1번 선택: 남자94%, 여자93% 2번 선택: 남자6%, 여자7%

Q. 그 모임에서 정우성을 닮은 남자와 (남자의 경우, 김태희를 닮은 여자와) 눈이 마주쳤다. 상대방도 나를 예사롭지 않은 눈빛으로 보는 것 같다. 당신이라면?

1) 가볍게 웃는다   2) 시선을 피한다

1번 선택: 남자73%, 여자74%   2번 선택: 남자27%, 여자26%

Q. 정우성 닮은 남자가(남자의 경우, 김태희 닮은 여자가) 내 배우자보다 더 나를 존중하고 이해해주고 있다는 느낌이 든다. 당신이라면?

1) 적당한 선을 지키며 긴장감을 즐긴다

2) 더 이상 다가오지 못하게 차갑게 대한다

1번 선택:남자94%, 여자93%   2번 선택: 남자6%, 여자7%

Q. 정우성 닮은 남자가, 능력도 있고, 젊고, 매력적이고 내가 유부녀인 것도 알고, 나를 만나면 자신이 희생해야 하는 것도 알면서 나에게 고백을 한다. 남자의 경우, 김태희 닮은 여자가, 예쁘고, 똑똑하고, 착하고, 요리도 잘하고, 내가 유부남인 것도 알고, 자신이 희생해야 하는 것도 알면서 나에게 고백을 한다. 당신이라면?

1) 진정한 사랑이라 믿고 가정을 버리고 그/그녀에게로 간다

2) 가정을 버릴 수 없으므로 그/그녀를 떠난다

1번 선택: 남자30%, 여자17%   2번 선택: 남자70%, 여자83%

Page. 23
나는 다른 사람의 행복에 무관심한 편이다.
Page. 33
죽고 싶다는 생각을 한 적이 있다.

Page. 35

결혼한 당신에게
톨스토이가 묻습니다 2

Q. 어느 순간부터 배우자의 저녁 외출이 일주일에 1번에서 2번, 3번으로 늘어나고 있다. 당신이라면?

1) 사태를 관망한다 2) 배우자에게 진실을 추궁한다

1번 선택: 남자63%, 여자61% 2번 선택: 남자37%, 여자39%

Q. 어느 날, 내 배우자가 다른 사람을 사랑한다는 충격적 고백을 한다. 사회적 체면을 중요하게 생각하는 당신이라면?

1) 이혼은 절대 안 된다 2) 바로 이혼이다

1번 선택: 남자42%, 여자29% 2번 선택: 남자58%, 여자71%

Q. 그런데 심지어 아내가 다른 남자의 아이를 임신했다. 여자의 경우, 남편과 바람난 여자가 남편의 아이까지 임신했다. 당신이라면?

1) 이혼은 절대 안 된다 2) 바로 이혼이다

1번 선택: 남자24%, 여자20% 2번 선택: 남자76%, 여자80%

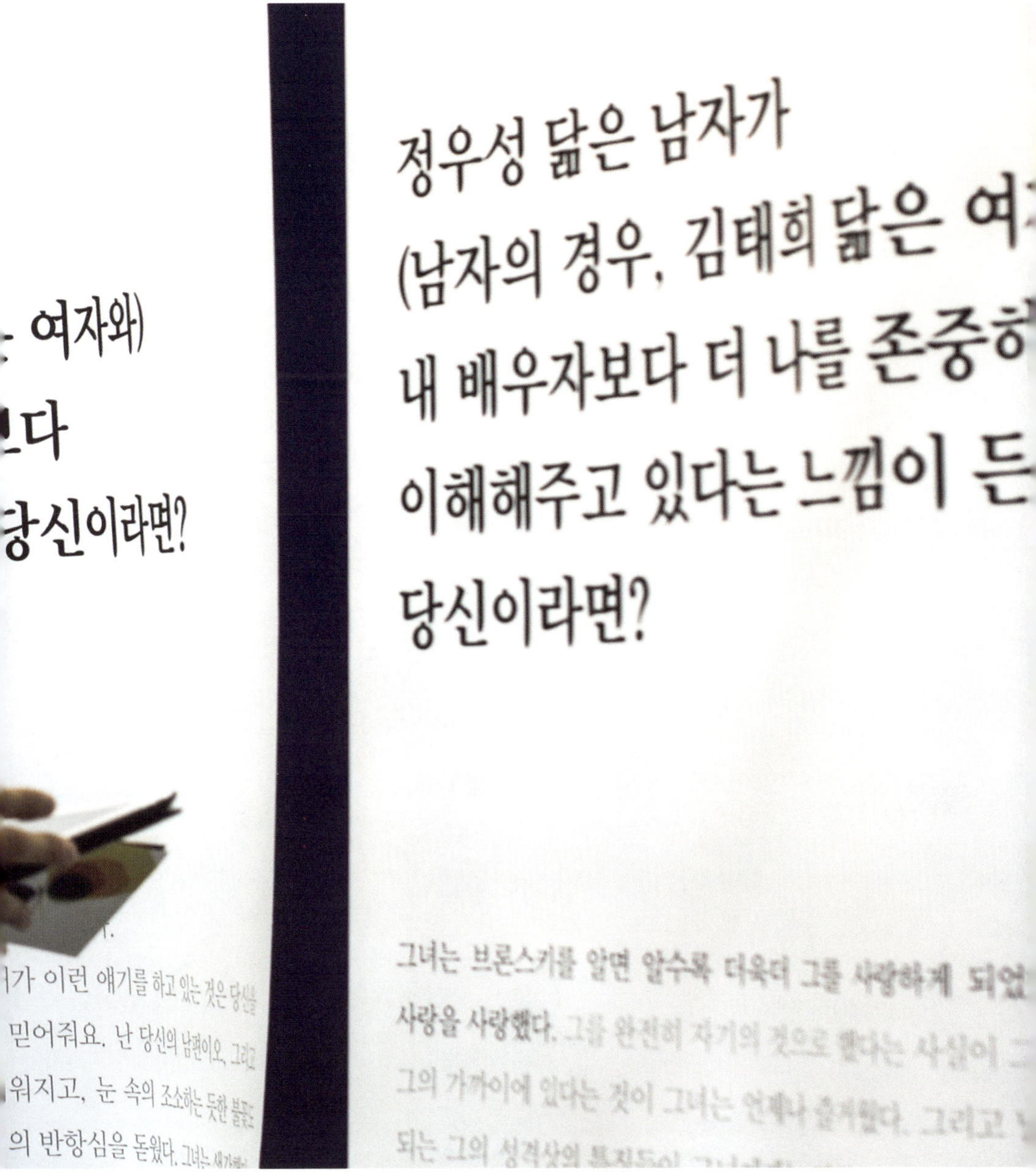
여자와)
당신이라면?
가 이런 얘기를 하고 있는 것은 당신을
믿어줘요. 난 당신의 남편이오, 그리고
워지고, 눈 속의 조소하는 듯한 불꽃
의 반항심을 돋웠다.
정우성 닮은 남자가
(남자의 경우, 김태희 닮은 여
내 배우자보다 더 나를 존중하
이해해주고 있다는 느낌이 드
당신이라면?
그녀는 브론스키를 알면 알수록 더욱더 그를 사랑하게 되었
사랑을 사랑했다. 그를 완전히 자기의 것으로 했다는 사실이
그의 가까이에 있다는 것이 그녀는 언제나 즐거웠다. 그리고

결혼과 사랑에 대해
톨스토이가 묻습니다

Q. 결혼 후 다른 이성의 시선을 의식하고 외모에 신경을 쓰는 건 잘못된 것인가?

1) 그렇다　2) 아니다

1번 선택: 남자16%, 여자15%　2번 선택: 남자84%, 여자85%

Q. 사랑하지 않아도 결혼생활을 유지할 수 있다.

1) 그렇다　2) 아니다

1번 선택: 남자53%, 여자47%　2번 선택: 남자47%, 여자53%

Q. 사랑을 위해 자녀를 버릴 수 있는가?

1) 버릴 수 있다　2) 버릴 수 없다

1번 선택: 남자21%, 여자16%　2번 선택: 남자79%, 여자84%

Q. 사랑 없는 결혼과 부도덕한 사랑 중 반드시 하나를 선택해야 한다면 당신의 선택은?

1) 사랑 없는 결혼　2) 부도덕한 사랑

1번 선택: 남자51%, 여자44%　2번 선택: 남자49%, 여자56%

Page.21
나는 겉으로는 잘
이지만
속으로는
다.

Page. 22
내 주위에는 싸움도 하기 싫을 만큼
싫은 사람이 있다.

관계에 대해
톨스토이가 묻습니다

Q. 나는 겉으로는 잘 지내는 편이지만 속으로는 무시하는 사람이 있다.

1) 있다　2) 없다

1번 선택: 남자89%, 여자82%　2번 선택: 남자11%, 여자18%

Q. 내 주위에는 싸움도 하기 싫을 만큼 싫은 사람이 있다.

1) 있다　2) 없다

1번 선택: 남자73%, 여자68%　2번 선택: 남자27%, 여자32%

당신에 대해
톨스토이가 묻습니다

Q. 나는 나의 재산에 만족한다.

1) 그렇다　2) 아니다

1번 선택: 남자30%, 여자27%　2번 선택: 남자70%, 여자73%

Q. 나는 나의 지능에 만족한다.

1) 그렇다　2) 아니다

1번 선택: 남자53%, 여자42%　2번 선택: 남자47%, 여자58%

대해
이가 묻습니다.

수록 덜 행복해진다.

삶에 대해
톨스토이가 묻습니다

Q. 죽고 싶다는 생각을 한 적이 있다.

1) 있다 2) 없다

1번 선택: 남자64%, 여자71% 2번 선택: 남자36%, 여자29%

Q. 삶의 복잡한 문제, 갈등을 죽음이 해결할 수 있다고 생각한다.

1) 그렇다　2) 아니다

1번선택: 남자29%, 여자21%　2번선택: 남자71%, 여자79%

Q. 가족 중 한 사람이 심각한 병에 걸려 얼마 살지 못한다.
아픈 가족에게 삶을 정리할 수 있도록 죽음에 대해 알려줄 것인가?
끝까지 희망을 가질 수 있게 밝고 건강한 이야기만 할 것인가?

1) 죽음에 대해 솔직히 말한다　2) 끝까지 희망을 심어준다

1번 선택: 남자70%, 여자69%　2번 선택: 남자30%, 여자31%

Q. 풀이 자라는 것을 듣거나 본 적이 있다.

1) 있다　2) 없다

1번 선택: 남자60%, 여자69%　2번 선택: 남자69%, 여자31%

Q. 내 행복과 불행 중 다른 사람이 겪는 것보다 특별하다고 생각하는 것은?

1) 내 행복은 다른 사람들의 행복에 비해 특별해
2) 내 불행은 다른 사람들의 불행에 비해 특별해

1번 선택: 남자50%, 여자57%　2번 선택: 남자50%, 여자43%

안나가
마음에 던진
돌멩이 하나

'톨스토이가 묻습니다' 진행자 후기

순간의 선택이 인생 전체의 희극과 비극을 결정한다면 결정을 내리기 전에 조금이라도 엿볼 수 있으면 좋으련만. 톨스토이의 『안나 카레니나』는 이러한 연약한 마음에 작은 등대와 같은 역할을 한다. 그럼에도 불구하고 마음속에는 여전히 물음표가 남는다. 사랑과 결혼에 관해서 톨스토이가 던지는 질문에 정말로 답해야 하는 순간이 찾아온다면 어떻게 행동해야 할까? 소설 속의 안나보다 용감하게 선택할 수 있을까?

선택을 통해 생각을 엿보다

‘결혼한 당신에게 묻습니다’라는 섹션에서는 총 7개의 질문이 관람객에게 제공되었다. 참여자 중 과반수가 ‘낯선 이성이 다가오는 것’에 대해 호의적이고 선을 지키며 긴장감을 즐긴다는 쪽을 선택했다. 질문에 답할수록 진전되는 상황 속에서 많은 사람이 안나가 겪었던 유혹과 심리적 갈등을 느끼고 흡사한 반응을 보였다는 점이 흥미로웠다. 그 순간만큼은 안나와 마찬가지로 ‘다른 삶에 대한 동경’을 꿈꾸고 있는 듯했다.

반면 최종 선택 상황에 놓였을 때에는 앞선 질문과는 달리 정반대로 과반수가 가정을 지키기 위해 아슬아슬한 관계를 정리한다는 쪽을 택했다. 브론스키의 유혹에 넘어가지 않으려고 노력했지만 결국 가정마저 포기했던 안나의 모습과 상반되는 현실적인 모습에서 소설과 현실의 경계를 확인할 수 있었다.

'삶에 대해 묻습니다'에서는 참여자 중 60% 이상이 '죽고 싶다는 생각을 한 적이 있다'고 답했다. 그중 20대가 가장 많았다는 데이터는 매우 충격적이었다. 그러나 '삶의 복잡한 문제와 갈등을 죽음이 해결할 수 있다고 생각한다'라는 다음 질문에는 반대로 '해결할 수 없다'고 대답한 사람이 과반수 이상이었다.

죽음을 생각하지만 결국 삶을 택했던 관람객은 적어도 소설 속 안나보다 용감했다. 사람이라면 누구나 죽음에 대한 충동을 경험한 적이 있지만 이성의 지배 아래 쉽사리 죽음을 선택하는 사람은 없었다. '톨스토이가 묻습니다'의 부스에 설치된 여섯 가지 섹션 중에서 '삶에 대해 묻습니다'를 택하는 사람이 가장 오랜 시간 동안 전시장에 머물렀는데 '죽음'은 물론 자신의 '행복'에 대해 심도 있게 고민하는 주제였기 때문이 아니었을까?

'톨스토이가 묻습니다'는 행복한 가정은 서로 닮았지만, 불행한 가정은 모두 저마다의 이유로 불행하다는 『안나 카레니나』의 메시지처럼 삶의 비극과 희극을 모두 수용하고 살아가는 많은 현대인의 모습을 한 발짝 뒤에서 바라보고 이야기할 수 있는 좋은 계기가 되었다.

인생이 던지는 질문을 피하지 말 것

Happy families are all alike;
Leo Tolstoy asks you this question.
spouse confessed that he/she had an affair.
Post Card
Birth
Death
Choice
KARENIN
ANNA KARENINA 2015
ANNA
KARENIN
VRONSKY
KITTY
NOLGONG CLASSICS
ANNA KARENINA

파우

할 수 있거나
꿈꿀 수 있는 모든 것은
지금 시작하라.

담대함에는
재능과 힘과 마술이 있다.

네 번째 놀공 클래식, 괴테의 『파우스트』

세 번째 파도가 지나간 자리

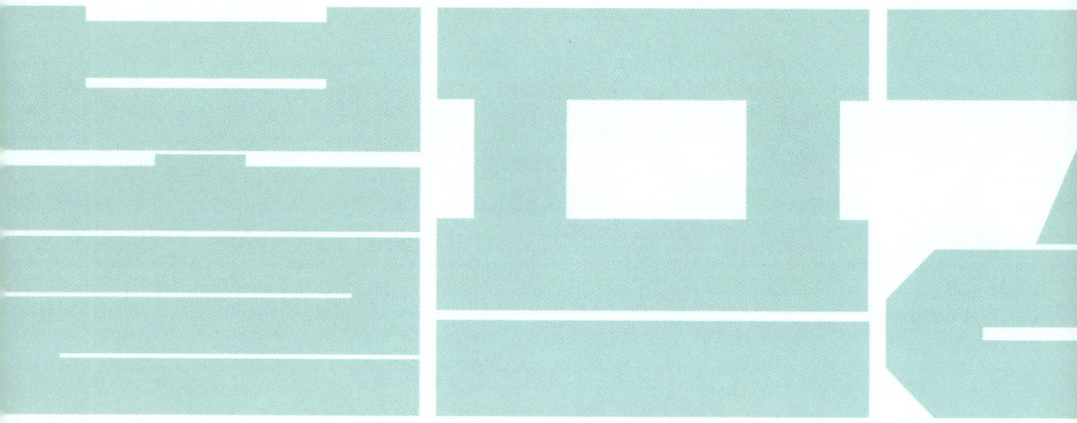

글쓴이 피터공

육지와 바다를 가르는 해안선은 파도가 지나갈 때마다 수시로 형태가 달라진다. 지금 이 순간에도 해안선은 파도가 지나갈 때마다 그 모습이 조금씩 바뀌고 있다. 가까이에서 보면 눈에 띄지 않는 미묘한 변화이지만 이 변화가 쌓이고 쌓이면 마침내 우리가 발 딛고 있는 세상의 지도를 바꾼다. 놀공 클래식은 『1984』와 『로미오와 줄리엣』, 그리고 『안나 카레니나』라는 파도를 차례로 맞으며 조금씩 변화했다. 그리고 그 파도가 지나간 자리에 남은 변화는 작게 보면 놀공을, 크게 보면 세상의 지도를 바꿀 준비를 하고 있다.

첫 번째 파도,
조지 오웰의 『1984』

"조지 오웰의 『1984』를 게임으로 만들면 재미있지 않을까요?"

놀공 클래식은 풀밭 위에서 가볍게 내뱉은 말에서 시작되었다. 재미있겠다는 느낌 하나만 믿고 파고들기 시작했지만, 고전을 읽고 끝없는 토론을 거치면서 점점 몰입하는 나 자신을 발견할 수 있었다. 그만큼 재미있었다. 첫 번째 게임을 내놓기도 전에 시리즈로 만들자며 흥분했었는데 다시 생각해 보면 무모한 기획이 아니었나 싶다.

놀공 클래식은 창작자로서 시도해 보고 싶은 흥미로운 작업이었고 또 한편으로는 창작자로서 나를 대표하는 작업인 게임에 예술적 깊이를 더해서 고전과 직접 겨뤄 보고 싶다는 욕심도 있었다. 이윤을 창출하겠다는 욕심 없이 그저 '고전을 게임으로 만들기'라는 목표만 바라보았다. 창작자로서

그 어느 때보다도 깊은 고민을 했던 시기였고 함께 고민하는 구성원들이 성장하는 것을 시시각각 확인할 수 있었던 프로젝트였다.

고심 끝에 '1984'가 완성되었고 대중에게 공개되었을 때의 기쁨을 기억한다. 물론 아쉬운 점도 있었다. 원작의 깊이를 충분히 게임으로 구현했는가에 대한 의구심이었다. 하지만 '1984'를 개발하고 시연하면서 머릿속을 스쳐 지나간 아쉬움은 놀공 클래식을 성숙하게 하는 밑거름이 되었다.

두 번째 파도,
셰익스피어의 『로미오와 줄리엣』

2011년의 여름은 조지 오웰의 『1984』와 씨름하며 태양의 공격을 잊어버렸다. 어느덧 1년이라는 시간이 흘렀고 다시 더위가 찾아오자 슬슬 몸과 마음이 조급해지기 시작했다. '1984'가 단순한 게임이었다면 지나간 기억 속에서 슬금슬금 잊혀 갔을 것이다. 그러나 놀공에게 '1984'는 놀공 클래식이라는 시리즈로 명명되었기 때문에 두 번째 기획에 들어가야 한다는 사명감이 있었다. 정확히 1년 전, 『1984』를 두고 고민하던 때의 고통을 까맣게 잊은 채 우리는 다시 한 번 고전과 맞붙어 보기로 했다. 애련공의 빛나는 노력으로 강남 교보문고라는 멋진 판을 확보한 터라 재미로 시작했던 놀공 클래식이 비즈니스 모델로 발전할 수도 있겠다는 가능성도 보였다. 『로미오와 줄리엣』이라는 고전을 분석하면서 게임을 만들고 다양한 분야에 종사하는 사람들과 현장을 뛰어다니며 그야말로 한여름 밤의 꿈 같은 시간을 보냈다. 물론 몸과 마음은 힘들었지만 놀공 클래식에 참여했

던 플레이어는 물론이고 물심양면으로 지원해 준 놀공의 소중한 지인들로부터 호평을 받았을 때 게임 개발자로서 보람을 느꼈다.

"정말 좋아요. 사람들이 놀공 클래식을 많이 알게 되었으면 좋겠어요!"

'로미오와 줄리엣'을 체험한 모든 사람이 한마음 한뜻으로 놀공 클래식에 대한 기대감을 표출했고 놀공을 재미있는 일을 하는 곳이라고 막연하게 생각했던 사람들도 팬을 자청하고 나섰다. 겨우 두 번째 발걸음을 디뎠을 뿐이지만 놀공 클래식은 디자이너의 품을 떠나 사람들 속으로 파고들며 성장하고 있었다.

세 번째 파도,
톨스토이의 『안나 카레니나』

놀공 클래식을 진행하면서 놀공은 게임 개발 능력이 성장하기도 했지만 다양한 사람을 만나면서 협업을 통해 변화를 추구하는 법을 배웠다. 특히 『안나 카레니나』는 TBWA의 박웅현 ECD를 만나면서 인문학적 관점으로 고전을 바라보는 힘을 키웠고 정신건강박람회를 통해 대중과 본격적인 소통을 할 기회도 잡았다. 그리고 처음으로 제작비를 지원받은 프로젝트이기도 했다. 게임의 완성도가 제작비에 비례한다고 못 박을 수는 없다. 하지만 제작비가 부족하다는 것은 플레이어의 기대와 만족에 영향을 미친다. 제작비에 맞춰서 설계를 수정할 때마다 완성도까지 떨어지는 것은 아닌가 싶어 늘 아쉬웠다. 그때마다 운영 비용을 맞추기 위해 적당히 타협하는 것만은 하지 말자고, 놀공의 브랜드와 놀공 클래식에 대한 신뢰가 쌓인 후에 상업화를 꾀해도 늦지 않다고 마음을 다잡았었다.

'1984'와 '로미오와 줄리엣'이 플레이어의 움직임과 플레이어 간의 상호작용에 신경을 많이 쓴 게임이라면 '톨스토이가 묻습니다'는 플레이어의 움직임보다는 정서적인 몰입에 집중한 게임이었다. 그동안 놀공의 게임이 시도했던 것과는 다른 새로운 도전이었다. 산만한 전시장 환경에서 정서적인 몰입이 가능할 것인가에 대한 우려가 행사 당일까지 계속되었지만 삶에 대한 진지한 질문 앞에서 플레이어들은 몰입했다. 모바일 기기와 감성적인 공간 배치도 호평을 받았고 게임에 참여한 사람들이 직접적인 접촉이 없어도 공감할 수 있다는 사실도 확인할 수 있었다. 앞서 진행된 놀공 클래식에서 아쉬웠던 점이 보완되어 놀공 멤버들 사이에서도 만족감이 높았다.

네 번째 파도,
괴테의 『파우스트』

첫 번째 놀공 클래식을 시연했던 플래튼 쿤스트할레에서 인연을 맺은 독일문화원의 라이먼Dr.Reimar Volker 박사와 힐트만Hiltmann Han-Song 씨가 놀공을 방문했다. 방문 목적은 게임 산업과 교육의 미래에 대한 이야기를 나누는 것이었다. 사무실 곳곳을 소개하고 묵직한 주제를 두고 이야기를 나눈 후 얼마 뒤 독일에서 내한하는 연구원과 함께 이 주제를 두고 미팅을 하자는 말이 나왔다. 미팅이 마무리될 때쯤 독일문화원의 정식 명칭이 'Goethe Institut'라는 것을 알게 되었다.

"괴테라니!"

네 번째 놀공 클래식은 어떤 책으로 진행할까 고민하고 있던 참이었기 때문에 괴테의 『파우스트』로 게임을 만들어 봐야겠다는 말을 던졌다. 가벼운 마음으로 한 말이었는데 놀공 클래식 관련 자료를 살피던 독일문화원 멤버들에게 꼭 프로젝트를 성사시켜 보자는 말이 되돌아 왔다. 당시에는 인사치레라 생각했었다. 그러나 얼마 후 독일문화원 원장님이 놀공 사무실을 찾아오면서 분위기가 반전되었다. 원장님은 놀공 사무실을 구석구석 살피더니 너무나 익숙한 질문을 던졌다.

"놀공은 뭐하는 곳이죠?"

40분 정도 놀공이 어떤 작업을 하는 곳인지 놀공 클래식이 어떻게 진행되었는지 설명했다. 설명하는 동안 얼굴에서 그 어떠한 표정도 감정도 읽을 수 없어 조마조마했다. 마지막 '톨스토이가 묻습니다' 영상까지 모두 보고 난 후 원장님이 갑자기 몸을 앞으로 숙이면서 말문을 열었다. 요지는 괴테의 『파우스트』를 게임으로 만들어 보자는 것이었다. 독일에서 날아온 문학 박사님들의 마음에 놀공 클래식이 잔잔한 파문을 일으킨 것이다.

"한 달 후 동아시아에 자리한 독일문화원 원장님들이 모두 모이는 회의가 개최될 예정입니다. 1시간 동안 놀공 클래식을 설명해 주세요."

2010년 성균관대학교 잔디밭에서 시작된 놀공 클래식. 글로벌 프로젝트로 성장시키자며 늘 외치고 있었지만 그 기회가 이렇게 빠르게, 누구도 예상하지 못한 시점에 찾아올 것이라 생각하지 못했다. 우리는 흥분을 가라앉힐 시간도 없이 한 달간 놀공 클래식의 기획 의도와 앞서 진행된 세 개의 프로젝트를 하나씩 정리하기 시작했다. 나중에 알게 되었지만 놀공이 1시

BEING HUMAN _KARMA
CULTURE
HUMOR
HEARING
SIGHT
TASTE
SMELL

간 동안 발표할 기회를 얻었던 이 회의는 한 사람당 15분 내외의 시간밖에 제공하지 않는 빡빡한 일정으로 오래전부터 기획되어 있었다. 놀공이 1시간 동안이나 발표할 기회를 얻었다는 것은 『파우스트』를 게임으로 개발하겠다는 독일문화원의 의지가 그만큼 강력하다는 증거였다. 독일문화원은 '톨스토이가 묻습니다'를 독일어로 번역해서 시연할 수 있는지를 물었다. 처음에는 한 달 동안 충분히 준비할 수 있을 것이라 생각했지만 자세한 내막을 알고 나니 마음이 조급해졌다. 서둘러 번역을 하고 독일문화원 대강당 규모에 맞춘 세팅을 새롭게 했다.

마침내 D-Day. 동아시아를 대표하는 독일문화원 원장단이 모인 곳에서 프레젠테이션이 시작되었다. 발표를 진행하는 동안 단 한 순간도 긴장을 놓칠 수 없었다. 독일 출신의 문학박사들로 구성된 원장단은 전혀 리액션이 없었고 시종일관 진지하고 무뚝뚝한 표정으로 앉아 있었기 때문이다. 프레젠테이션이 끝난 후 원장단으로부터 나온 질문의 개수는 적었지만, 너무나 날카로웠고 부정적인 상황을 전제한 질문들이었다.

"러시아 작가의 작품을 독일 사람이 읽어야 하는 이유가 뭐죠?"
"직접 읽는 것보다 나은 것은 뭘까요?"

한 달간의 노력이 이렇게 끝나는가 싶었다. 그런데 한국 독일문화원 원장님과 행사를 주관했던 박사님으로부터 뜻밖의 소식이 도착했다. 모두 놀공 클래식의 가능성에 긍정적인 반응을 나타냈고 적극적인 참여를 약속했다는 것이다. 독일문화원 측은 2013년 가장 중요한 프로젝트로 놀공 클래식을 제안하기로 했고 이를 준비하기 위해 독일의 『파우스트』 전문가를 한국에 초대할 예정이라는 계획까지 덧붙였다. 딱딱하게 굳은 자세와 무표정한 얼굴, 날카로운 질문들이 사실은 긍정의 메시지였던 것이다.

더 파우스트 라이브

얼마 후 실제로 독일 현지에서 『파우스트』 전문가가 선정되었다는 소식이 들려왔다. 한국을 방문하기 전 인사도 나눌 겸 화상 회의를 하기로 했다. 인사만 하는 자리라는 말을 철석같이 믿고 독일문화원에 도착한 나는 또 한 번 깜짝 놀라고 말았다. 회의는 대강당에서 20여 명의 사람이 참석해 노트북에 연결된 프로젝터를 통해 내가 회의하는 모습을 지켜볼 예정이었다. 끊임없이 반전을 선사하는 독일문화원의 행보에 정신이 혼미해질 무렵 어느새 회의가 시작되었다. 대강당에 설치된 커다란 스크린에 이제 막 잠에서 깬 뜻 부스스한 모습의 『파우스트』 전문가 벤자민Benjamin 의 얼굴이 스르륵 나타났다.

"Hallo!"

벤자민과 나는 어색하게 인사를 나누었다. 잠시 후, 독일문화원의 대강당은 『파우스트』를 강독하는 독일의 어느 대학 강의실로 바뀌었다. 벤자민은 『파우스트』가 어떤 작품인가에 대해서 열정적으로 설명하기 시작했고 흥분한 벤자민이 컴퓨터에 몸을 너무 가까이하는 바람에 회의가 중단되는 일이 반복되었다. 화상 회의라는 한계 때문에 벤자민의 설명을 모두 이해했다고 말할 수는 없지만 벤자민의 열정은 확실하게 느낄 수 있었다. 짧은 강독이었지만 『파우스트』에 대해서 새로운 관점을 갖게 만들어 주었고 게임으로 발전시킬 수 있는 아이디어도 얻었다.

무엇보다 『파우스트』가 너무 좋아서 참을 수 없는 파트너가 독일에서 오직 놀공 클래식을 위해 한국에 올 준비를 하고 있었다. 놀공 클래식이 글로벌 프로젝트로 성장하고 있다는 사실을 실감하는 순간이었다.

ART SKILLS
FEELING
PASSION
NATIONAL IDENTITY
SOLIDARITY
CULTURE
KNOWLEDGE
HUMOR

4
TIME
LOVE
3
FRIENDS
FAMILY
LIFE
2
PASSION
MEMORY
CREATIVITY
KNOWLEDGE
1
SOUL
HANDS
SIGHT
NAME

할 수 있는 일은 지금 시작하라

누군가는 놀공 클래식이 걸어온 길을 보고 우연과 행운의 반복이라 할지도 모르겠다. 하지만 이 세상에 눈먼 우연과 행운은 없다. 어쩌면 누구나 생각할 수 있는 아이템을 우리는 놀공 클래식이라는 이름을 붙이면서 실체로 만들었다. 놀공이 도달하고자 하는 목표가 있었고 목표가 세워진 이후에는 부지런히 나아갔다. 기회가 찾아올 때까지 기다리기보다는 직접 판을 만들면서 한 걸음 나아갔고 사람들을 불러 모으며 새로운 시각을 더하고 실수를 잡아나갔다. 시간은 오래 걸리고 수고도 많이 들었지만, 인생도 일도 속도가 아니라 방향이 중요하다 는 것을 알고 있었다. 원하는 방향으로 가기 위해서 디뎠던 모든 길은 모두 소중하다. 꿈을 위해서 잊지 말아야 하는 것은 맨 처음 마음에 품었던 방향성이다. 그리고 방향을 잃지 않는 목적지에 다다를 때까지 핸들을 놓지 않는 것이다.

S

놀공발전소의
지속가능성

그래도 —

— 우리는 올라간다

놀공을 시작하면서 참 많이 들었던 질문이다. 변화무쌍하고 불확실한 현실을 살다 보니 사람은 확실한 답에 집착하는 것 같다. 그러나 학교를 졸업하고 사회에 나와보니 세상에는 정답이 없었다. 심지어 정답을 아는 사람도 없는 것 같았다. 분명히 겉으로 보기에는 똑같아 보여도 정답이 그때그때 달라졌다. 누군가 변하지 않는 진리를 알려주면 좋겠지만 결국 나의 해답은 내가 찾아야 했고 불확실성은 날것 그대로의 현실 그 자체였다. 놀공은 불확실한 현실을 걱정하기보다는 지금 하고 싶은 일을 한다. 그렇게 하고 나면 우리는 또 어디론가 새로운 길을 향해 가게 된다. 미래를 예측하기 위해 애쓰지도 않는다. 우리가 만들 수 있는 실현 가능한 미래에만 집중한다. 그렇게 하나씩 땀방울이 쌓이고 발자취를 남기며 판을 만드는 것이 놀공이다. 새로운 판을 만드는 것은 기존의 질서에 끼어들기 위해 노력하는 것보다 몇 배는 힘들지만 의미가 분명하다. 나의 의지와 상관없이 판이 흔들리는 일도 없고 다른 사람이 나의 판에 들어오는 것을 경계하며 사는 것보다 훨씬 행복한 일이리라 믿는다.

"남들이 만든 현실이 나를 흔들더라도 나는 나의 판에서 재미나게 놀 테다!"

저기요

응 —
주세요

대성그룹 2010
기능성 게임 개발 캠프

글쓴이 애련공

날짜 2011년 8월 3일 ~ 6일

장소 경원대학교

Creator 피터공, 애련공, 지인공, 태윤공, 예리공, 지민공, 유경공, 나무공, 윤식공, 진영공

"공부를 그렇게 해 봐라!"

게임을 할 때나 TV 프로그램을 넋 놓고 보고 있을 때 누구나 한 번쯤 들어보았을 말이다. 등짝을 울리는 어머니의 강력한 스매싱은 덤이다. 모니터를 뚫어버릴 것 같은 집중력, 하늘에서 벼락이 떨어지더라도 흔들리지 않는 인내심이 게임하고 TV 보며 놀 때는 마치 화수분처럼 샘솟았다. 그러다 문득 정말 그런 생각이 들었다. 진작 공부를 이렇게 했다면 어떻게 되었을까? 막연한 아쉬움이 들었다. 단순히 성적표에 박힌 숫자가 달라지고 대학의 간판이 달라졌을 것이라는 안타까움이 아니었다. 배우는 기쁨, 깨우치는 즐거움이라는 또 다른 재미를 인생에서 더욱 빨리 발견했을지도 모른다는 아쉬움이었다. 나는 겪어 보지 못했지만, 공부가 놀이만큼 흥겨울 수 있다는 것을 다음 세대에는 제대로 알려주고 싶었다.

오,
수잔나시어!

피터공이 미국에서 게임으로 세상을 바꾸겠다는 야심 찬 목적으로 'Game For Change Festival'[1] 에 참여했을 때였다. 이 행사를 통해서 한국에서 'Game For Change'[2] 활동을 펼치고 있는 오수잔나 님을 알게 되었다. 당시 수잔나 님은 대성그룹의 고문으로 활동하고 있었고 각종 세미나와 행사를 함께 치르면서 놀공과의 인연이 깊어지고 있었다. 마침 대성그룹에서 초등학생을 대상으로 캠프를 준비 중이었고 수잔나 님은 3박 4일간의

---

1) '비디오 게임계의 선댄스'라 불리는 이 페스티벌은 사회적 책임을 다하고자 하는 게임 디자이너를 위한 것으로 매년 비영리 단체와 전문가가 참여해 긍정적인 변화를 유도하는 촉매제로써 디지털 게임이 실제 세계에 미치는 영향력을 탐색해 오고 있다.

2) '변화를 위한 게임'이란 평등하고 공정한 사회를 만들기 위해 동시대의 사회적 이슈를 다루는 디지털 게임을 의미한다. 사회가 당면한 문제를 다룬 디지털 게임을 널리 전파하여 그로 인한 긍정적인 효과가 사회에 지속적으로 퍼질 수 있도록 하는 것을 비전으로 삼고 있다.

캠프에서 매일 2시간씩 프로그램을 진행해 달라는 제안을 주셨다. '놀듯이 공부하자!'라는 뜻을 품고 있는 놀공. 그 이름에 걸맞은 프로젝트가 성사된 것이다.

진정한 교육은
생각하는 사람이 되게 하는 것

훗날 '똥 주세요'라는 이름을 갖게 된 이 프로젝트는 놀공이 생각하는 교육 철학과 방법론이 고스란히 묻어난 첫 번째 게임이다. 이 게임을 개발하면서 놀공은 이론적으로만 이해했던 게임과 배움의 상관관계를 확인하는 것은 물론 게임의 기획부터 실행까지 모든 단계를 체험할 수 있었다.

전통적인 관점에서 학습은 무엇에 관해서 배운다Learning about something라는 목표 아래서 진행되는 지식 전달이 핵심이었다. 이러한 교육 모델은 정보 습득이 교육의 가장 큰 부분을 차지하던 20세기에는 적합한 형태였을지도 모른다. 그러나 클릭 한 번으로 엄청난 양의 정보를 얻을 수 있는 21세기에는 정보 습득이 더는 의미가 없다. 놀공은 교육의 진정한 역할은 지식 전수가 아니라 '자신이 좋아하는 일이 무엇인지 알게 해 주는 것'이라 믿는다. 그리고 이를 위해서는 새로운 교육 모델이 필요하다.

내가 좋아하는 일이 무엇인지를 알기 위해서는 다양한 경험이 필요하다. 어떤 활동을 할 때 자신이 가장 즐거운지 알 수 있는 기회를 교육을 통해 제공해야 한다. 마치 게임 속에서 플레이어가 자신의 정체성을 마법사, 요정, 기사 등으로 자유롭게 선택하는 것처럼 자신의 정체성을 새로운 과제 앞에서 능수능란하게 전환하는 법을 알려 주고 싶었다. 즉, 놀공이 생각하는 교육 모델은 누군가가 되는 법을 배우는Learning to be someone 형태였다.

예를 들어 기존의 교육이 수학이라는 과목을 가르칠 때 공식을 이해하기 위한 지식을 습득하는 것에 집중했다면 놀공은 수학이라는 과제에 대해 학습자가 마치 수학자가 된 것처럼 사고하여 문제를 해결하는 방법을 숙지하게 하는 것이 목표다. 수학 공식 자체를 배우게 된다면 당장은 눈앞에 주어진 문제를 해결할 수 있지만 새로운 문제가 등장하면 또다시 공식을 암기하고 익히는 과정을 되풀이해야 한다. 그러나 수학자처럼 생각하는 법을 배운다면 좀 더 폭넓은 사고를 하게 되는 것은 물론 스스로 배움을 연장해 나갈 가능성이 열리는 것이다. 배우는 사람이 아니라 생각하는 사람으로 만드는 것, 내가 좋아하는 것을 스스로 발견할 수 있게 하는 것, 이것이 진정한 교육이고 놀공이 추구하는 게임의 목표다.

생각하는 사람으로 만드는 가이드

학습자를 생각하는 사람으로 만드는 교육 모델을 위해서는 어찌 보면 너무도 당연해 보이는 네 가지 설계 가이드를 따라야 한다. 그러나 당연한 것을 당연하게 만드는 것이 가장 어려운 법. 지식을 전달하는 것이 아니라 필요한 상황을 만든다는 첫 번째 단계부터 결코 쉽지 않다. 실제 생활과 연결되지 않으면 무언가를 배우고 새롭게 알아야겠다는 학습자의 욕구를 자극하기가 어렵기 때문이다. 지식이 필요한 상황을 만든다는 것은 구체적인 목표를 설정하는 것을 넘어서 배움과 생활이 일맥상통한다는 합당한 맥락이 뒤를 받쳐 주어야 하는데 이는 곧 첫 단추를 끼우기 위해서 마지막 단추까지 채워야 하는 교육 게임 개발의 아이러니다.

또 하나의 어려움은 공유와 연관된 두 번째와 세 번째 단계에서 기인한다. 게임을 진행하는 현장은 물론 실제 교육 현장에 나가보면 가장 피부에 와 닿는 사실이 한 가지 있다. 판이한 지식수준과 이해력을 갖춘 수많은 사람이 한곳에 있다는 것이다. 학습은 물론 게임도 빠르고 우수하게 성공해 나가는 사람과 그렇지 못한 사람이 존재하고 이 두 개의 상반된 그룹이 모두 흥미를 잃지 않게 만들기 위해서는 부족한 부분을 공유하려는 피어 러닝 Peer Learning[3] 이 자연스럽게 발생해야 한다. 학습자들 스스로가 지식을 공유하는 방향으로 나아가는 피어 러닝을 게임 안에서 실현해 참여자들이 서로의 멘토와 멘티를 자청하는 현상이 나타나도록 게임을 설계해야 한다.

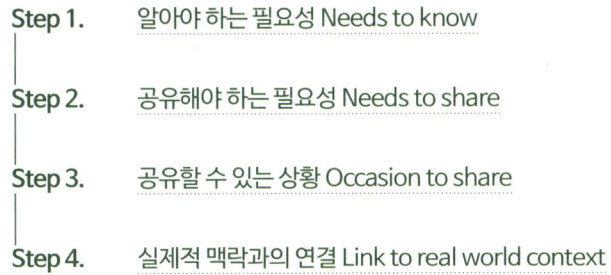

교육 모델을 만드는 4단계 설계 가이드

Step 1. 알아야 하는 필요성 Needs to know

Step 2. 공유해야 하는 필요성 Needs to share

Step 3. 공유할 수 있는 상황 Occasion to share

Step 4. 실제적 맥락과의 연결 Link to real world context

---

3) 문자 그대로 친구와 함께 배우는 교육법이다. 교사에 의해 일방적으로 전달되는 지식이 아니라 학습자들이 과정을 공유하며 배우는 것이 핵심인 교육법으로 지식을 습득하여 일정 수준의 결과를 성취하는 것이 목표가 아니라 지식을 공유하는 과정 그 자체가 최대 목표가 된다. 교사가 가르치는 것에서는 기대할 수 없는 배움이 일어날 가능성이 매우 높으며 학습자가 주체가 되고 스스로 지식을 공유하는 법을 깨우친다는 점에서 이상적인 교육 모델이라고 할 수 있다.

김진홍

어린이의 눈높이로 게임하기

캠프의 주제는 이미 정해져 있었다. 건강에 대한 경각심을 일깨워 주는 것. 놀공은 3박 4일간 초롱초롱한 눈동자로 무언가 재미있는 것을 기대하고 있을 초등학생 50여 명을 어떻게 상대해야 할지 고민하기 시작했다. 건강의 중요성을 말하기 위해서 흔히 사용하는 방법은 이른바 충격 요법이다. 건강하지 못하면 어떤 일이 벌어지는가에 대한 예시를 통해 건강에 대한 중요성을 주입하는 것이다. 그러나 이것은 건강하지 못한 삶에 대한 부정적인 이미지를 심어 주고 공포 분위기를 조성하는 방향으로 치우치기 쉽다. 하지만 놀공은 건강한 삶에 대한 찬양으로 교훈적인 메시지를 전달하기보다는 건강한 사람이 되기 위해서 무엇을 해야 하는지 알려 주고 싶었다.

이를 위해서 건강한 사람이란 어떤 사람인가에 대한 정의를 먼저 내려야 했다. 많은 회의를 거쳐 나온 결론은 '건강한 사람이란 균형 잡힌 사람'이었다. 일과 여가에 대한 균형을 잘 잡고 있는 사람, 음식도 골고루 잘 먹는 사람, 생각도 어느 한쪽에 치우쳐 있지 않은 사람이 건강한 사람으로 분류할 수 있었다. 하지만 어린이들에게 일과 여가 사이에서 균형을 잡는 법과 균형 잡힌 정신세계를 구축해야 한다고 말할 수는 없었다.

게임의 내용이 실제 생활과 닿아 있지 않으면 재미가 없는 것은 물론 아이들이 게임에 참여하고자 하는 의지까지도 꺾어 버릴 수 있다. 어린이들이 당장 실천할 수 있고 생활과 밀접하다고 느낄 수 있는 것은 역시 '밥'이었다. 먹는 것만큼 생활과 밀접한 것은 없었고 골고루 먹는 것이 건강과 연관이 있다는 것을 깨닫게 해 준다면 캠프의 목적과 게임을 개발하는 이유까지 모두 해결할 수 있을 것 같았다.

목표는 크게
실천은 작은 것부터

어린이들이 음식과 균형을 일상의 한 부분으로 받아들일 수 있도록 코어 메카닉(Core Mechanic[4])을 구상하기 시작했다. 아이들이 게임 속에서 가장 많이 반복하는 행동 속에 음식과 균형 그리고 건강이라는 의미를 담기 위해 고심하던 무렵 미처 파악하지 못한 변수가 있음을 알게 되었다. 건강이라는 주제는 캠프를 만든 어른들의 생각이었지만 실제 캠프에 참석하는 아이들이 직면한 가장 큰 주제는 처음 만나는 친구들과 친해지는 것일지도 모른다는 것이다. 건강과 균형, 음식이라는 상관관계를 설명하는 것은 물론 아이들이 서로 자연스럽게 친해지고 협동할 수 있는 환경을 만들어야 한다는 목표까지 추가되었다.

---

4) 게임에 참여한 사람이 매 순간 하는 활동을 의미하는 말로 게임을 둘러싼 전체적인 경험을 이루는 반복적인 활동을 가리킨다. 게임을 설계하는 디자이너가 경험을 통해 전달하고자 하는 메시지가 코어 메카닉에 녹아 있는 것이 메시지 전달에 가장 효과적이다.

균형이라는 코어 메카닉과 함께 어린이들의 협동도 담자! 말은 쉽지만 실천은 어려운 거창한 목표를 앞에 두고 놀공 멤버들은 잠시 멈칫했지만 그래도 결국 해내리라 생각했다.

"이게 가능해요?"

이런 질문은 늘 놀공을 설레게 했고 본디 놀공은 불가능한 목표와 비전을 만들어 그곳을 향해 한 걸음 한 걸음을 어떻게 내디딜지를 고민한다. 목표는 크게, 행동은 지금 할 수 있는 구체적인 작은 것부터! 일단 해 보는 거다. 경험을 만드는 일은 경험해 보지 않고서는 정답을 알 수 없다.

단탄지비무가 모이면, 똥이 됩니다

건강해지는 방법 중 가장 간단한 방법은 제대로 먹는 것이다. 단백질과 탄수화물 같은 5대 영양소를 고려해서 편식하지 않는 것이 건강과 직결되고 균형과도 연관이 깊다. 게임에 담아야 할 콘텐츠는 어린이들에게 5대 영양소가 무엇이며 골고루 먹는 것이 건강과 직결된다는 내용이 되어야 했다. 그러나 5대 영양소는 당시 중학교 과정으로 아직 초등학생인 캠프 참가자들이 다루기에는 다소 어려운 내용이었다. 하지만 5대 영양소를 정보와 지식으로 사용하는 것이 아니라 생활과 관련이 깊은 것으로 표현한다면 지식이 부족하다는 것은 알아야 하는 필요성Need to Know으로 기능할 뿐 약점이 되지 않는다고 판단했다. 5대 영양소라는 기본 콘텐츠가 뽑히자 소화 작용의 원리와 인체의 구조 등 건강과 연계된 다양한 아이디어가 쏟아져 나오기 시작했다.

"밥을 골고루 먹으면 뭐가 제일 좋지?"
"화장실을 시원하게 다녀오겠지!"
"그것 참 건강한데?"

5대 영양소를 잘 섭취하면 뱃속에서 소화되며 영양분으로 흡수되고 결국 배변으로 마무리되는 것이 상식이다. 섭취부터 배변까지 이어지는 과정이 자연스럽게 게임의 단계가 되었고 대상이 초등학생이라는 것을 고려했을 때 배변 즉, 똥은 매력적인 소재였다. 아이들에게 똥이라는 단어는 입에만 올려도 웃음이 나는 마법의 단어였기 때문이다.

"단백질, 탄수화물, 지방, 비타민, 무기질을 골고루 먹으면 똥이 된다."

이것이 게임을 관통하는 스토리였고 단백질과 탄수화물, 지방, 비타민, 무기질을 모아서 똥을 만드는 행동을 코어 메카닉으로 삼았다. 똥이라는 소재가 나오고 나니 게임 속 활동 중에서 '똥 주세요'라고 말하는 순서가 생겨났고 이는 곧 게임을 대표하는 이름이 되었다. 놀공의 많은 게임은 애련공의 작명을 거치는 경우가 많은데 애련공의 게임 이름 짓기의 첫 작품이 바로 '똥 주세요'다. 너무 더러운 것이 아니냐는 의견도 있었지만 그때마다 애련공은 이렇게 말했다.

"똥이 뭐 어때서요!"

아이들에게만 똥이 매력적인 소재가 아니었던 것 같다. 똥은 게임을 만드

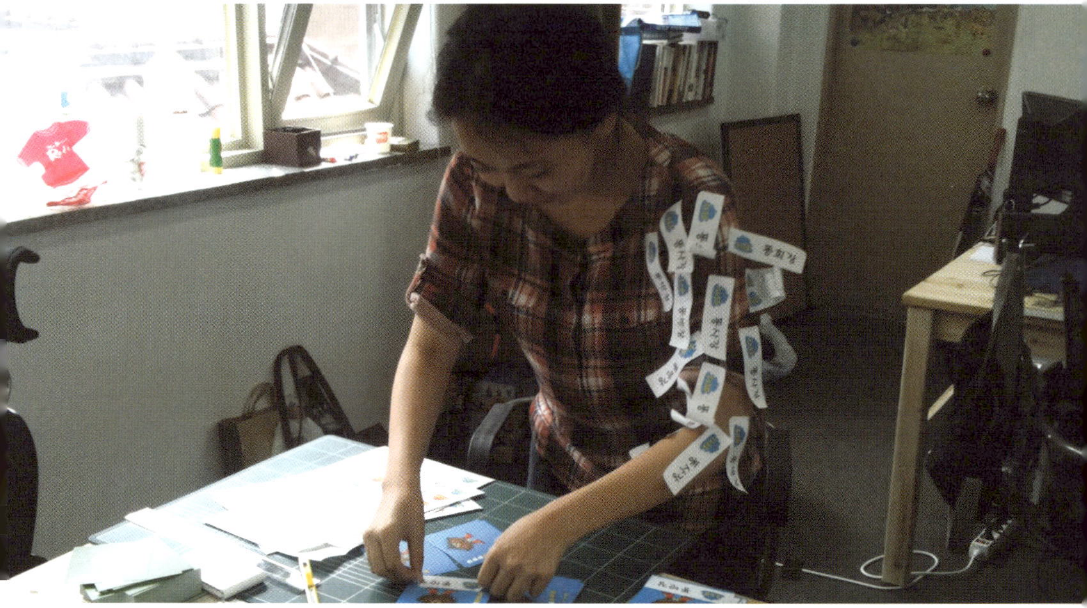

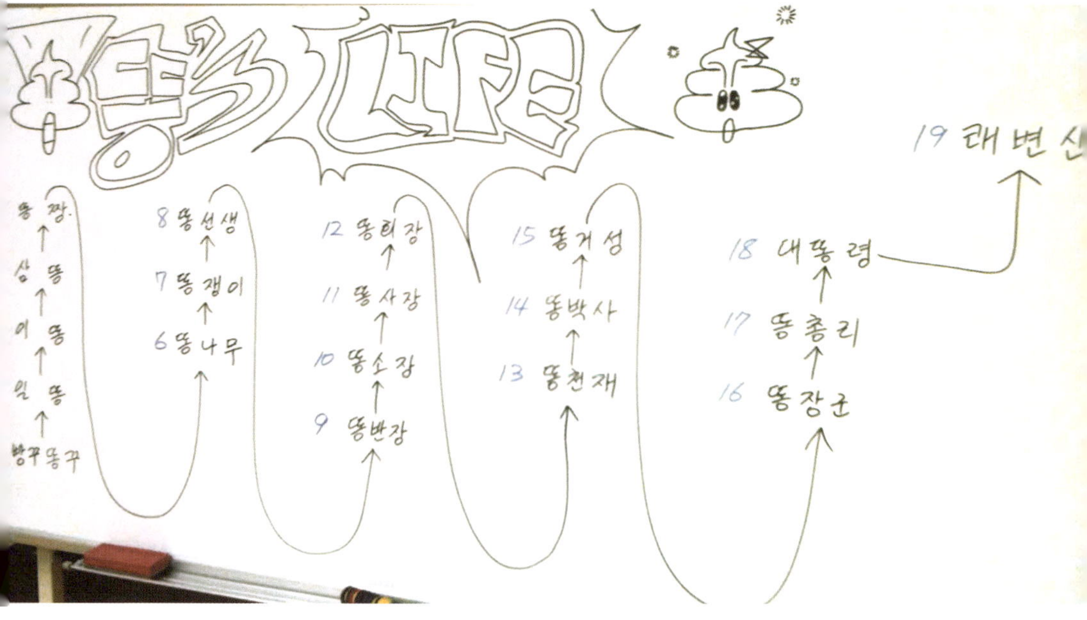

LIFE
뿡꾸 똥구
일 똥
이 똥
삼 똥
똥 짱.
6 똥나무
7 똥쟁이
8 똥선생
9 똥반장
10 똥소장
11 똥사장
12 똥회장
13 똥천재
14 똥박사
15 똥거성
16 똥장군
17 똥총리
18 대똥령
19 대변신

는 디자이너에게도 많은 영감을 불어넣었다. 똥이 점점 쌓이는 것을 게임의 레벨에 적용해서 똥일병, 똥반장, 똥장군 등 다양한 캐릭터를 개발하는 것으로 발전했고 현장에서 게임을 진행할 요원들에게는 똥커벨이라는 이름이 붙었다. 캠프가 마무리될 때쯤이면 아이들이 모두 쾌변신이 되어서 퇴소를 한다면 얼마나 기쁜 일이겠는가? 현장에서 사용할 다양한 이미지는 예리공과 웹툰 작가로 활동하던 무적핑크 지민공이 합류하면서 완성도가 높아졌다.

'똥 주세요'를 준비하는 동안 놀공에는 또 한 가지 기쁜 소식이 찾아왔다. 피터공이 미국에서 활동했던 것을 알게 된 EBS 〈다큐 프라임〉 PD님에게서 연락이 온 것이다. 놀공 사무실에서 게임과 교육에 관한 피터공의 인터뷰가 진행되었고 마침 캠프에서 놀공이 진행하게 될 '똥 주세요'라는 프로그램에 관심을 표하셨다. 촬영이 가능한지를 물어보는 PD님을 보면서 고개를 얼마나 끄덕였는지 모른다. 놀공이 기획한 첫 번째 교육 프로그램이라는 것만으로도 고무적이었는데 방송까지 진출하다니 이보다 더 좋을 수 없었다.

똥 주세요 설계도

☞ **주제**

· 5대 영양소에 대한 학습을 똥으로 소개하며 건강의 중요성을 환기

☞ **배경**

· 5대 영양소를 고르게 섭취하지 못하고 변비를 앓고 있는 친구를 도와주어야 한다.

· 5대 영양소를 모아서 똥으로 만들면 쾌변신이 될 수 있다.

☞ **기대 효과**

· 고른 영양소 섭취의 중요성을 확인

· 5대 영양소에 대한 암기 및 이해

· 5대 영양소를 조합하고 교환하는 과정에서 사회성 및 문제 해결 능력 배양

☞ **똥 만드는 법**

· 단백질, 탄수화물, 지방, 비타민, 무기질 총 5개의 영양소 카드를 획득하면 똥 1개를 받는다.

☞ **· 레벨 업, 쾌변신이 되는 방법**

똥 2개당 레벨이 업그레이드되고 총 18번의 업그레이드를 거치면 쾌변신이 된다.

아이들은 배우고,
우리들은 자라고

드디어 캠프가 코앞으로 다가왔다. 지금 생각하면 그렇게 겁낼 일도 아니었지만 50명이라는 적지 않은 인원과 어디로 튈지 모르는 초등학생들 앞에서 게임을 진행하는 것은 머리털이 쭈뼛 설 만큼 긴장되는 일이었다. 행사 하루 전까지 밤을 새우면서 준비에 열을 올렸다. 손이 있는 사람이라면 모두가 매달려서 글루건으로 똥을 만들었다. 작업이 마무리될 쯤 공작의 달인이 된 태윤공은 진행할 때 사용할 액세서리도 만들었는데 현장에서 아이들이 무척 좋아했다.

마침내 캠프가 시작되었다. 예리공을 통해 알게 된 윤식공이 촬영을 맡아주었고 나무공은 다른 일정으로 첫날 진행만 참여하기로 했다. 태윤공은 똥의 요정 '똥커벨'로 분하여 전체 게임의 진행을 맡았다. 아이들은 눈을 초롱초롱 빛내고 있었지만 놀공 멤버들은 모두가 긴장한 상태였다. 똥커벨이 등장해 게임을 소개하자 아이들은 웃음을 터뜨렸다. 태윤공은 특유의 노력하지 않는 어색한 진행 스타일로 일관했지만, 그마저도 아이들에게는 흥미로웠던 것 같다. 다 같이 단백질, 탄수화물, 지방, 비타민, 무기질의 줄임 말인 '단탄지비무'를 외치고 본격적인 게임을 시작했다.

"변비로 고통받는 친구들을 구하자! 5대 영양소를 섭취해 쾌변의 기쁨을!"

놀공의 공식 첫 게임이기도 했고, 유난히 더운 여름에 지친 아이들과의 활동이라 걱정이 컸다. 하지만 아이들은 곧바로 게임에 빠져들었다. 카드에 그려진 음식과 그에 따른 5대 영양소를 모으고 나에게 없는 영양소는 친구들의 것과 맞바꾸면서 자연스럽게 서로의 영양소를 체크하고 있었다.

"비타민 있는 사람!"
"단백질 없는 사람, 지방이랑 바꾸자!"
"섬유질이다. 섬유질!"

아이들은 강당 곳곳을 뛰어다니고 있었고 때때로 진행에 어려움이 있을 만큼 시끄러워지기도 했다. 겉으로 보기에는 아무런 질서 없이 놀고 있는 것처럼 보였지만, 아이들은 지식에 노출되었고 그 지식을 곧바로 현실 속에서 적용하고 있었다. 작은 교실에서 선생님은 서 있고 아이들은 앉아 있는 상태에서 주고받는 소통이 아니라 몸을 움직이면서 소통하는 형태로 교육의 모습을 바꾸고자 했던 놀공의 목표는 이렇게 현실이 되었다.

게임이 진행될수록 콘텐츠를 이해하는 수준의 차이가 아이들 사이에서 발생하기 시작했다. 4학년부터 6학년까지 섞여 있었던 아이들은 예상했던 것보다 콘텐츠를 이해하는 데 많은 차이를 보였다. 게임 초반부터 규칙을 간파하고 빠르게 자신의 레벨을 올리는 데 집중하는 아이들도 하나둘 보이기 시작했다.

자신의 레벨을 올리는 데 집중하고 있을 때 억지로 옆에 있는 친구를 도와주어야 한다고 지도하는 것은 놀공이 원하는 교육 방침이 아니다. 놀공이 게임으로 프로그램을 계획할 때 가장 먼저 하는 일은 게임에 참가하는 모든 사람에게 확고한 정체성을 심어 주는 것이다. 게임 속에서 자신의 정체성을 확인하면 자연스럽게 동기가 생겨나고 목표를 달성하고자 하는 의지에 따라 자발적인 선택과 활동을 하게 된다. 그러나 시간이 흐르면 게임을 함께하고 있는 동등한 정체성을 가진 존재가 있음을 인식하게 되고 성취감이 자신만을 위한 행동에서만 나오는 것이 아니라 다른 구성원과의 관계를 통해서도 얻을 수 있음을 깨닫게 된다. 이것이 가장 이상적인 교육 방식이고 피어 러닝Peer Learning 현상이 발생하는 이유다.

이해도가 떨어지는 학생과 그렇지 않은 학생 사이에 격차가 발생했을 때 자연스러운 피어 러닝이 놀공이 의도한 대로 발생할 것인가? 가장 열심히 고심했던 부분이지만 가장 자신이 없는 부분도 바로 이 부분이었다. 걱정과 달리 캠프에 참가한 아이들은 의도한 방향대로 잘 따라가 주었다. 초반에는 자신의 레벨 업에 집중하던 친구들이 자신이 속한 팀 안에서 뒤처지는 아이들을 돕는 데 더 집중하기 시작했다. 일찍 레벨 업을 마치고 그 이후의 모든 시간을 팀원을 돕는 데 쓰는 아이도 있었다. 게임을 마칠 때쯤에는 모두의 예상을 뒤엎고 가장 먼저 레벨 업에 성공한 아이들은 초반에 뒤처졌던 4학년 아이들이었다.

3박 4일 동안 매일 2시간씩 아이들은 '똥 주세요'를 경험했다. 아이들은 게임을 마친 후 밥을 먹을 때면 서로 식판을 보면서 5대 영양소를 찾으며 즐거워했다. 아이들의 애교와 게임 진행에 푹 빠져서 첫날에만 참여하기로 했던 나무공은 3박 4일 내내 참여했고 촬영을 위해 합류했던 윤식공도 진행에 큰 도움을 주었다. 이렇게 놀공의 첫 번째 교육 프로그램 '똥 주세요'는 많은 사람의 도움과 관심 속에서 끝났다. 성공적이었다고 말해도 부끄

럽지 않을 것 같다. 캠프에서 아이들과 함께 뒹굴었던 것과 게임을 디자인하기 위해서 고민했던 모든 시간은 '게임으로 교육한다'는 이상적인 메시지를 하나씩 실천한 유익한 날들이었다. 무엇보다 아이들을 위한 게임 설계와 진행의 경험은 유니세프 캠프를 준비하는 데에 큰 기반이 되었다.

마지막으로 덧붙이는 추억 한 가지, 게임을 하는 동안 여기저기서 '똥 주세요'를 외치던 아이들과 함께 저녁을 먹기 위해 식당으로 가니 하필 메뉴가 카레여서 모두가 잠시 멈칫했던 일, 이마저도 이제는 아련하다.

후레쉬

우리는

초록 구호대

유니세프 아름다운 우리 환경 캠프

글쓴이 애련공

날짜 2011년 12월

장소 강원도 평창군 봉평 허브나라 농원

Creator 피터공, 애련공, 지인공, 태윤공, 현석공, 원빈공, 해연공, 송지공, 캣공

연말이 다가올 때면 바람의 온도는 영하를 향해 떨어지지만, 사람의 마음은 점점 뜨거워지는 것 같다. 입이 떡 벌어지는 액수를 기부했다는 연예인의 소식도 심심치 않게 들려오고 평생을 봉사하며 살았다는 어느 무명씨의 소식도 볼 수 있으니 말이다. 이런 기사를 접하게 되면 누군가를 돕는다는 것은 거룩한 마음가짐과 희생정신을 보유한 몇몇에게만 해당하는 일처럼 느껴진다. 하지만 누군가를 돕는 것이 희생을 각오하거나 하고 싶은 일을 포기하면서 수행해야 하는 노동 혹은 의무가 된다면 오래 지속될 수 없다. 친구들과 모여서 수다를 떠는 것처럼, 맛있는 음식을 먹는 것처럼 봉사도 재미있는 일이 될 수는 없는 걸까?

게임

모금이
전부는 아니야

유니세프와 놀공의 인연은 성균관대학교 영상학과에 재학 중이던 안지인, 김예리, 박현석, 진교현 학생이 2009년 기능성 게임 워크숍 학기말 과제 팀 프로젝트로 만들었던 '북극곰의 이주'라는 프로그램을 통해서 시작되었다. 당시 유니세프 교육부의 김경희 국장님께서 '북극곰의 이주'를 정식 프로그램으로 채택하면서 자주 연락을 주고받게 되었고 겨울방학 동안 어린이를 대상으로 하는 캠프를 놀공과 함께 기획하고 싶다는 제안까지 해주셨다. 놀공만의 방식으로 유니세프를 소개한다는 것은 의미도 좋았지만 그 자체로도 무척 흥미로운 프로젝트였다. 우리는 바로 캠프 준비를 위해 각종 자료를 수집하기 시작했다. 자료를 수집하다 보니 왜 하필 이 국가에서만 유독 기근이 심한 것인지 왜 하필 이곳만 재해가 자주 발생하는지 등이 궁금해졌다. 그 원인을 파악하기 위해서 자료를 더 깊이 파고드니 어느새 국제 이슈를 다루는 해외 서적까지 손을 뻗고 있었다. 거시적인 관점에

서 문제를 파악하고 놀공이 만약 유니세프라고 가정한다면 어떻게 해결점을 찾을 것인지를 토론하기도 했다.

이 과정은 생각했던 것보다 굉장히 어려웠고 놀공 멤버들은 점점 지쳐갔다. 유니세프의 구호 활동이 필요한 곳은 너무 많았고 문제가 발생한 원인을 밝혀내는 것도 힘들었지만, 이유를 안다고 해서 지금 당장 해결할 수 있는 문제가 아니라는 사실이 번번이 무릎을 꺾었다. 깊이 들어가면 들어갈수록 그 규모에 압도되어 무력감만 늘어가는 상황이었다. 더는 이렇게 가라앉을 수는 없었다. 어쩌면 놀공은 놀공답지 않게 엉뚱한 노력에 목을 매고 있었는지도 모른다. 지금 당장 할 수 있는 일을 놔두고 너무 먼 곳을 향해 달리고 있었던 것이 아닐까? 놀공만의 노력 금지 정신으로 다시 유니세프를 바라보았다.

지금 할 수 있는 것을 하고 그 시도를 통해 변화를 만들자!

이유가 무엇이든 이미 문제는 존재하고 지금 당장 개선할 수 있는 일을 해야 한다. 캠프에 참가하는 아이들이 지금 당장 할 수 있는 것은 근본적인 원인을 파악해 해결하는 것이 아니다. 유니세프라는 단어를 보았을 때 사람들은 전쟁이나 기근으로 고통받고 있는 아이의 모습을 떠올린다. 유니세프라는 기관을 광고나 모금 활동으로만 접하고 있기 때문이다. 그러나 유니세프가 모금 활동을 하는 이유와 모금된 돈을 어떻게 사용하는지에 대해서는 대부분 무지하다. 유니세프가 실제 현장에서 진행하는 다양한 구호 활동을 생생하게 전달하는 것만으로 많은 변화가 일어날 수 있을 텐데 안타까웠다. 놀공은 책장을 가득 메우고 있던 두꺼운 책은 치워 버리고 유니세프의 교육 자료를 다시 검토하기 시작했다.

아는 유니세프도
다시 보자!

유니세프의 교육 자료를 검토하다 보니 두 가지 패턴이 발견되었다. 첫째는 눈물이었다. 도움이 필요한 현장의 사진은 별다른 특수 효과가 더해지지 않아도 눈물샘을 자극하기 충분했다. 둘째는 숫자였다. '한 달에 3만 원씩 1년이면 35명을 살릴 수 있습니다', '5백만 어린이의 생명을 구해 주세요'처럼 정보를 전달하는 데 집중하기 위해 숫자를 사용하는 것이 유니세프 캠페인의 특징이었다. 물론 모두 사실이었고 중요한 부분이었지만 다른 접근법이 필요했다. 정보를 전달하는 교육 방식인 'Learning about something'이 아니라 'Learning to be someone'이 되어 도움을 주는 사람의 감정을 체험하는 것이 놀공다운 해법이었다.

김경희 국장님과 놀공이 생각하는 캠프의 목적은 하나였다. 어린이들에게 나는 지금 잘살고 있으니 불쌍한 나라의 사람들을 도와야 한다는 의무감을 심어 주는 것이 아니라 인간과 인간 사이에서 자연스럽게 발생하는 나눔의 감정을 알려 주어야 한다는 것. 캠프에 참가한 아이들에게 어떤 정체성을 부여해야 나눔의 감정을 자연스럽게 습득할 수 있을지를 고민했다. 드디어 놀공다운 고민을 시작한 것이다.

유니세프는 전 세계의 위험 지역에 살고 있는 아이들을 구호하고 있다. 생활에 직접적인 도움을 주는 활동을 통해 생명을 구하고 희망을 만드는 일이 유니세프가 존재하는 이유였다. 이것이 정말 희망을 만들 수 있을까 의심스러울 때도 있었지만 깨끗한 물을 통해 인생이 바뀐 한 소녀의 이야기를 접하니 유니세프가 지구촌에 기적의 '나비 효과'를 일으키는 장본인이라는 것을 알게 되었다. 또한 학교와 화장실, 우물처럼 우리에는 너무나 당연한 시설들이 행복과 얼마나 밀접하게 연관되어 있는지도 새롭게 알게 되었고, 이렇게 놀라운 이야기를 아이들이 게임을 통해 경험할 수 있다면 성공적인 캠프가 될 수 있으리라는 확신이 들었다.

unicef
unicef

나눔이 필요한 환경 만들기

어린이는 물론 성인을 대상으로 교육할 때에는 무엇보다 배워야 하는 이유, 알아야 하는 필요성을 자연스럽게 깨닫도록 해야 한다. 그 대상이 어린이라면 더욱 중요한데 또 그만큼 어려운 일이다. 집중할 수 있는 시간도 성인에 비해 짧고 산만한 아이들을 오랫동안 매직 서클 안에 머무르도록 하기 위한 논리적이면서도 재미있는 게임 환경 설정이 필요했다.

세계 곳곳에서 도움이 필요한 어린이를 구호하기 위해 유니세프가 어떤 활동을 하는지 그리고 그 활동의 의미가 무엇인지 스스로 알고 싶게 만드는 환경. 생명의 존귀함을 깨닫고 구호의 필요성과 나눔의 의미를 알게 하는 배움의 환경을 만들어야 했다.

먼저 캠프에 참여하는 아이들에게 실제 구호 현장에서 활동하는 유니세프

구호 대원이라는 정체성을 심어 주었다. 효과적으로 임무를 수행하기 위해서는 유니세프의 대원들이 실제로 어떠한 방법으로 구호 활동을 펼치는지 알아야만 하는데 구호 대원이라는 정체성을 부여받은 아이들에게 유니세프가 하는 일은 암기해야 하는 정보가 아니라 게임을 하기 위한 규칙이 된다. 구호 활동은 놀이가 되어 즐겁게 몰입할 수 있고 몰입하는 과정에서 구호 활동의 의미와 나눔의 기쁨을 체험할 수 있으리라 기대했다.

오직 테스트만이 살 길이다!

놀공의 프로그램은 직접 사람이 움직여야 완성되는 콘텐츠다. 사람이 직접 참여한다는 것은 이 세상에서 가장 큰 변수가 포함된다는 뜻이다. 따라서 놀공은 새로운 프로그램을 하나 만들 때마다 지나치다 싶을 정도로 많은 테스트를 거친다. 머릿속으로 수천 번 시뮬레이션을 했다 하더라도 사람이 한 번 움직이는 것에 비할 수 없다는 것을 놀공은 이미 알고 있기 때문이다. 유니세프 캠프는 그 대상이 어린이들이었기 때문에 발생할 수 있는 변수가 성인보다 훨씬 많았다. 초등학생 7명을 대상으로 서울에서만 3번의 테스트를 했고 실제 캠프가 진행되는 허브나라에서도 2번 진행했다. 물론 테스트를 하기 위한 테스트는 헤아릴 수 없었다.

아이들이 프로그램을 어려워하지는 않는지 정말 즐거워하는지 더 보완하거나 불필요한 과정이 있지는 않은지 살폈다. 더구나 2박 3일간 낯선 곳에서 벌어지는 일이기 때문에 공식적인 프로그램이 모두 끝난 후에도 아이들을 관리해야 했다. 몇 차례의 테스트를 통해 어린이 5명당 1명의 교사가 필요하다는 결론이 났고 진행자들은 아이들과 함께 숙소를 쓰면서 모든 안전 사고에 대비할 수 있도록 준비했다.

추위는 소시지를 얼릴 뿐,
열정을 얼릴 수 없다

유니세프 어린이 캠프는 지금도 잊을 수 없는 순간 중 하나다. 현장에서 진행할 때는 언제나 혼신의 힘을 다하지만 이때는 모든 놀공 멤버가 잠시도 쉬지 않고 말 그대로 하얗게 불태웠다. 행사에 참석한 유니세프 관계자가 좀 쉬면서 하라고 말릴 정도로 이곳저곳을 뛰어다녔다. 지금은 300명을 한꺼번에 교육하는 프로그램도 진행하고 모바일을 기반으로 하는 게임도 여러 번 진행하며 경험이 쌓였지만 이때만 해도 SNS와 모바일 기기를 활용한 첫 번째 시도였기 때문에 갑자기 오류가 생긴다면 어렵게 설계한 매직 서클이 깨지는 것은 물론 캠프 자체가 무너진다는 압박감이 상당했다. 함께 캠프를 진행했던 놀공 멤버들은 지금도 가끔 캠프에서 있었던 이야기를 하며 울고 웃는다.

SNS와 모바일 기기를 게임에 활용하기 위해 놀이가 펼쳐질 허브나라 곳곳에 7SCENES라는 GPS 기반 서비스를 설치해야 했다. 때는 겨울이었고 장소는 대한민국에서 가장 춥다는 강원도였다. 하필이면 영하 20도를 넘나들며 최저 기온을 기록한 날이 캠프 당일이었다. 7SCENES를 설치했던 이는 현석공과 캣공이었다. 둘다 남자치고는 호리호리한 체격의 소유자였고 먹는 것 하나는 최고라고 자부했던 놀공에서 일정에 쫓겨 밥도 제대로 먹지 못하고 있었다. 실내에서 설치하는 것은 따듯한 온실에서 진행하기 때문에 큰 문제가 없었지만 설치 후 테스트를 하기 위해서는 어쩔 수 없이 영하의 추위 속으로 나가야 했다. 스마트폰으로 테스트를 해야 했기 때문에 장갑도 낄 수 없는 상황이었다.

그렇다고 장갑도 끼지 않고 엄동설한에 밖으로 나갈 엄두는 나지 않았다고 한다. 묘수를 찾던 두 사람은 아이들에게 주려고 구입한 소시지를 발견했고 설마 하는 마음에 소시지로 터치해보니 놀랍게도 인식이 되었다고 한다. 기쁜 마음으로 밖으로 나갔지만 강추위에 소시지마저 얼어버려 결국 손을 호호 불면서 테스트를 마쳤다는 슬픈 전설이 전해지고 있다.

캠프 첫 날,

초록 구호대가 되다!

엄마가 후원자로 있는 유니세프에서 캠프를 한다고 참가 신청을 했다. 매번 방학 때마다 캠프를 간다. 이번엔 어떤 캠프일까? 버스에 내 또래의 아이들과 선생님이 탑승했다. 11시경 강원도 평창군 봉평면에 있는 허브나라에 도착했다. 선생님들은 우리를 마중 나와 있었다. 눈이 소복이 쌓인 길을 한참 지나 교실에 도착했다. 우리 팀이 누구인지 찾는 게임이 시작됐다. 우리는 아프리카의 어린이를 구호하는 초록 구호대라고 한다. 팀 깃발을 만들고, 팀 구호도 만들었다. 커다란 온실이 새로운 강의장이었다. 밖엔 흰 눈이 덮였는데, 온실은 마치 아프리카처럼 더운 곳이었다. 우리는 팀 별로 구호 게임 세트를 받았다. 구호 대원으로 죽어가는 아이들을 살려야 한다. 시간은 정해져 있고, 그 시간 안에 우리는 구호차를 이동시켜 그 지역과 그 지역에 살고 있는 아이들을 살려야 한다.

※ 게임에 참여한 어린이의 일기

SNS에 도움을 요청하라!

각 나라마다 여러 가지의 재앙들이 닥쳐왔다. 그 재앙을 피하기 위해서 우리는 우물도 만들어 주고 보건소, 학교 등을 지어야 한다. 구호 대원으로서 해야 하는 일은 여러 가지가 있었다. 첫 번째 미션은 유니세프에서 아프리카에 보내지는 구호 물품에 대해 아는 것이다. 가끔 엄마에게 오는 아프리카 아이들의 사진만 봤었는데 그 아이들을 구하는 방법이 이렇게 다양한지 몰랐다. 두 번째는 SNS를 활용하는 방법이었다. 캠프 동안 우리는 아이패드를 가지고, 우리의 활동을 외부에 알리는 역할을 했다. 사람들이 우리 구호 대원에게 관심을 가지고 유니세프가 하려는 일을 알게 해야 하는 것이다. 캠프에 와서 우리가 할 일이 많았다. 선생님들이 가르치는 게 아니고, 실제 우리가 해야 할 일이 있어서 일은 많지만 바빠서 재미있다. 재미있는 하루가 지났다. 내일도 더 재미있으면 좋겠다.

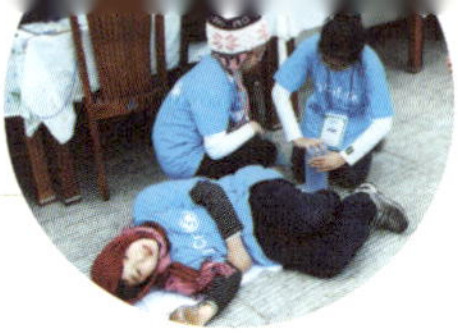

캠프 둘째 날,

유튜브 동영상을 만들다

아침에 우리는 아이패드를 들고 QR을 찍고 정보를 받는 게임을 했다. 교실에서 구호에 필요한 물품을 단어로 찾으며 다녔다. 우리 모두는 곧 밖에 나가서 허브나라 곳곳에 숨겨진 구호를 위한 정보를 찾으러 나섰다. 우리 팀은 다른 팀보다 더 빨리 찾으려고 열심히 뛰었다. 더 많은 아이를 구하려고 열심히 했던 것 같다. 맛난 점심을 먹고, 각자의 방으로 흩어져 아프리카 친구들을 구하기 위해서 세상 사람들의 도움을 구하고자 유튜브를 만들게 됐다. 모여서 어떤 내용으로 유튜브를 찍을지 회의를 했다. 우리는 뉴스처럼 구성하기로 하고, 물이 부족한 나라에 물을 보내야 한다는 내용을 담기로 했다. 어제 구호물품 중에서 물을 깨끗하게 하는 약을 받아왔다. 더러운 물에 직접 약을 넣어 정제하는 과정을 찍고, 사람들에게 이 한 알의 알약이 어떻게 도움이 되는지 알리기로 하고 각자 열심히 찍고 만들었다. 재미있었다. 내일이면 캠프가 끝나 너무 아쉽다.

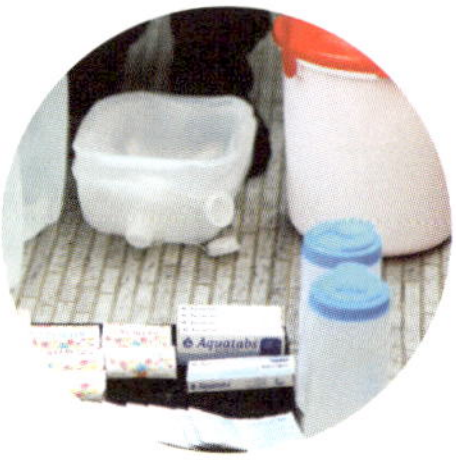

캠프 셋째 날,

내년에도 오고 싶지만

아침에는 우리가 직접 게임을 만든다고 했다. 우리는 힘을 합해 게임을 만들었다. 이 활동도 재미있다. 다른 팀이 만든 게임도 해 보고 즐거웠다. 이런 게임을 아프리카 친구들도 해보면 좋겠다는 생각을 했다. 정말 간단한 게임인데 재미있게 만든 친구들이 있었다. 신나고 즐겁게 우리가 새로 만든 게임을 경험하고, 다시 강의장으로 모였다. 어제 찍은 유튜브를 팀별로 상영하기로 한 날이다. 다른 팀은 어떻게 만들었을까 궁금하다. 전체가 만든 영상을 보고, 선생님들이 하나하나 칭찬을 해 주셨다. 놀면서 지낸 캠프 같은 데 어느새 지진으로 고생하는 아이티의 아이들을 알게 되었고 뉴스에서 아무 생각 없이 보던 세계 곳곳의 아이들을 생각하게 되었다. 캠프에서는 게임이었지만, 정말 유니세프 대원이 되어서 아이들을 구하고 싶다는 생각도 든다. 내년에도 또 캠프에 참가하고 싶지만, 내년에는 중학생이 된다.

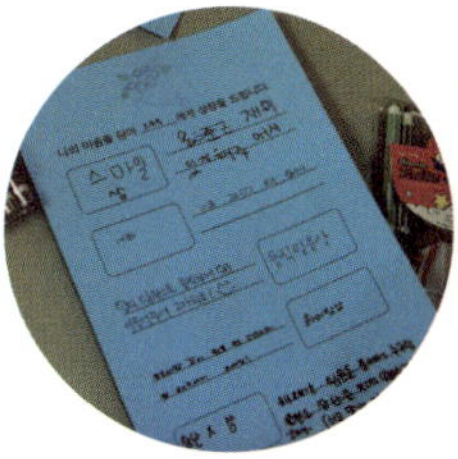

진화하고 있는
유니세프 구호 게임

캠프에 참석한 아이들은 추위에 상관없이 무척 즐거워했다. 하지만 진행하는 놀공과 유니세프 자원봉사자들은 긴장을 늦출 수 없었다. 정신없이 하루가 지나고 캠프 둘째 날 밤이 되어서야 긴장을 풀고 웃을 수 있었다. 지금은 담담하게 말할 수 있지만 캠프가 끝나고 아이들과 기념사진을 찍은 후 버스에 태워 보낼 때까지 단 한순간도 뭉클하지 않은 때가 없었다.

캠프에서 아이들이 체험한 구호 게임은 현재도 유니세프에서 활용하고 있다. 게임이 더 널리 알려져서 학교를 비롯한 공공기관에 보급되기를 놀공과 유니세프 모두 바라고 있다. 더 많은 어린이가 체험할 수 있도록 규칙도 변경하고 진행 요원의 수가 많지 않고, 전문적인 진행자가 아니어도 시작할 수 있도록 다듬고 있다. 많은 테스트를 거친 구호 게임이지만 현재도 계속 진화 중이고 놀공 역시 구호 게임이 자라는 만큼 성장하고 있다.

2011 아름다운 우리 환경캠프
unicef

Nutrition
Protection
Participation

놀공, 기업을

고욕하다

S그룹 인력개발원 창의 워크숍

글쓴이 피터공

날짜 2011년 10월

장소 강남 일대

Creator 피터공, 애련공, 지인공, 해연공, 원빈공

기업

놀공은 게임으로 메시지를 전달하고 참여한 사람에게 경험을 선물한다. 다시 말하면 경험이라는 콘텐츠를 만드는 곳이 바로 놀공인 것이다. 놀공의 게임은 모든 사람에게 유용하게 쓰일 수도 있지만 소중한 경험일수록 개인의 오롯한 감정이 담겨 있어야 하므로 놀공을 찾아오는 클라이언트의 사연과 필요에 따라서 여러 가지 제안을 한다. 무엇이 되었든 놀공을 찾은 이와 함께 그들만을 위한 경험을 만들어 내는 것이다. 또한 놀공은 믿음을 파는 회사다. 놀공에 모인 사람들도 새로운 것을 할 수 있겠다는 믿음으로 뭉친 사람들이며 놀공과 일을 하고 싶어 하는 사람들 역시 무언가 새로운 것이 있으리라는 믿음을 갖고 오는 것이라 믿는다.

놀공,
기업을 만나다

2011년 10월 어느 날, 놀공으로 전화 한 통이 걸려 왔다. S그룹 인력개발원의 김용재 차장님이었다. 놀공이 연사로 참여했던 TEDx 행사에서 놀공을 처음 접했다는 인사와 함께 새로운 교육 프로그램 개발을 함께했으면 한다는 연락이었다.

"그럼 놀공으로 오시겠어요?"

다이어리를 뒤적이며 스케줄을 확인했고 미팅이 가능한 날짜를 골랐다. 약속한 날이 되어 김용재 차장님과 송미영 과장님 그리고 김우빈 프로님 이렇게 3명이 합정동 카페 거리에 있던 두 번째 놀공 사무실로 찾아 오셨다. 나중에 알게 된 사실이었지만 보통은 기업의 교육 담당자들이 전화로 자료를 요청하면 보내 주고 그 이후 본사로 들어가 설명을 하는 것이 일반적인 업무의 시작이자 관례였다고 한다. 물론 이유가 있어서 시작된 것이었겠지만 관례라는 것은 중력이 아니다. 누군가에 의해서 시작된 규칙인 만큼 누군가에 의해서 바뀔 수도 있는 규칙이다. 놀공은 미처 알지 못했지만 관례를 깨고 새로운 관계의 변화를 만들기 시작했다. 물론 이런 변화가 가능했던 것은 운도 무시할 수 없었다. S그룹 인력개발원에서 놀공을 찾아온 세 분은 변화와 시도를 재미있는 것으로 생각했으니 말이다.

놀공은 전문가로서 기업과 파트너십을 맺길 바란다. 서로 동등하게 존중하는 협업의 관계가 형성되었을 때 의미 있는 결과가 나온다. 따라서 일이 시작되기 전 상대방을 알아 가는 것은 무척 중요하지만 애석하게도 놀공이 하는 일은 말로 설명하기 어렵다. 놀공의 결과물을 한 번이라도 경험해 봤다면 금방 이해할 수 있지만 경험해 보지 않은 사람에게는 아무리 쉬운 예를 들어서 설명하더라도 거리가 느껴진다.

"오늘 놀공에서 딴짓 해 보실래요?"

이 말은 낯설게만 느껴지는 놀공을 오해 없이 있는 그대로 소개하기 위한 초대의 메시지다. 물론 놀공 사무실에서 설명한다고 해서 갑자기 말솜씨가 화려해지는 것은 아니다. 여전히 설명은 어렵지만 놀공이 어떤 사람들인지 무엇을 하려는 사람들인지는 감이 온다. 시작은 어렵지만 일단 만남이 시작되면 잠시 스치는 인연이 아닌 그 이상의 관계가 형성되기도 한다.

사례분석과 방법론은 더이상 필요없다

놀공을 찾은 김용재 차장님, 송미영 과장님, 김우빈 프로님은 그룹 내 상위 3%에 해당하는 인재를 대상으로 독특한 창의 교육 과정을 준비하던 중 TEDx 행사장에서 놀공의 강연을 들었다고 한다. 그리고 이 사람들과 함께라면 뭔가 새로운 것을 함께 만들 수 있겠다는 생각이 들었다고 했다. 첫 번째 만남이었지만 대화는 시간이 가는 줄 모르게 이어졌고, 업무라기보다는 재미있는 놀 궁리를 하는 듯한 느낌이 들었다.

그룹 내 선발된 우수인력을 각 사별로 차수별로 30명씩 10일간의 창의 프로젝트에 참여해 1일차 프로그램과 4일간 오전의 프로그램을 설계하는 것이 놀공의 미션이었다. 이렇게 시작한 미션이 무려 4개월 동안이나 이어졌다. 창의 교육 과정을 만드는 과정 자체가 놀공에게는 창의 과정이 되었다.

기존의 창의 교육 형식은 주목할 만한 기업과 인물의 창의적인 사례를 분석해 방법론을 추출하는 방식으로 진행되고 있었다. 그러나 창의적인 결과물을 분석하는 것은 또 하나의 지식 전달일 뿐 창의력을 길러 주는 방법이 될 수 없다. 사람마다 입맛이 다르고 체질이 다른 것처럼 창의적인 결과물을 내는 방법은 제각기 다를 수밖에 없다. 유명한 사람이 사용한 방법론이라고 해서 나에게도 딱 들어맞는 만능열쇠가 되리라는 법은 없다. 누구나 아는 방법론을 전달하는 것보다 창의적인 상태에 놓여 있을 때 어떤 감정의 변화가 일어나는지를 사람들이 경험할 수 있게 하는 것이 필요했다.

창의 회사가 만드는 창의 게임

브리태니커 백과사전에서는 창의를 이렇게 정의한다.

새로운 것을 만들어 내거나 발견해 내는 능력. 어떤 문제에 대한 새로운 해결안, 새로운 방법이나 고안, 새로운 예술적 대상이나 형태 등으로 구체화한다.

그러나 놀공은 창의를 조금 더 간단하게 정의한다.

같은 것을 보고 다른 것을 생각하는 것이다.

지하철이나 버스 정류장에 나가서 잠시 주변을 살펴보면 알게 된다. 우리는 모두 비슷한 것을 바라보며 살고 있다는 것을. 비슷비슷한 건물들이 골목마다 들어서 있고 색깔만 조금씩 다른 옷을 입고 거리를 활보하는 사람들이 대다수다. 또한 도시는 점점 인간의 편의를 위해 진화하여 열심히 생각하지 않아도 지식을 얻을 수 있고 몸을 많이 움직이지 않아도 생활이 가능한 곳으로 변했다. 에스컬레이터에 오르는 일이 많아졌고 화장실에 앉아서도 지구 반대편의 소식을 손가락 하나로 찾아보게 되면서 생각하는 법 자체를 포기하고 있는 것인지도 모른다.

그래서 창의력을 찾는 사람들이 무작정 도시가 아닌 곳으로 떠나거나 낯선 나라를 찾아가면서 끊임없이 자신을 새로운 환경으로 내모는 것인지도 모른다. 눈 감고도 할 수 있는 일들이 낯선 곳에만 가면 생전 처음 하는 일처럼 신기한 경험이 되니까 말이다.

그러나 창의력을 얻기 위해서 내가 발 딛고 있는 이곳을 떠나기에는 걸리는 것이 너무 많다. 다음 달에 지구가 멸망해도 어떻게든 나를 찾아낼 것 같은 카드 고지서와 정이 담뿍 들어 버린 가족과 친구들을 떠나는 희생을 감수하면서 창의를 갈망해야 한다고 말하는 것은 어리석은 일이다. 직업적인 예술가가 아니라면 창의력을 키우는 것이 최우선 순위가 아닐 수도 있고 영감을 얻기 위해 훌쩍 떠나는 일탈 행위를 지속해도 이해받을 수 있는 축복받은 직장인은 어디에도 없기 때문이다. 현실을 잊는 것은 언제, 어떤 상황 속에서도 해답이 될 수 없다.

일상으로부터의 탈출 → 일상으로의 탈출

창의력은 새로운 것을 봐야만 나타나는 것이 아니다. 매일 보던 사물에서도 새로움을 발견하고 반복되는 일상 속에서도 딴 생각을 할 수 있을 때 창의는 시작된다. 일상으로부터의 탈출이 아니라 일상으로 탈출할 수 있어야 한다. 정해진 기능을 그대로 사용하는 것이 아니라 다른 쓰임새가 없는지 고민하고 과감하게 엉뚱한 행동을 할 수 있도록 자신을 허락하는 것이 창의가 발견되는 시점이고 놀공이 설정해야 하는 매직 서클이다.

잃어버린 창의력을 찾아서

일상은 해야 하는 일과 하지 말아야 하는 일을 정해 준다. 일상이 반복되다 보면 안정적인 보호막이 생기게 되고 사람들은 이 보호막을 뚫는 것을 두려워한다. 일상은 편리한 만큼 중독성도 크다. 따라서 본격적으로 일상으로 탈출하기 전 일탈을 먼저 경험하도록 창의력 워크숍에 참석한 사원들에게 교육장에 입교하는 대신 공식적인 땡땡이를 치는 것을 프로그램에 넣었다. 여느 때처럼 모든 사람의 일상이 진행되고 있는 공간 속에서 갑자기 외딴 섬처럼 동떨어진 기분을 교육생들이 느끼기를 바랐다. 일상은 하나도 바뀌지 않았지만 나의 마음가짐에 따라 일상이 새로운 경험이 되는 느낌이 매직 서클 안에 충만할 수 있도록 했다.

목표는 잡혀 있었지만 아직 갈 길이 멀었다. 직장인의 일상을 드라마와 영화, 소설로만 접해 보았을 뿐 제대로 경험한 사람이 놀공에는 애련공을 제외하면 없었다. 아침 8시면 집을 나서서 사람으로 가득한 전철을 타는 직장인의 일상을 글로만 접해서는 제대로 게임을 설계할 수 없었다.

놀공 멤버들은 일상 체험에 나섰다. 직장인에게 가장 친숙한 공간을 찾아다니기로 한 것이다. 일명 직장인 코스프레! 출근 무렵 가장 사람이 많이 몰린다는 시청역으로 각자 정장을 입고 오직 전철과 버스 같은 대중교통만을 이용해서 도착하는 것이 핵심이었다. 아침 시간의 지하철은 상상했던 것 이상이었고 말로만 듣던 넥타이 부대의 물결을 직접 마주하니 주눅이 들 정도였다.

뚜렷하게 갈 곳이 없었지만 주변 사람들에게 떠밀려 출입구로 나왔을 때는 이미 기진맥진한 상태였다. 지인공, 은현공, 애련공 모두 한바탕 전쟁을 치른 얼굴로 하나둘 모였고 간신히 기력을 회복했지만 무엇을 해야 할지 몰랐다. 그 많던 사람이 모두 건물 어딘가로 사라져 버린 거리는 한산했고 우리는 일단 편의점 앞 벤치에 앉아서 이제부터 무엇을 할지 상의하기 시작했다.

"이제 어디를 가죠?"
"아직 점심 먹기에는 이르죠?"
"직장인들은 이 시간에 다 사무실에 있겠죠?"
"근데, 저기 사람들이 자꾸 우리를 쳐다보는 것 같아요."

아닌 게 아니라 거리를 지나가는 사람들이 열에 여덟 정도는 우리를 힐끗

거렸다. 정장을 멀쑥하게 차려입은 사람들이 하나도 아니고 여럿이서 편의점 앞에 앉아 있는 모습이 낯설었던 것이다. 우리끼리는 직장인 코스프레를 하는 중이었지만 다른 사람 눈에는 영락없는 실직자들의 모임이었다. 그렇다고 기죽을 놀공이 아니었다. 꿋꿋하게 자리를 지키며 다음 탐험 장소를 논했다. 그러던 중 사람들에게 익숙한 공간은 대중교통과 사무실도 있지만 마트와 서점도 친숙한 공간이라는 결론을 내렸고 시청 주변과 남대문 시장도 돌아보고 서점도 돌아보면서 일상 체험을 시작했다.

어떤 날은 종일 마트에서 시간을 보내기도 했다. 단순히 물건을 사는 곳이 아니라 최대한 낯설게 바라보기 위해서 즉석에서 간단한 게임을 만들고 점원들의 눈길을 피해 얼른 테스트를 해 보기도 했다. 특히 서점은 새로운 게임 규칙을 만들고 실험할 수 있는 최고의 공간이었다. 서점이 개장하자마자 들어가 계속 서가를 살폈고 밥을 먹으면서는 각자 고안한 게임 아이디어를 털어놓았다. 많은 인원이 필요한 테스트가 있으면 놀공의 친구들에게 도움을 요청했다. 그러면 모두 퇴근하고 서점에 모여서 허점투성이일 수밖에 없는 게임에 임해 주었다. 가끔은 황당한 시도를 하기도 했다. 빌딩 주변을 마구 뛰어다니기도 했고 지하철역 안에서 벤치와 화물 보관소 개수를 세기도 했다. 마트나 서점에 있는 것은 생각보다 피곤한 일이었고 잡상인 혹은 소동을 일으키는 사람으로 오해받아 쫓겨난 적도 셀 수 없었다. 하지만 이 과정에서 많은 아이디어가 나왔다.

놀공이 이렇게 서울 곳곳을 누비며 일상 탐험에 나서고 있을 때 김용재 차장님, 송미영 과장님, 김우빈 프로님은 여러 난관을 헤쳐 나가고 있었다.

Objective-C
Macintosh

신디
D-30
D-31
전품

놀공과 프로젝트를 시작하자 주변에서는 의심의 눈초리를 보내기 시작했던 것이다.

“도대체 놀공이 누군데 이런 프로젝트를 같이 하는 거야?”

전에 없던 새로운 창의 교육 프로그램을 만들겠다는 비전은 확고했지만 구체적인 모습은 없었고 놀공 멤버들은 한창 직장인 코스프레 및 일상 탐험에 매진하고 있었다. 그저 새로운 것에 대한 기대와 믿음만이 있었을 뿐이다. 많은 기대와 걱정 속에서 4개월이라는 짧지 않은 시간을 함께 고민한 김용재 차장님, 송미영 과장님, 김우빈 프로님에게 새삼 감사의 말을 전한다. 이 프로젝트는 세 분의 열린 마음과 믿음이 있었기에 가능했던 일이다. 물론 고비도 있었다. 그때마다 세 분은 이렇게 말하며 우리를 격려했다.

“이건 뭔가 놀공스럽지 않아요!”

어떤 수식어를 붙여도 부족할 만큼 많은 시도를 했고 실패도 했다. 이러한 과정은 모두 ‘창의의 순간’으로 놀공에게 남았고 다른 프로젝트를 실행하는 데 밑거름이 되었다.

뇌에 땀나도록
달릴 준비가 되었습니까?

"연수원으로 가는 버스가 고장이 났습니다. 다른 버스는 오후에나 온다고 해요. 모두 버스에서 내리세요."

평일 오전 8시, 10일의 창의 교육 프로그램을 받기로 한 34명의 회사원이 고속버스에서 내렸다. 버스에서 내리던 회사원들의 얼굴에는 원망이 가득했다. 34명의 회사원은 '버스 안에서 2시간 정도 푹 잘 수 있으리라 기대했건만 이게 웬 날벼락인가?'를 짜증 섞인 얼굴과 온몸으로 표현하고 있었다. 영업시간 전이라 한산한 플래그십 스토어로 그들을 이끌었다. 잠시 후, 스토어 중앙에 위치한 전광판에 불이 번쩍 켜지고 사회자가 등장했다.

"저는 오늘 반나절 동안 여러분을 연수원에 보내지 않을 작정입니다. 강의장에 앉아 있는 대신 강남역 일대를 아주 원 없이 돌아다니게 될 겁니다.

일상으로부터의 탈출이 아니라 일상으로의 탈출이죠. 왜냐고 묻지 마세요. 묻는 순간 즐거움이 반감될 테니까요. 오늘 새로운 룰에 따라 움직이다 보면 왜 연수원이 아닌 이곳에서 프로그램을 하는지 알 수 있을 겁니다."

이윽고 사회자는 아직도 어안이 벙벙한 얼굴을 한 34명의 회사원에게 황색 봉투와 태블릿 PC 하나씩을 나눠주고 사라졌다. 봉투 안에는 편지 한 장이 담겨 있었다.

"당신은 바이러스에 감염되었습니다. 4시간 안에 바이러스의 해독제를 찾아야 합니다. 강남역 지하상가 B-91에서 당신을 안내할 비밀요원이 기다리고 있습니다."

잠에서 덜 깬 사람들의 얼굴에 이번에는 거대한 물음표가 두둥실 떠올랐다. 바이러스? 비밀 요원? 웅성웅성하던 사람들이 하나둘 스토어를 빠져나가 강남역 지하 계단을 내려가기 시작했다. 더러는 머리를 긁적이고 더러는 사회자를 째려 보며 떠나는 34명의 사람은 그룹 내에서도 우수인력이라고 불리는 핵심 인재들이었다. 몸이 아니라 머리로 움직이는 사람들이지만 오늘만큼은 머리가 아니라 발로 뛰면서 문제를 해결할 예정이었다.

창의성을 관장하는 전두엽의 기능을 둔화시키고 감수성을 무디게 만드는 것도 모자라 무언가를 배우려는 시도를 꺼리며 의사소통 능력까지 망가뜨리는 무시무시한 바이러스. 바이러스가 창궐해 현대인을 위협하는 시대를 가정하는 것이 창의력 워크숍의 시작이었다. 창의력을 마비시키는 바이러

스로 인해 혁신과 창의성이 필요한 기업에 악영향을 주고 기업 경쟁력을 약화시켜 국가의 위기를 초래했으며 급기야는 인간과 동물의 경계까지 모호하게 만들 수 있다는 무시무시한 시나리오를 참가자들에게 차례로 노출했다.

창의 워크숍 배경 스토리

☞ **창의력을 말살시키는 바이러스의 전성시대 도래**

1. 창의성은 인간이 본래 갖고 있는 것이지만 바이러스에 의해 제대로 작동하지 않는 것이다.

2. 바이러스를 잠재우기 위한 여러 가지 치료법(창의력 강의/멘토/힐링)이 나왔지만 일시적인 효과만 있을 뿐 장기적인 성과는 없었다.

3. 마침내 김 박사는 바이러스의 항체 연구에 성공했지만 해독제를 독점하려는 제약 회사의 음모가 시작되었다. 해독제의 이름은 Creative-Energy, 일명 C-Energy라고 한다.

4. 바이러스의 해독제인 C-Energy를 사수해야 한다. 김 박사가 지하철역 안에 숨겨 놓은 C-Energy를 제약 회사가 보낸 스파이의 눈을 피해 안전한 곳으로 옮겨야 한다.

참가자에게는 또 다른 시나리오가 제공되었다. 마침내 뇌과학 분야의 일인자인 김 박사와 그의 제자들이 바이러스에 대한 영구적인 항체를 만드는 C-Energy를 개발하는 데 성공하자 다국적 제약 회사에서 김 박사에게 거액의 돈을 미끼로 C-Energy를 독점하겠다는 야욕을 드러내었다. 하지만 김 박사는 인류의 창의성을 돈벌이에 이용하려는 기업에는 결코 넘기지 않겠다는 의사를 굽히지 않았고 제약 회사의 눈을 피해 C-Energy를 빼돌리기 위해 S그룹 인력개발원 창의 워크숍에 참석한 34명의 직원에게 요청했다는 것이다. 주변의 시선을 피해 강남역 8번 출구에서 오전 8시에 김 박사로부터 C-Energy를 수령해서 안전한 곳으로 옮기는 것이 최종 미션이었다.

서점이 살아있다

강남역 일대에서 단서를 찾아서 헤맨 참가자들이 잠시 기력을 회복하기 위해 식당에 모였다. 식당에 모인 34명의 참가자들은 본인의 무용담을 쏟아내느라 여념이 없었다. 얼마나 힘들게 단서를 모았는지 요원에게 들은 메시지는 무엇이었는지 정보를 교환하고 있었다. 식사를 모두 마치고 마지막 관문인 교보문고로 향했다. 강남 교보문고 정문에 모인 참가자들에게 마지막 지령이 떨어졌다.

"주어진 40분 동안 바이러스를 제거할 수 있는 책을 찾아라!"

아침부터 계속 소음이 가득한 곳에서 뛰어다녔던 잔상이 몸에 남아 있기 때문에 서점에서 느끼는 고요는 어느 때보다 참가자들에게 충격으로 다가온 듯 했다. 소음이 제거된 공간에서 나에 대해 곰곰이 생각하면서 서가

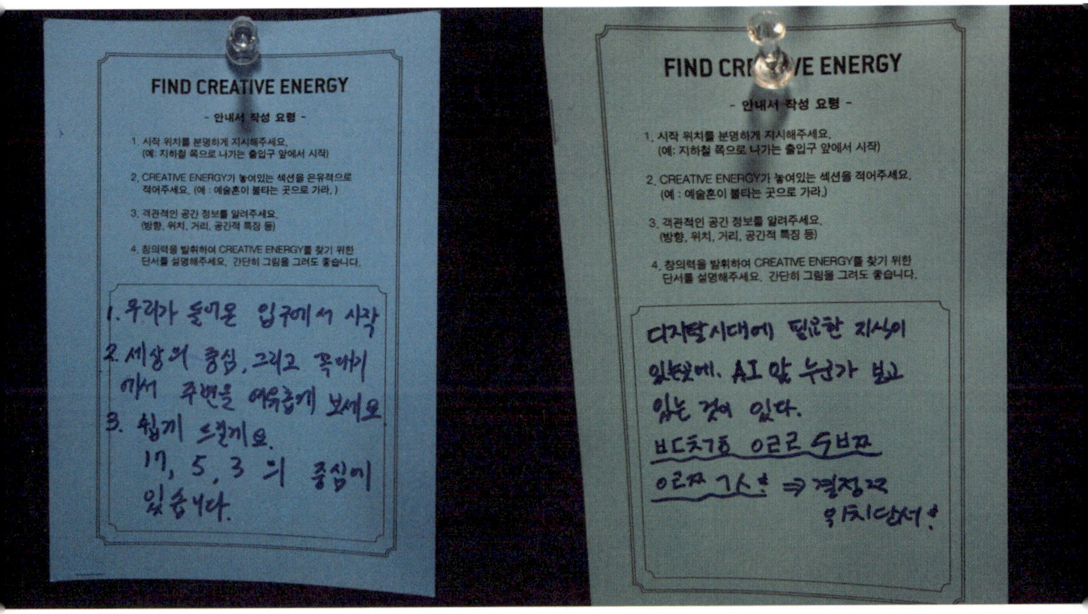

곳곳을 누비며 책을 꺼내서 살펴보고 적극적으로 책을 찾는 모습이 자연스럽게 연출되었다. 자신이 찾은 책에 붉은색 띠지를 두르고 서점과 미리 상의된 공간 중 한 곳에 숨기게 했다. 책을 숨길 때는 위치를 알 수 있는 세 가지 단서를 엽서에 정리해야 하는데 나 이외의 다른 사람이 찾을 수 있도록 한곳에 모은 후 나누어 가졌다.

지금까지는 놀공이 설계한 게임 속에서 움직인 것이라면 이번에는 참가자가 직접 단서를 만들고 진행하는 두 가지 역할을 동시에 진행하게 된다. 엽서를 보고 책을 찾는 시간으로 20분이 주어졌다. 빨리 엽서의 단서를 파악해 책을 찾아오는 사람도 있지만 시간이 다 되도록 찾지 못하는 사람도 있다. 이때 먼저 책을 찾은 참가자들은 자연스럽게 문제를 풀지 못하고 있

Re:Look
Re:Find
카운터 뒤 에스컬레이터에서
시작.
에스컬레이터와 엘리베이터
사이에 반복된 삶을
탈출하기 위한, 넓은 세상을

D 기술·과학·건강
B Foreign Books·日本書籍

는 참가자 주변으로 모여서 함께 단서를 풀기 위해 고민 했다. 참가자가 모두 책을 찾게 되면 엽서의 주인에게 책을 선물하고 바이러스가 또다시 창궐했을 때 사용하라는 메시지를 주고받았다. 책이 바로 김 박사가 발명한 C-Energy였다는 것을 알게 될 쯤 워크숍의 첫 번째 프로그램이 끝났다.

이제 다시 버스에 탑승할 시간이 되었다. 아침 8시 30분부터 줄곧 앉지도 못하고 달려온 6시간의 피로가 버스에 오르자마자 밀려오는 듯 참가자 대부분이 잠에 빠져들었다. 하지만 창의 프로그램이 이렇게 간단히 끝날 리가 없다. 앞으로 10일간 34명의 참가자는 놀공이 설계한 각종 게임과 팅커링 아카데미 이외에도 다양한 구성으로 만들어진 프로그램들을 체험하며 끊임없이 창의적인 상태에 놓이게 될 예정이었다. 책상과 의자가 있는 강의실이 아니라 각종 놀이 기구로 가득한 놀이터에서 지금까지와는 비교할 수도 없을 만큼 다양한 체험이 기다리고 있었다.

놀공이 생각하는
창의력 게임의 역할이란

바이러스 때문에 창의력이 제대로 발현되지 못하고 있다는 설정은 참가자들에게 창의력이라는 능력이 처음부터 없거나 남보다 적은 것이 아니라 충분한 창의성이 이미 모두에게 내재되어 있다는 것을 말하고 싶었던 마음에서 시작되었다. 따라서 S그룹 인력개발원과 함께 한 창의력 워크숍은 전체적으로 바이러스를 제거하는 과정이 코어 매카닉이 되었다.

물론 창의력이 한 번의 게임을 통해 잠재력을 폭발시킬 수 있다고 주장하는 것은 아니다. 어떻게 해야 창의적인 사람이 되는지를 가르치는 것이 아니라 자신도 미처 몰랐던 창의력이 분출되었던 경험을 할 수 있도록 만들고 싶었다. 그 경험이 게임이라는 매직 서클을 넘어서 일상으로 확대될 때 창의력은 현실을 벗어나서야 찾을 수 있는 것이 아니고 특별한 예술가의 전유물이 아니라는 것을 깨달을 수 있을 것이다.

6

놀공발전소 활용법

시간
있으면

놀러와

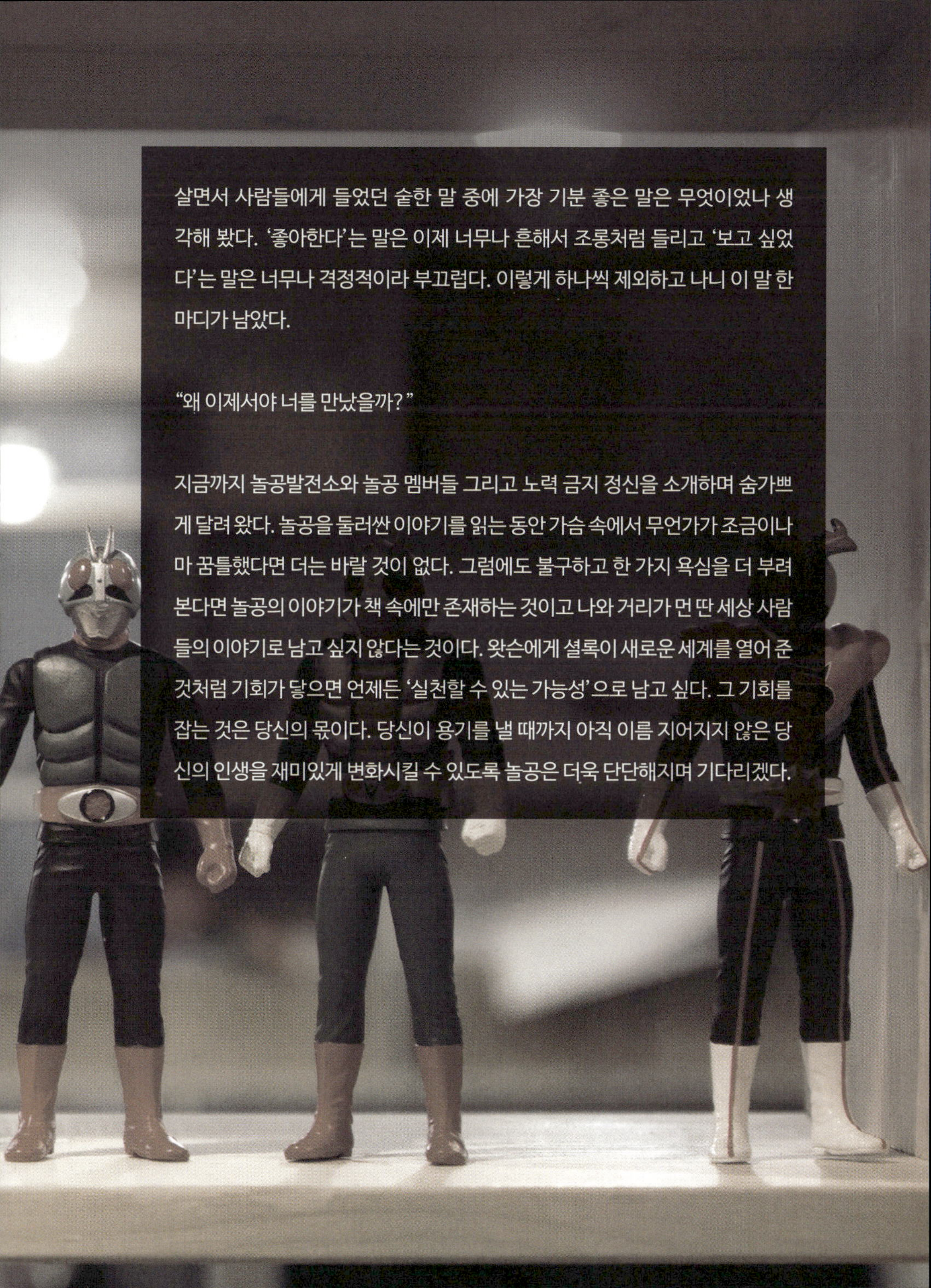

살면서 사람들에게 들었던 숱한 말 중에 가장 기분 좋은 말은 무엇이었나 생각해 봤다. ‘좋아한다’는 말은 이제 너무나 흔해서 조롱처럼 들리고 ‘보고 싶었다’는 말은 너무나 격정적이라 부끄럽다. 이렇게 하나씩 제외하고 나니 이 말 한 마디가 남았다.

“왜 이제서야 너를 만났을까?”

지금까지 놀공발전소와 놀공 멤버들 그리고 노력 금지 정신을 소개하며 숨가쁘게 달려 왔다. 놀공을 둘러싼 이야기를 읽는 동안 가슴 속에서 무언가가 조금이나마 꿈틀했다면 더는 바랄 것이 없다. 그럼에도 불구하고 한 가지 욕심을 더 부려본다면 놀공의 이야기가 책 속에만 존재하는 것이고 나와 거리가 먼 딴 세상 사람들의 이야기로 남고 싶지 않다는 것이다. 왓슨에게 셜록이 새로운 세계를 열어 준 것처럼 기회가 닿으면 언제든 ‘실천할 수 있는 가능성’으로 남고 싶다. 그 기회를 잡는 것은 당신의 몫이다. 당신이 용기를 낼 때까지 아직 이름 지어지지 않은 당신의 인생을 재미있게 변화시킬 수 있도록 놀공은 더욱 단단해지며 기다리겠다.

1

Come Out & Play Festival 2008

@ New York Tompkins Square Park

Come Out & Play는 5명의 게임 디자이너(피터공, Greg Trefry, Gatherine Herdlick, Nick Fortugno, Mattia Romeo)가 시작한 빅게임 축제이다. 2006년 시작되어 매년 뉴욕과 샌프란시스코를 거대한 놀이터로 만든다. CO&P는 페스티벌을 통해 새로운 놀이 문화를 만들고 즐기는 문화와 참여의 확대를 목표로 한다. 사진 속에 있는 사람들은 'Human Blackjack'이라는 게임을 하고 있다. 테이블에서 하는 게임을 확대한 것으로 사람이 직접 카드가 된다는 상상력이 돋보인다.

2

Come Out & Play Festival 2009

@ New York Times Square

타임스퀘어에서 크로스 컨추리 경기를 하자! 'Hopscotch Highways'를 즐기기 위해서는 먼저 출발점에서 결승점까지 고속도로를 그려야 한다. 이때 자신이 소속된 팀에게 유리하도록 분필로 도로, 다리를 더 그려 넣거나 지울 수 있다. 팀별 주자들이 한발 뛰기로 경주하여 가장 먼저 도착하는 사람이 이긴다.

Creator: Walt Disney Imagineering

3

Come Out & Play Festival 2009

@ New York Times Square

맨하탄 타임스퀘어 한복판에서 '파파라치'가 되어 스캔들 사진을 찍어라! 플레이어 중 랜덤으로 셀러브리티 팀과 파파라치 팀으로 뉘어 셀러브리티들은 미리 주어진 여러 개의 파티 장소에 찾아가 임무를 수행하고 파파라치들은 셀러브리티들의 위치를 추적해 기사에 내보낼 사진을 찍어야 한다.

Creator: David Fono, Kate Raynes-Goldie & Emily Kornblut

4

Come Out & Play Festival 2009

@ New York Subway

누구나 아는 파티 게임인 '마피아 게임'을 지하철 안에서 한다면 어떤 일이 벌어질까? 역과 역 사이를 달리는 3분여의 시간 동안 지하철 안에 숨어 있는 마피아를 추측해 지목해야 한다. 마피아로 지목된 사람은 다음 역에서 내려야 한다.

Creator: Copenhagen Game Collective

S

Come Out & Play Festival 2011

@ New York Governors Island

놀공의 뉴욕 멤버들이 Come out & Play Festival에서 놀공의 게임 '식탁의 기사'를 진행했다. 식탁의 기사는 국경과 연령대에 상관없이 뜨거운 반응을 이끌어냈다.
(왼쪽부터 서영공, 유니공, Russ)

6

2011 유니세프 사랑의 맨발걷기대회

@서울 남산

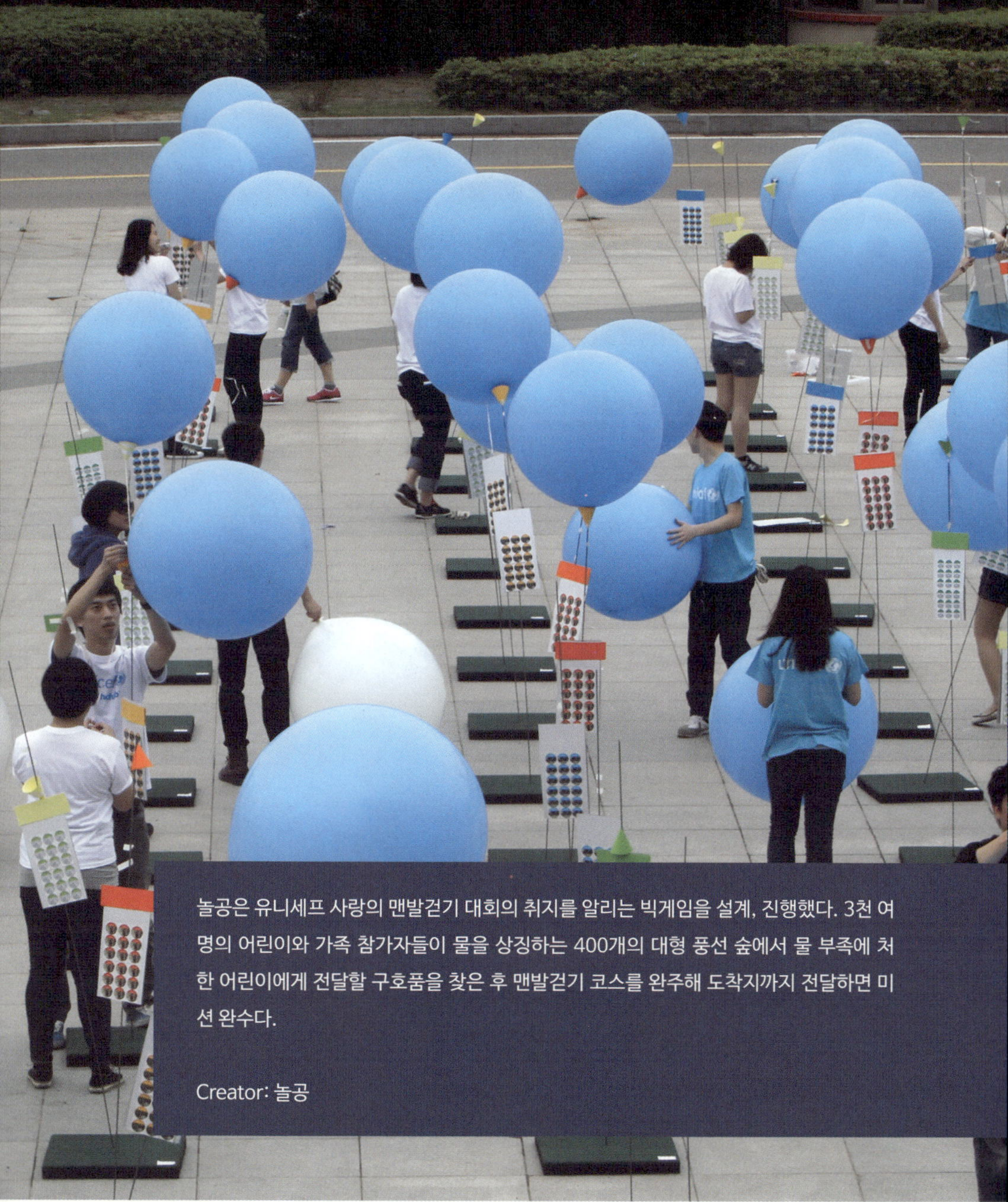

놀공은 유니세프 사랑의 맨발걷기 대회의 취지를 알리는 빅게임을 설계, 진행했다. 3천 여 명의 어린이와 가족 참가자들이 물을 상징하는 400개의 대형 풍선 숲에서 물 부족에 처한 어린이에게 전달할 구호품을 찾은 후 맨발걷기 코스를 완주해 도착지까지 전달하면 미션 완수다.

Creator: 놀공

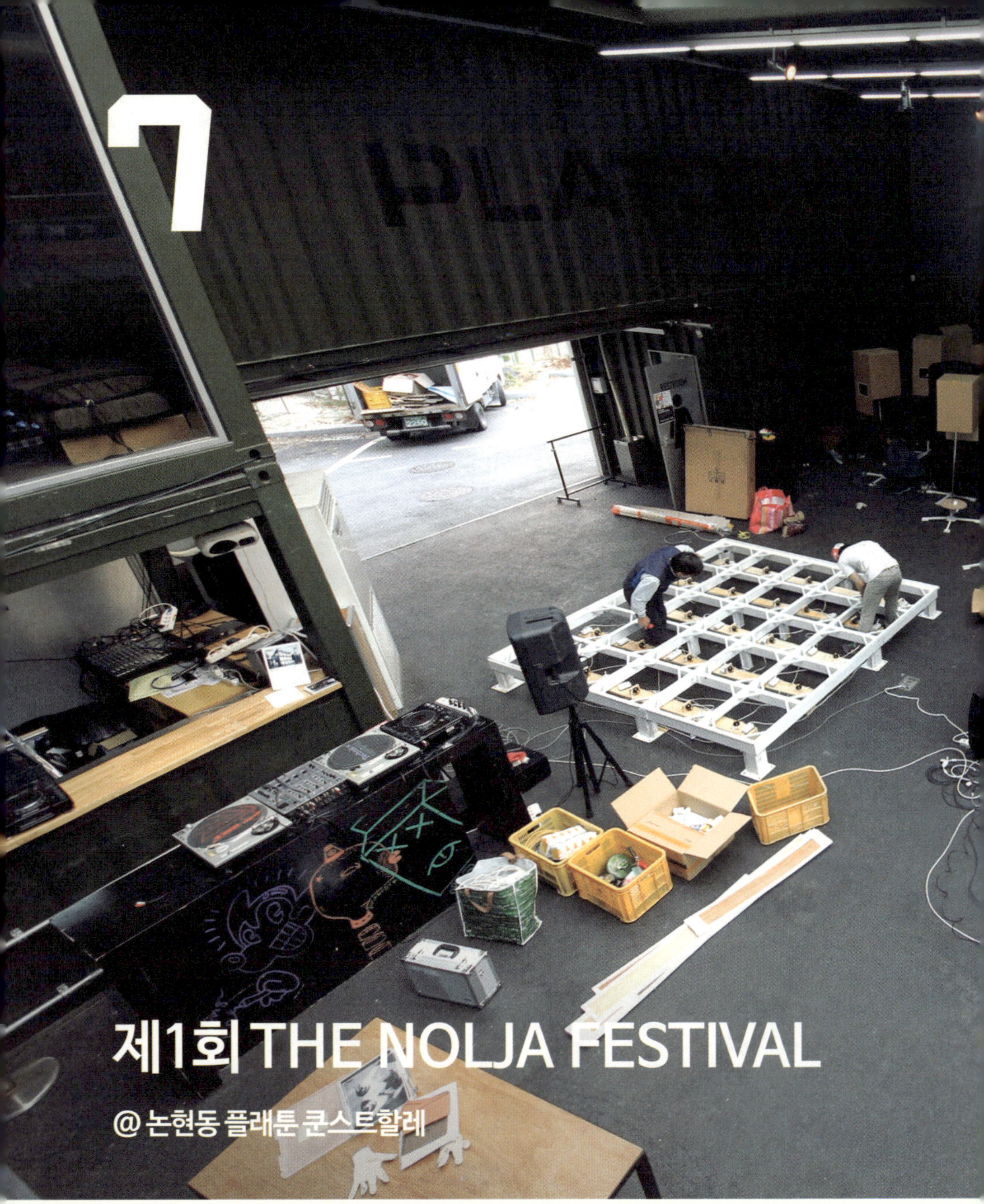

7

제1회 THE NOLJA FESTIVAL

@ 논현동 플래툰 쿤스트할레

'THE NOLJA FESTIVAL'은 2011년 서울에서 시작된 도시를 변화시키는 놀이 문화 축제다. 2006년 뉴욕에서 시작한 Come Out & Play Festival 과 목적과 의도를 공유하고 있고 매년 뉴욕, 샌프란시스코와 함께 빅게임을 알리기 위한 활동을 한다. 논현동 플래툰 쿤스트할레의 장소 협찬으로 놀공이 기획을 하고 연세대학교 커뮤니케이션 학과, 성균관대 영상학과 학생들과 직장인 100여 명이 함께 모여 새로운 놀이 문화를 만들고 퍼트리는 축제를 벌였다.

8

제1회 THE NOLJA FESTIVAL

@논현동 플래툰 쿤스트할레

RED : MOVE (더 낮은 곳으로)
BLUE : 양옆 계단 SWITCH (방향자유)
6. 라푼젤은 이기면 "탈출"
마녀가 이기면 "회춘"을 외친다!!!

Be Free, Be Young!

라푼젤과 마녀의 숨막히는 탈출 게임! 시간내에 탈출하지 못하면 라푼젤은 머리를, 마녀는 젊음을 잃고만다. 계단을 움직여 성을 탈출하자!

Creator: 최용하, 박세환, 김동수, 박은현, 김혜원

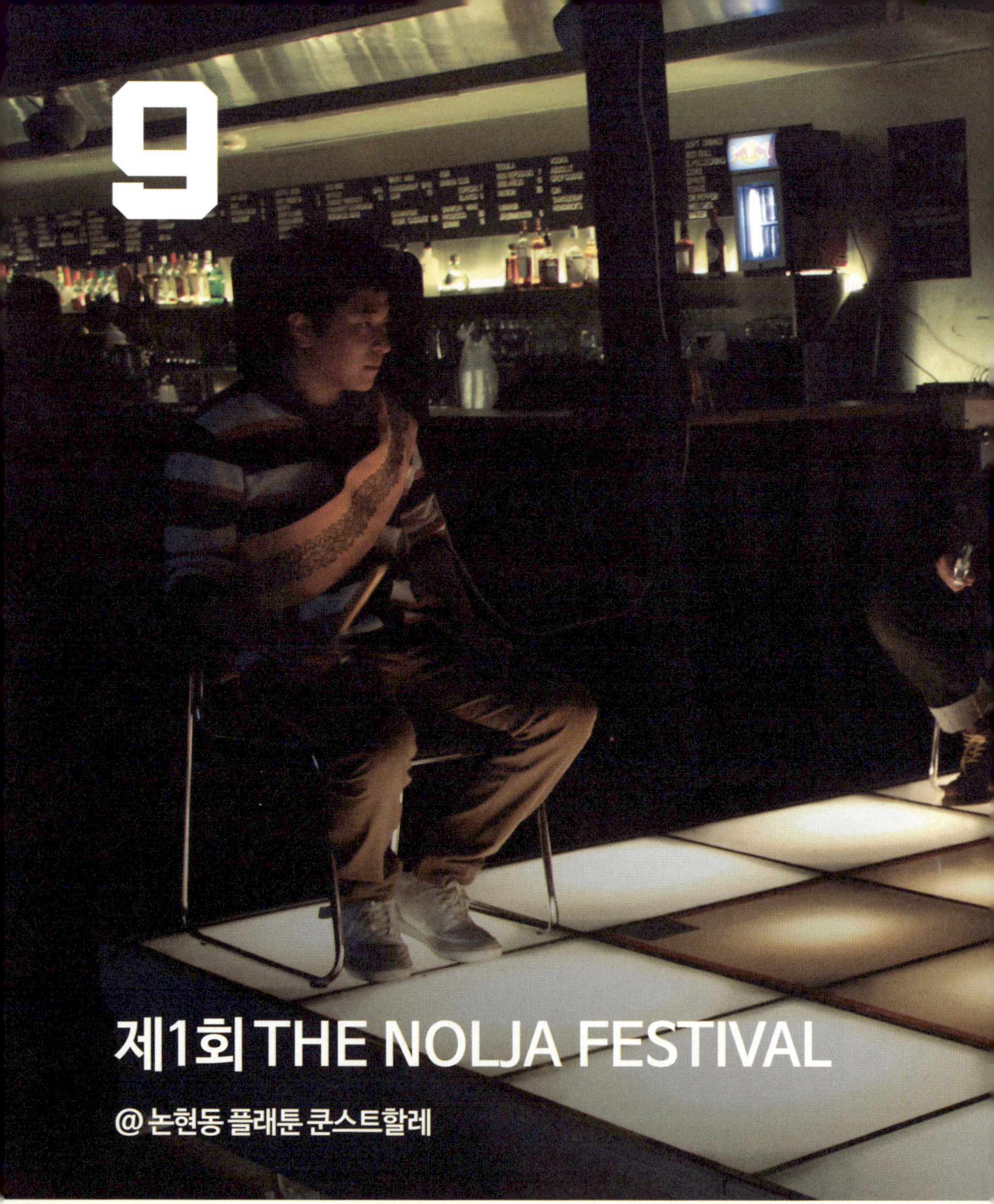

9

제1회 THE NOLJA FESTIVAL

@논현동 플래툰 쿤스트할레

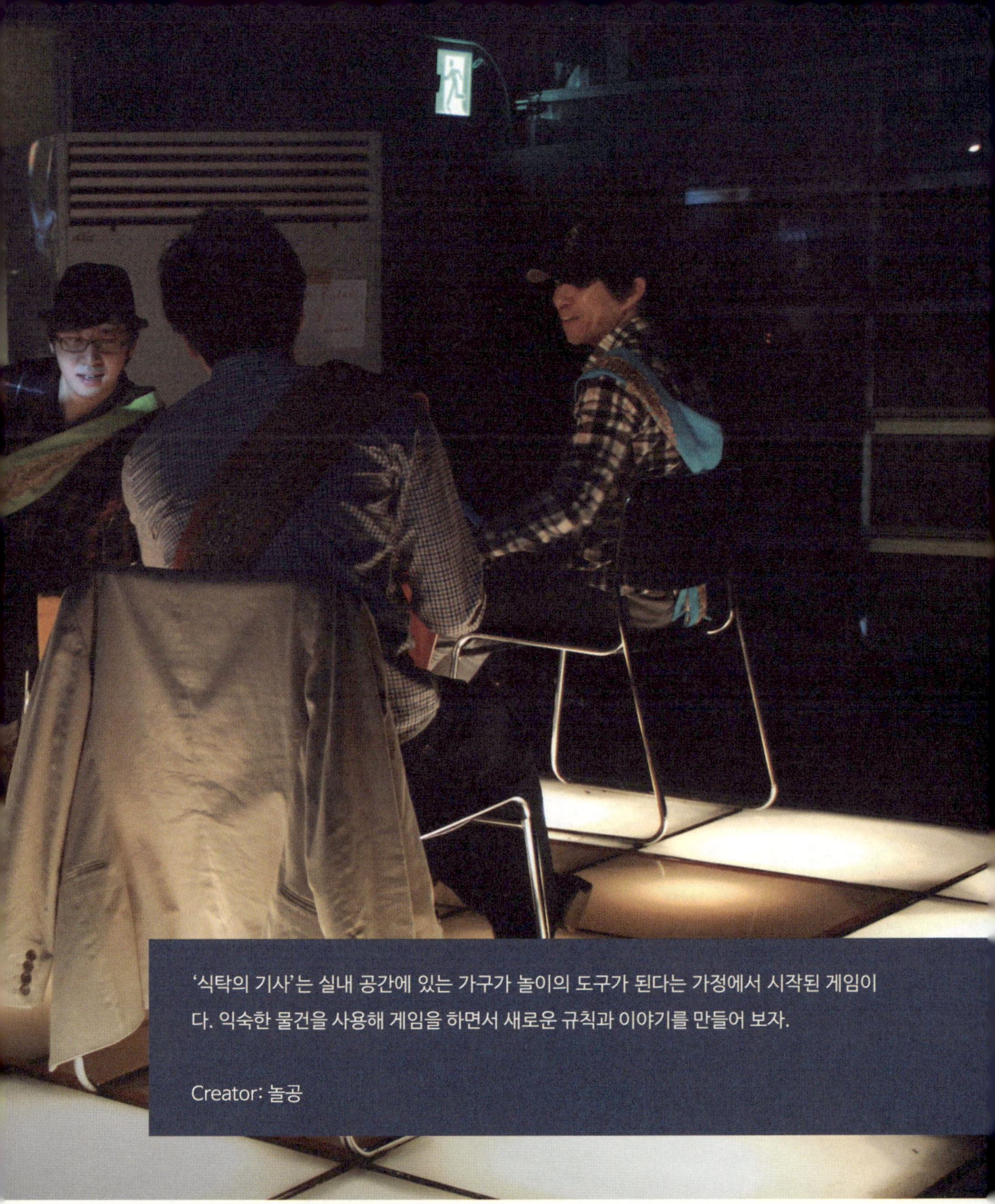

'식탁의 기사'는 실내 공간에 있는 가구가 놀이의 도구가 된다는 가정에서 시작된 게임이다. 익숙한 물건을 사용해 게임을 하면서 새로운 규칙과 이야기를 만들어 보자.

Creator: 놀공

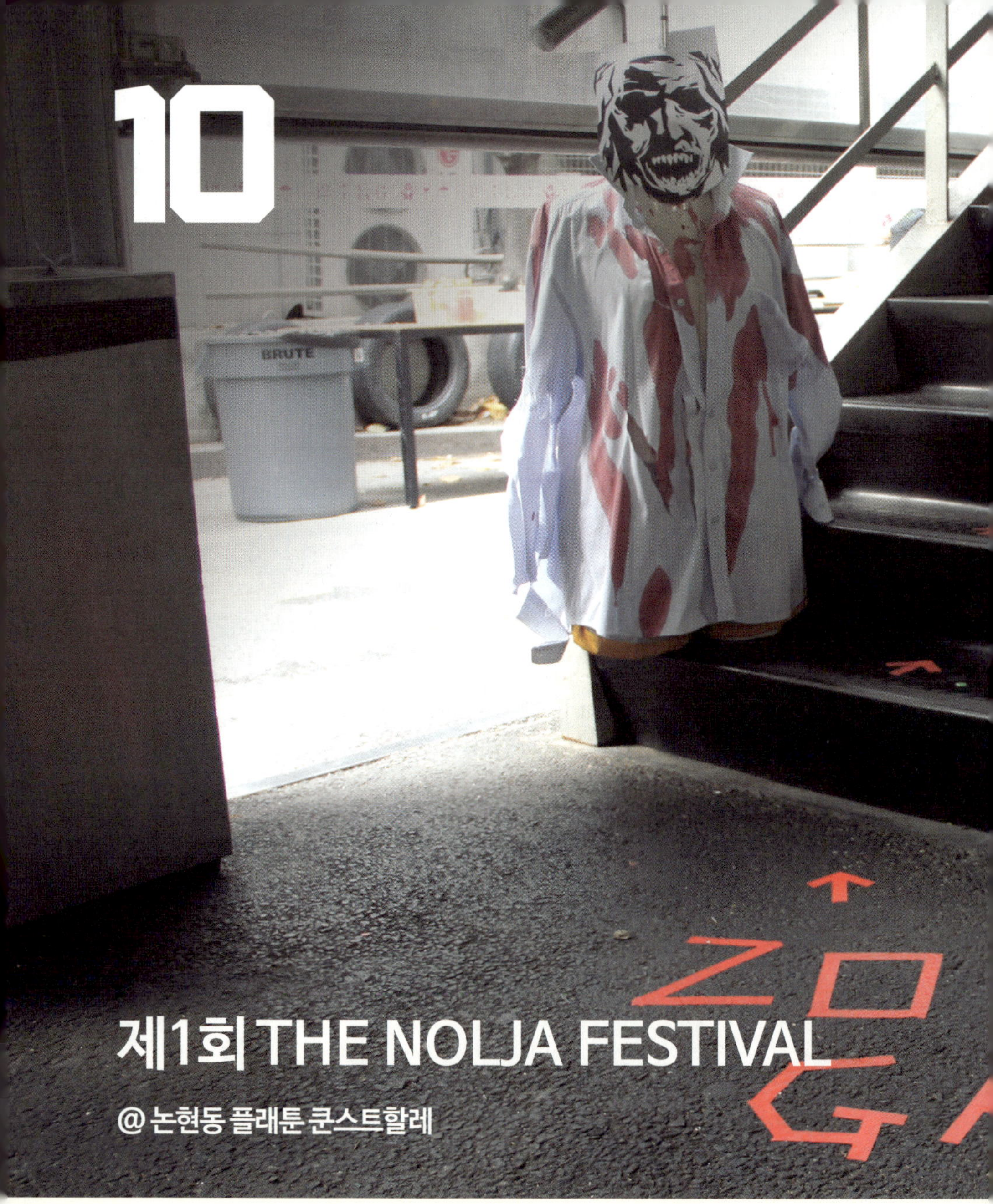

10

제1회 THE NOLJA FESTIVAL

@논현동 플래툰 쿤스트할레

전 세계에 퍼진 좀비 바이러스로 모든 인간들은 좀비로 변하고, 단 3명의 과학자만이 생존했다. 그러나 좀비 바이러스를 치료하는 백신을 만들기 위해서는 반드시 3명의 과학자가 함께 모여야 한다. 3명의 과학자는 힘을 모아서 좀비 바이러스로부터 인류를 구원할 수 있을 것인가?

Creator: 김대혁, 김예리, 문경법, 정윤미, 장윤정(성균관대학교 영상학과)

11

제2회 THE NOLJA FESTIVAL

@ 한남동 블루스퀘어 복합문화공간 NEMO

2012년 제2회 THE NOLJA FESTIVAL은 한남동 블루스퀘어의 후원으로 블루스퀘어 내의 복합문화공간 NEMO에서 진행되었다. 낮에는 온 가족을 위한 놀이 축제 그리고 밤에는 성인만을 위한 놀이 축제로 구성되어 혹한에도 많은 분들이 함께 했다.

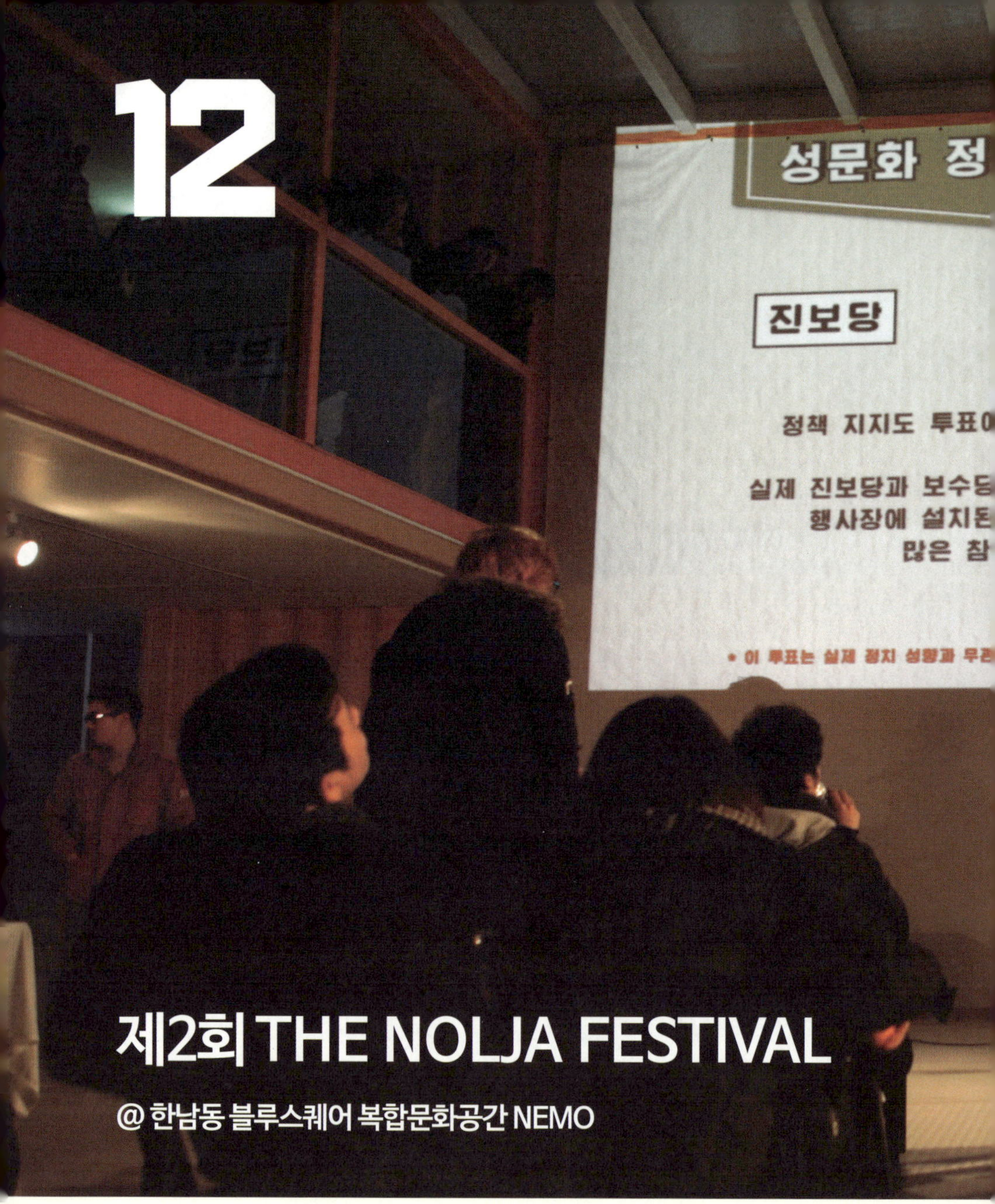

12

제2회 THE NOLJA FESTIVAL

@ 한남동 블루스퀘어 복합문화공간 NEMO

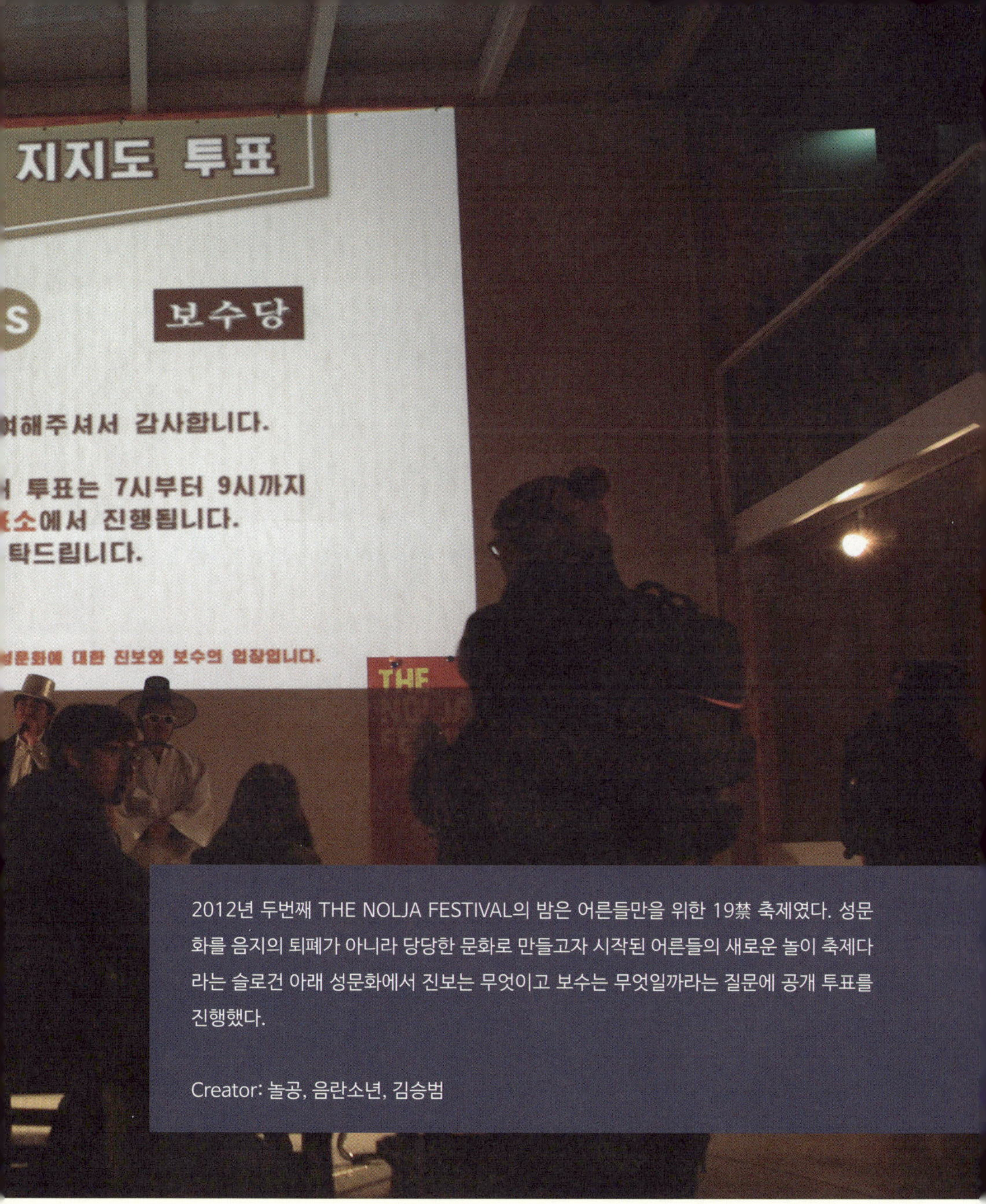

2012년 두번째 THE NOLJA FESTIVAL의 밤은 어른들만을 위한 19禁 축제였다. 성문화를 음지의 퇴폐가 아니라 당당한 문화로 만들고자 시작된 어른들의 새로운 놀이 축제다라는 슬로건 아래 성문화에서 진보는 무엇이고 보수는 무엇일까라는 질문에 공개 투표를 진행했다.

Creator: 놀공, 음란소년, 김승범

13

제2회 THE NOLJA FESTIVAL

@ 한남동 블루스퀘어 복합문화공간 NEMO

가장 높은 빌딩을 만들어 공사의 제왕이 되자! 200여 개의 택배 상자를 이용해서 주어진 시간과 조건에 맞추어 가장 높이 쌓는 게임이었다. 어른과 아이들 모두 신나게 즐길수 있는 빅게임으로 인기가 높았다.

Creator: 이예림, 노아랑, 변형환, 전상민(연세대학교 커뮤니케이션 대학원)

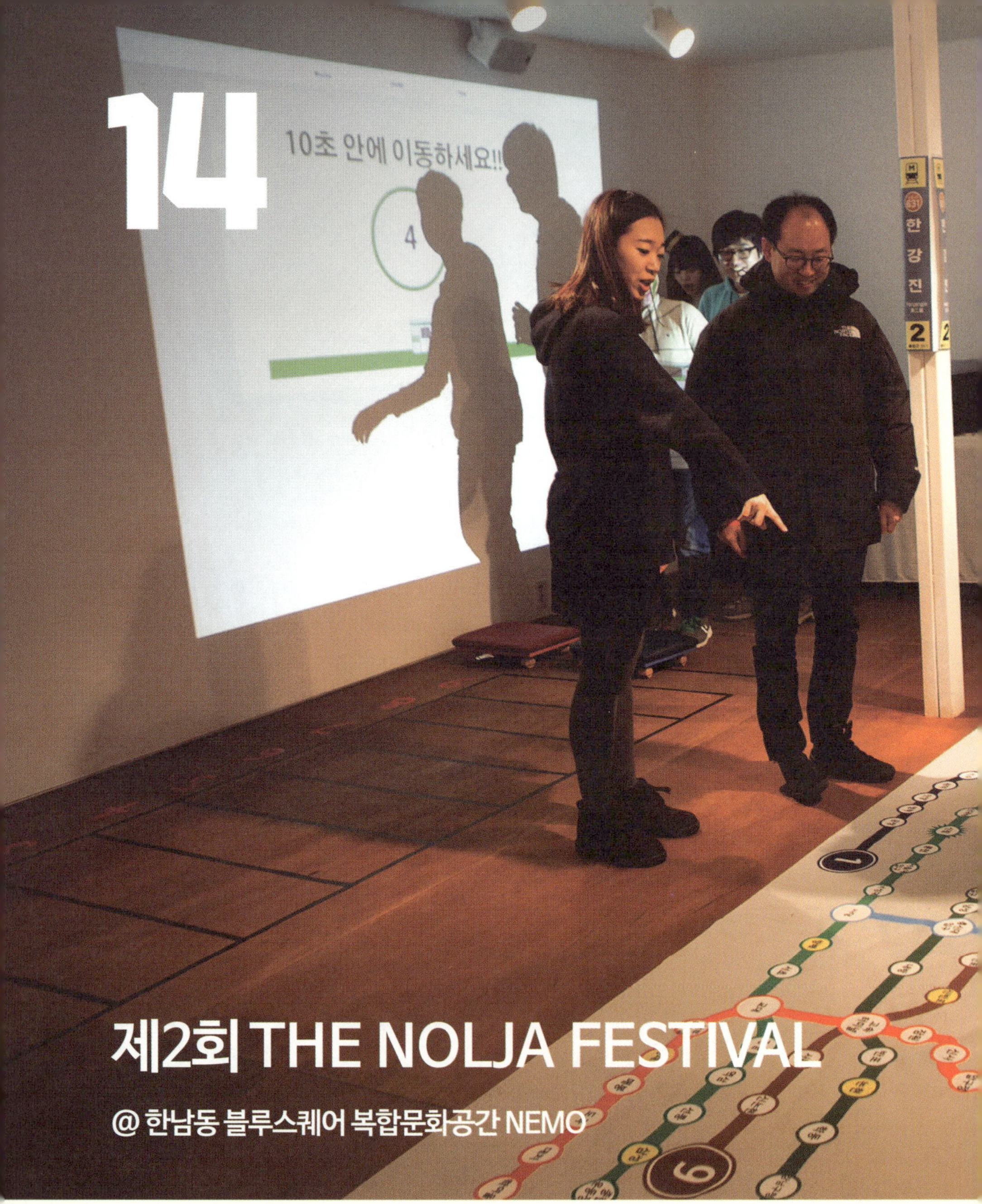

14

제2회 THE NOLJA FESTIVAL

@ 한남동 블루스퀘어 복합문화공간 NEMO

방안을 가득 채운 거대한 지하철 지도 위에서 펼쳐지는 Seoul Metro Game! 과연 어느 팀이 가장 빨리 지하철 노선을 누비며 서울 여행을 완수할 것인가!

Creator: 문소라, 백상영, 정서경, 정지현(연세대학교 커뮤니케이션 대학원)

15

제2회 THE NOLJA FESTIVAL

@ 한남동 블루스퀘어 복합문화공간 NEMO

밀짚모자 쓰고 농부가 되어 닭을 키우는 삶은 평화로울까? 그렇지 않다. 달걀도 잘 살펴서 병아리로 부화할 수 있도록 신경을 써야하고 닭서리꾼으로부터 닭도 지켜야 한다. 농장의 하루를 스펙터클하게 재현한 게임은 바로 '앵그리 치킨'이다.

Creator: 구운규, 김목연, 김은비, 후오첸(연세대학교 커뮤니케이션 대학원)

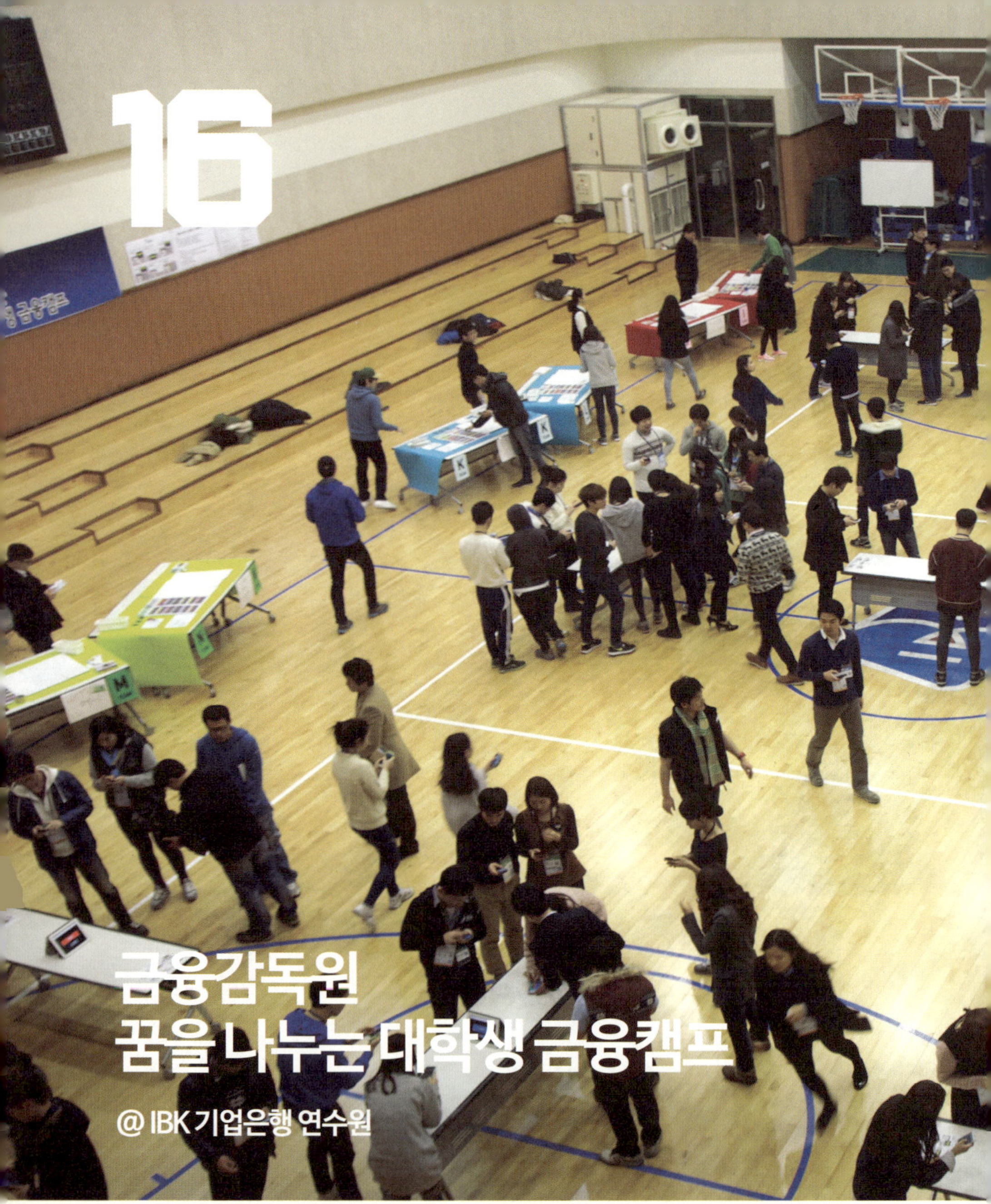

16

금융감독원 꿈을 나누는 대학생 금융캠프

@ IBK 기업은행 연수원

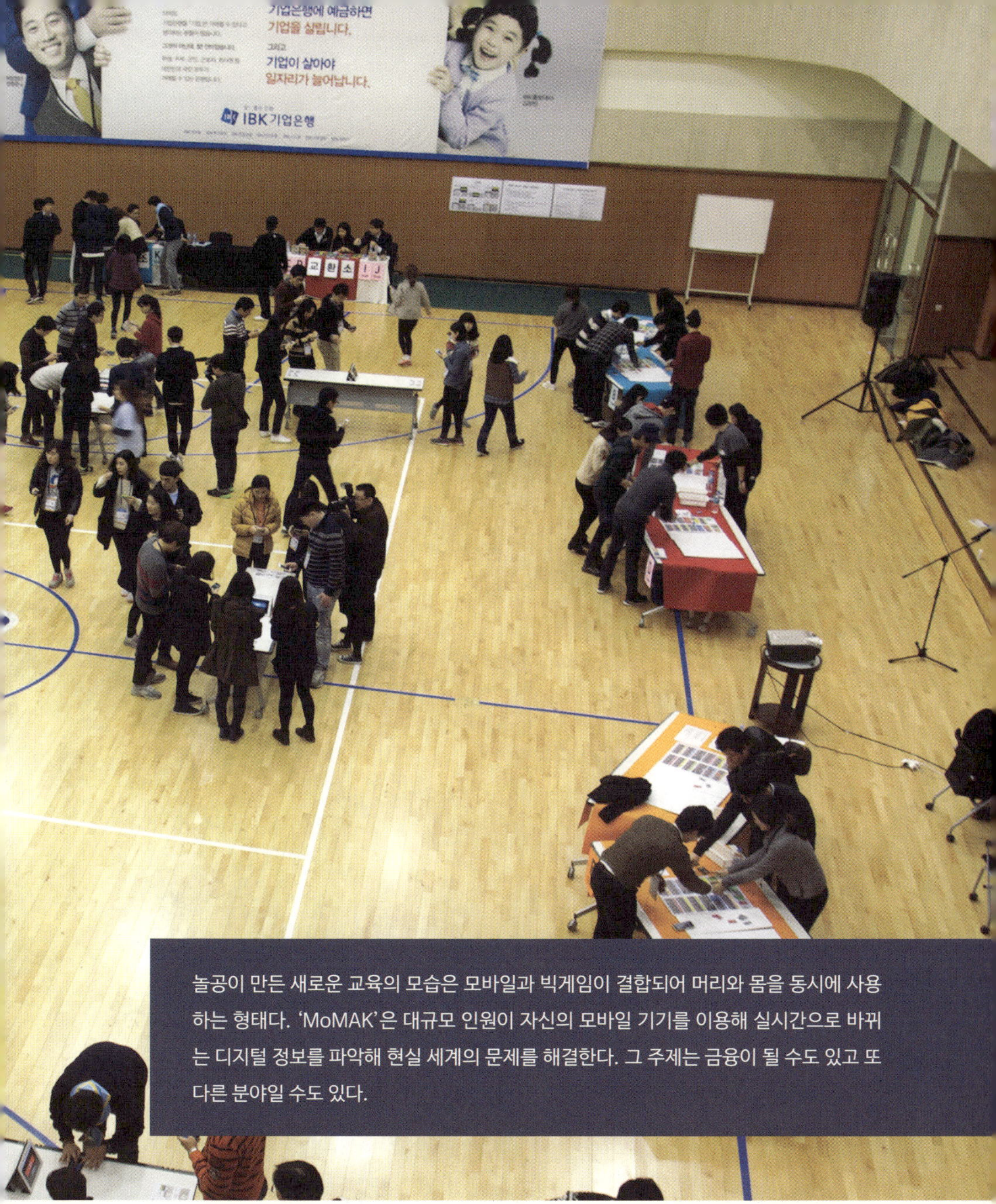

놀공이 만든 새로운 교육의 모습은 모바일과 빅게임이 결합되어 머리와 몸을 동시에 사용하는 형태다. 'MoMAK'은 대규모 인원이 자신의 모바일 기기를 이용해 실시간으로 바뀌는 디지털 정보를 파악해 현실 세계의 문제를 해결한다. 그 주제는 금융이 될 수도 있고 또 다른 분야일 수도 있다.

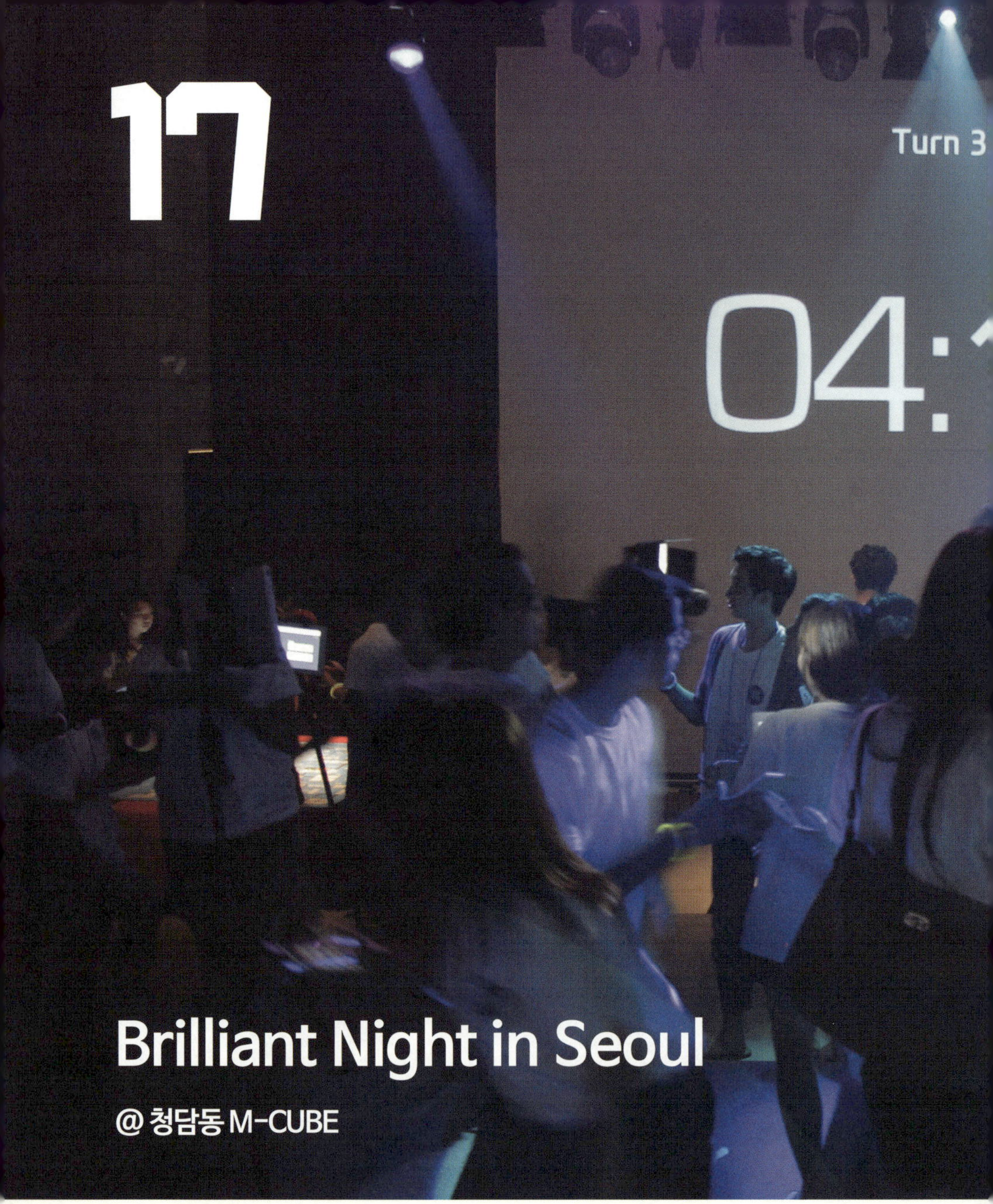

17

Brilliant Night in Seoul

@ 청담동 M-CUBE

1

DJ의 공연과 게임이 결합된 이 파티에서는 참가자 모두가 관객이 아닌 함께 이끌어나가는 주체가 된다. 4개국에서 모인 대학생 참가자들은Smart Device의 안과 밖을 자유롭게 넘나들며 소통하는 새로운 형식의 파티를 경험했다.

Creator: 놀공

18

Come Out & Play Festival SF 2013

@ San Francisco

'Sloth Chase'는 점프하지 않고 가장 높은 곳까지 올라가는 참가자가 승리하는 게임이다. 매턴마다 손과 발을 이용해서 2번까지 이동할 수 있다. 게임을 하다보면 거리에 있는 우체통과 가로수 등에 매달려서 인간 나무늘보가 되는 우스꽝스러운 장면을 연출하기도 한다.

Creator: Eric Rubin, Albert Kong

놀공발전소
채용 공고

당신의 초능력을 보여 주세요

놀공발전소는 게임으로 일상을 바꾸는 새로운 경험을 디자인합니다.
Creative Artist Group, 놀공과 함께 아직 이름 지어지지 않은 경험을
만들어 보고 싶은 분을 기다립니다.

자기 소개서

내가 지금 잘 하는 일, 내가 지금 하고 싶은 일, 내가 앞으로 하고 싶은 일. 나의 가슴을 뛰게 하는 것들, 내가 정말 좋아하는 것들 그리고 당연하면서 가장 중요한 질문 하나! 왜 놀공인가에 대한 생각을 표현해 주세요.

경력 소개

인턴십 지원자 분들은 학교에서 해온 공동 작업과 개인 작업을 보여주세요. 포트폴리오를 설명하는 방식은 자유입니다.

놀공이 찾는 동력

기획력 게임, 이벤트, 작품 기획이 가능한 Game Designer!
진행력 게임, 기업교육 및 이벤트 진행에서 카리스마 있게 진행 가능한 Facilitator!
생산력 꼼수와 장인 정신을 발휘할 감각 있는 Designer!
개발력 웹, 모바일, 아두이노 등 뭐든 자신 있게 개발하거나 개발 의지가 있는 Developer!
게임력 덕력, 게임 디자인, 게임 마니아 등의 Pro Gamer!

무엇보다 가장 필요한 것은 기회에 대한 갈망입니다. 놀공은 여러분에게 시도할 기회를 드립니다.

※ 소개 자료를 hello@nolgong.com로 보내 주세요.
검토 후 연락 드리겠습니다.

놀공발전소 활용법

1 자기 소개서를 먼저 준비할 것

놀공을 소개하는 문서와 프로그램을 소개하는 문서는 없다. 당황하지 않고 자기 소개서를 보낸다면 놀공은 당신에게 가장 어울리는 모습으로 기다릴 것이다.

2 첫 미팅은 놀공에서, 방문 예약은 필수

놀공과 놀공이 하는 일을 제대로 알기 위해서는 직접 방문하는 것이 가장 좋은 방법이다. 게다가 애련공은 놀공을 처음으로 방문하는 사람을 위해서 언제나 넘치는 간식을 준비하니 살짝 주린 배로 찾아온다면 더욱 좋겠다.

3 알바 같이 생긴 사람이 대표다

미팅 테이블 건너편, 만화책 책장에서 골똘히 만화책을 읽고 있는 사람이 있을 것이다. 청바지에 운동화, 원색 캐릭터 티셔츠를 입고 있는 동그란 눈의 남자가 이 회사의 대표 '피터공'이다.

언제부턴가 놀공에 대한 이야기가 주변에서 심심치 않게 들려 온다면 무언가 재미있고 새로운 일을 찾고 싶어졌다면 놀공과 함께 세상을 바꾸는 게임을 준비할 때가 된 것이다. 놀공과 만나기 전 몇 가지 주의 사항을 확인하면서 놀력 충만한 세상을 기대해 보자.

4

세가지 소원을 말하세요

피터공은 인사대신 이렇게 말을 건넬 것이다.

"저는 이제부터 소원을 들어주는 요정, '지니'예요. 세가지 소원을 말하세요."

소원을 곧바로 말할 수도 있을 것이고, 곰곰이 생각해 볼 수도 있을 것이다. 포인트는 '이 사람이 내 소원을 들어줄까?' 의심하기도 전에 순간적으로 '진지하게' 자신이 원하는 것에 대해 생각한다는 것이다. '한치의 의심 없이 몰입하는 순간'을 만드는 사람들이 바로 놀공이다.

5

새로운 시도를 위한 파트너십

놀공을 찾았다면 지금까지와는 다른 것을 꿈꾸고 있기 때문일 것이다. 놀공과 '함께' 다른 것을 찾아 모험 여행을 떠나자. 어디인지 어떻게인지는 알 수 없어도 왜 가야 하는지 왜 가고 싶은지만 알고 있으면 된다. 놀공과 함께 놀 궁리를 하다 보면 어느새 새로운 길로 출발하고 있을 것이다. 낯선 것에 대한 불안을 새로운 것에 대한 설렘으로 받아 들일 준비가 되어있다면! 낯선 길에 좀 멀미가 나도 왜 가야 하는지를 믿고 있다면!

EPILOGUE

맺음말

헬로우 도쿄! 헬로우 놀공!

2013년 11월 7일 이른 아침. 나와 지수공, 두현 님은 김포공항으로 지인공, 은현공, 정미공, 애련공은 인천공항으로 향했다. 놀공팀 7명이 도쿄 독일문화원의 초청으로 'The Future of Learning Conference'에 참여하기 위해서였다. 점심 즈음에는 아카사카에 위치한 도쿄 독일문화원 입구에 서 있었다. 바로 어제 이 시간에는 어디에 있었나를 잠시 생각하고 있을 때 이번 방문을 도와 준 카리나Carina 씨가 마치 현지인처럼 인사하며 우리를 반겼다. 행사가 치러질 공간을 살펴보고 서울에서 공수한 장비를 풀기 시작했다. 때늦은 점심을 먹기 위해 인고Ingo 씨를 따라 다시 도쿄의 거리로 나왔을 때 지금 이 순간, 이 장소, 나와 함께 있는 이 사람들이 참 절묘하다는 생각이 들었다.

"놀공은 해외에 관광만 하러 가는 게 아니야, 세계로 게임을 펼치러 다니는 거야!"

놀공이 세상을 향해 첫걸음을 내디디려 움직이고 있을 때 이렇게 이야기를 했었다. 말은 이렇게 했지만 딱히 글로벌 회사가 되기 위한 계획도 노력도 없었다. 사실 근거도 없는 이야기였다. 나와 놀공 멤버들은 그저 재미있을 것 같은 일들을, 사람들이 재미있어 했으면 하는 것들을 해 왔을 뿐이다. 그 결과가 가져온 프로젝트와 인연이 모여 바로 이곳 도쿄에 왔다. 그것도 일본인이 아니라 일본에 머무는 독일인의 초청으로! 인연이라는 것은, 길이라는 것은 어디로 우리를 안내할지 정말 끝까지 가 보지 않는 이상 아무도 모르는 일인 것 같다.

서울에서도 외국인을 대상으로 한 글로벌 이벤트를 진행한 경험이 있었지만 이번에는 놀공만의 콘텐츠로 공식 초청을 받고 진행하는 것이기 때문에 놀공 멤버들은 너나 할 것 없이 들떴다. 누군가가 다져놓은 안전한 길이 아니라 우리가 직접 두드리고 이어가면서 만든 길이었기 때문에 가슴이 벅찼고 도쿄가 놀공이 앞으로 걸어가야 할 길에서 중요한 이정표가 될 것이라 믿어 의심치 않았다.

짧은 일정이었지만 이번 행사를 통해 놀공은 교육이라는 것에 대해서 다시 한 번 놀공만의 생각과 지향점을 돌아볼 수 있었다. 또한 코엑스에서 처음 시도된 세 번째 놀공 클래식 '톨스토이가 묻습니다'가 서울 독일문화원에 이어 이곳 도쿄 독일문화원까지 총 세 번에 걸쳐 진행되는 것을 보았다. 놀공 클래식은 그 자체로도 점점 클래식이 되어 가고 있었다.

도쿄에서 놀공은 바로 우리 자신을 만났다. 그리고 전 세계 곳곳에서 놀공의 생각과 문화를 공유할 수 있는 인연을 만났다. 놀공이 도쿄의 거리에 남긴 모든 발자국은 이미 희미해졌겠지만 그 발자국에 담겼던 정신과 발자국이 닿았던 인연은 앞으로 세상을 바꾸는 데 쓰일 것이라 믿는다. 그리고 세상이 바뀐 그곳이 놀공의 이름이 완성되는 자리가 되었으면 한다. 그 옆에 당신이 있다면 더할 나위 없겠다.

APPENDIX

놀공발전소 연대기

2009.12

교육

Unplugged Play

성균관대학교 영상학과 학생들의 빅게임 축제였다. 기말 과제전이 축제가 되었고 놀공의 창립 멤버와 오수잔나 님, 유니세프 김경희 국장님과의 만남이 시작되었다. THE NOLJA FESTIVAL의 영감이 되었다.

핫 스팟

뉴욕

Come Out and Play Festival(이하 CO&P) 참가 및 빅 게임의 발생지를 답사하고 영감을 얻으러 떠났다.

핫 스팟

경주

우리나라 유적지를 다르게 보고 새로운 생각을 해 보기 위한 목적으로 떠났다. 경주빵이 맛있었음.

핫 스팟

봉평 허브나라

강원도 평창군 봉평면 허브나라는 놀공에게 마음의 고향이다.

2010.03

교육

게임이 학교다

게임의 매체적 특성을 활용해 학습 환경을 최적화하는 것을 주제로 열린 세미나. Games&Learning의 대부 제임스 폴 지(James Paul Gee)교수님과 함께 왜 게임이 교육에 대한 답인지를 알리는 활동을 했다.

2010.06

대외적인 Event

CO&P @NY

놀공 태동 이전, 성균관대학교 영상학과 팀과 피터공, 애련공이 함께한 뉴욕행!

2010.08

대외적인 Event

Creator's project

2010년The Creator's project에서 피터공이 한국의 Creator 10명 중 한 명으로 선발되어 강연과 식탁의 기사를 처음으로 선을 보였다.

2010.08

사건과 사고

놀공발전소 설립(합정사무실1)

2010. 08

교육

똥 주세요 with 대성그룹 기능성 게임 개발 캠프

건강과 균형을 주제로 5대 영양소 학습을 목표로 한 게임인 '똥 주세요'를 개발하고 직접 운영했다. 놀공의 첫 번째 교육 프로그램이었다.

2010.08

놀공 프로젝트

식탁의 기사 개발

가구로 놀 수는 없을까?
가구를 사용한 빅게임 개발.

핫 스팟

대마도

부산에 갔다가 마침 여권이 있길래 우동 먹으러 일본에 갔다.

핫 스팟

광주

광주에 있는 플래툰 쿤스트할레를 찾아서! 광주는 맛집 천국이다.

핫 스팟

강화도

역사의 섬, 강화도. 하지만 낯선 그곳. 강화도를 만나러 가자.

2011.01

사건과 사고

천장이 뚫려 물난리!

유니세프 D-3, 엄동설한 한겨울 밤9시. 천장에서 폭포수가 쏟아지다. 건물 5층부터 3층까지 물바다가 되었다. 총 피해액 89만원, 물난리 속에서 애니고 박정준 선생님의 진가를 알게 되었다! 멋진 남자!

2011.01

대외적인 Event

유니세프 아름다운 우리 환경 캠프

2박3일 과정으로 놀공의 프로그램만으로 처음부터 끝까지 진행한 교육캠프. Learning about이 아닌 Learning to be 접근법을 활용한 사례이다. 유니세프와 놀공이 본격적으로 협업을 하기 시작한 계기이기도 하다.

2011.01

놀공 프로젝트

구호 게임

유니세프 캠프에서 검증된 몰입도 100%의 나눔 교육 게임이다. 유니세프의 구호 활동을 직접 체험하면서 나눔의 의미를 되새길 수 있다.

2011.03

사건과 사고

강남역 사람들이 우리를 의심한다

한달 내내 강남역 지하상가 일대를 돌아다니며 게임을 만들고 파일럿 테스트를 했다. 강남역 지하상가 상인들을 도대체 뭘 하는 사람이고 뭘 하는 거냐며 매우 궁금해 했다.

2011. 04

교육

'신나는 일터 행복한 나' 예비직장인 캠프 with 숭의여대

취업의 기술을 배우는 것이 아니라 직장인이 되었을 때 겪을 수 있는 여러 상황을 경험하도록 설계했다. Learning to be를 적용한 첫 번째 성인 교육이었다.

2011.05

사건과 사고

놀공발전소 이사(합정사무실2)

롤링홀 옆 건물로 사무실 이전. 넓어진 사무실.
오후 4시 햇살이 좋은, 볕이 잘 들어 행복했던 사무실.

2011. 05

놀공 프로젝트

욕정 게임

재미있는 성性 이야기를 음지에 숨기지 말자는 의도에서 시작된 19禁 게임이었다. 아름다운 성, 재미있고 유쾌하게 놀아봅시다.

2011. 05

대외적인 Event

유니세프 사랑의 맨발걷기 대회

하루에 몇 시간씩 물을 길러 다니는 아프리카 어린이들의 어려움을 알리고 물의 중요성과 나눔을 유니세프 맨발걷기 대회에 참석한 3,000여 명과 함께한 체험하도록 했다.

2011.06

놀공 프로젝트

박물관에서 놀공

역사와 함께한 아름다운 유물과 이야기가 가득한 박물관. 왜 박물관은 늘 근엄하고 재미없는 장소이어야만 하는가? 박물관도 놀이터처럼 놀공스러운 접근이 시작되었다.

2011.06

대외적인 Event

CO&P @NY

놀공 '식탁의 기사' 뉴욕에 가다! 뉴욕에 특파된 지인공과 뉴욕의 유니공, 러스가 놀공 게임을 뉴욕 시민과 함께!

2011.07

기업교육

신입사원 교육 with 미래에셋

회사의 역사, 문화, 핵심가치를 일방적인 강의가 아니라 게임을 통해 체험할 수 있도록 고안했다. 추상적인 기업의 핵심가치를 직접 체험할 수 있는 게임으로 만들어 느낄 수 있게 한 프로그램이었다. 놀공의 첫 번째 기억 교육 사례로 남았다.

2011.07

놀공 프로젝트

NIMBY 개발

NIMBY, 지역이기주의를 500명의 사람들과 체험하고 이야기할 수 있도록 고안된 놀공의 빅게임.

2011.08

놀공 프로젝트

To Belong 개발

수백 명의 사람들이 손을 잡고 놓는 행위만으로 게임의 매직 서클에 빠져드는 모습을 확인할 수 있는 빅게임 제작.

2011. 08

기업교육

EBS 〈다큐 프라임〉, 학교, 미래를 준비하다 3편에 출연

피터공의 인터뷰로 시작된 촬영은 '똥 주세요' 현장까지 이어졌고 초등학교 5학년 사회 과목을 게임으로 설명하는 과정까지 방송되었다.

2011. 08

대외적인 Event

TEDx Samsung 컨퍼런스

500명이라는 대인원이 한 공간에서 펼치는 게임이 진행되었다. '님비 게임', 'To Belong'이라는 놀공의 게임으로 모두에게 특별한 시간을 선물했다. 일명 테삼이라고 불리는 든든한 지원군을 만났다.

2011.09

기업교육

창의교육 우수인력 프로그램 설계 with S그룹 인력개발원

그룹 내 우수인력을 위한 창의교육 프로그램을 개발했다. 놀공이 만드는 새로운 기업 교육의 본격적인 출발점이다. 놀공을 기업에 알리는 신호탄이 되었다.

2011.10

놀공 프로젝트

Metanoia

'Metanoia'는 '다시 생각하라' 라는 뜻으로 게임의 이름처럼 플레이를 하면서 변화의 가치를 느낄 수 있다. 수십명이 동시에 플레이할 수 있는 가로 4미터, 세로 6미터의 거대한 보드 게임이다.

2011.10

놀공 프로젝트

상상전

아직은 낯선 사람들이 용기를 내서 한걸음 다가선다. 게임이 허무는 첫만남의 낯설음. 게임은 사람을 움직인다는 것을 다시 한 번 확인했다.

2011.10

놀공 프로젝트

도를 아십니까

상대방의 마음을 읽고 싶은 사람을 위해 개발한 게임이다. 서로의 생각과 관점의 차이를 놀이로 만들어 생각을 나누는 방법을 경험하도록 했다.

2011.11

놀공 프로젝트

인생 게임

인생을 게임으로 만들었다. 내가 꿈이라고 생각했던 인생이 게임 속에서 실현되어가는 과정은 쾌감 그 이상의 만족도를 준다. 이 게임에서 유일한 규칙은 바로 등가교환이다. 원하는 것을 얻기 위해서 포기해야 하는 것이 있음을 간접적으로 배울 수 있다.

2011.11

놀공 프로젝트

제1회 THE NOLJA FESTIVAL 2011

놀이가 결핍된 대한민국, 우리가 직접 나서서 해결하자! 직장인과 학생 100여 명이 모여서 놀 궁리를 하고 새로운 놀 거리를 만드는 모두의 게임 축제!

2011.11

사건과 사고

용산 아이파크몰에서 쫓겨나다!

대기업 입사 1년차 직원들, 놀공과 쇼핑몰을 놀이터 삼아 새로운 경험을 하다. 직원들이 놀공게임에 몰입한 나머지 아이들처럼 신나게 뛰어다니는 바람에 아이파크몰에서 쫓겨나다.

핫 스팟 **런던**

런던에서 빅게임을 하려면 어디가 좋을까?
빅게임의 판을 찾아보자!

핫 스팟 **타이완**

거대한 프로젝트를 앞두고 기적의 아이디어를 얻기 위한 특별 원정 워크숍!

핫 스팟 **캄보디아**

캄보디아는 교육으로 삶의 질과 미래가 달라지고 있음을 증명하는 동남아시아의 청소년 교육의 허브이다. 캄보디아에서 펼쳐지고 있는 교육활동의 현황과 에너지를 확인하기 위해 캄보디아로 교육 현장 답사에 나섰다.

2012.02

놀공 프로젝트

아르따 ARTHA

'아르따는 세상의 모든 부귀영화가 내 품에 있다'는 뜻으로 애련공의 영감으로 시작된 게임이다. 어린 시절의 추억이 새로운 놀공의 게임이 되었다.

2012.03

사건과 사고

런던행 비행기 탑승시간 30분 전에 카메라 분실

피터공과 지인공이 런던으로 현장답사 가는 날, 지인공의 카메라 가방이 무거워 보인다며 피터공이 기사도 정신을 발휘해 카메라 가방을 대신 들어줬다가 공항 검색대에 두고 왔다. 다행히 공항 직원이 가방을 발견하여 비행기 탑승 전 무사히 돌려받았다.

2012. 04

기업교육

마북 캠퍼스 Creative Thinking 과정 with 현대차그룹

평사원부터 부장까지 임원 이하의 현대차그룹 직원에게 Creative Thinking 과정을 교육했다. 2012년 4월부터 12월까지 놀공 최초의 장기 프로그램이었다.

2012.04

교육

POSTEH Creativity Workshop with POSTECH

이공계 분야에서 전국 최고의 영재가 모인 곳에서 창의력 워크숍을 진행했다.

2012.04

대외적인 Event

TEDx Samsung Junior

3세~10세까지 TEDx Samsung 인들의 자녀들을 대상으로 한 게임 페스티벌.

2012.04

놀공 프로젝트

QR QUEST

회사 연수원이 모험의 장소가 된다면 어떤 일이 벌어질까? 딱딱한 연수원을 놀이동산처럼 신나는 공간으로 만들었다! 모바일이 접목된 게임의 시작도 바로 QR QUEST였다.

2012.04

사건과 사고

공항 검색대에 맥북을 두고 옴

놀공 전원이 대만으로 출국하는 날, 지인공의 노트북 가방이 무거워 보인다며 원빈공이 기사도 정신을 발휘해 노트북 가방을 대신 들어줌. 하지만 로밍센터에 버려두고 출국장에 들어왔다. 다행히 로밍센터 직원이 가방을 발견하여 복잡한 절차를 거쳐 한시간 만에 돌려받았다.

2012.06

놀공 프로젝트

캄보디아에서 놀공

캄보디아에서 교육과 나눔의 비전을 다시 생각하다! 놀이로 소통하고 놀이로 나눔을 실천하는 아이디어가 샘솟는 5박 6일의 여정.

2012.06

사건과 사고

카메라는 챙겼는데 배터리는 사무실에 두고 옴

이번에는 실수 없이 출국하기로 했는데, 잘 챙긴 카메라에 배터리가 없다. 캄보디아 프놈펜 시내를 다 뒤져 카메라 배터리 구입 후 장착 성공.

2012.07

놀공 프로젝트

놀공 인턴십 1기

아형공, 수진공, 창수공 합류.

2012.07

놀공 프로젝트

제2회 놀공 여름워크숍 @ 봉평 허브나라

놀공의 친구들과 함께 만들어간 워크숍. 바쁜 나날 속에 이틀 간의 빈 시간표를 주었더니 저절로 새로운 만남과 소통, 놀이가 일어나게 되었다.

2012.08

놀공 프로젝트

두 번째 놀공 클래식 '로미오와 줄리엣'

게임과 고전이 만나 강남 교보문고가 이탈리아 베로나 광장으로 변신했다.

2012.08

사건과 사고

누군가 사무실 앞에 똥을 싸놓고 갔다

웬일인지 로또를 샀다.

2012.09

놀공 프로젝트

인턴이여 안녕
흑역사 청산의 밤 번외편

아형공, 수진공, 창수공의 놀공 인턴십 1기 수료식.

2012.09

교육

차세대 IP 기반 영재기업인
KAIST&POSTECH 연합 교육 캠프
with KAIST&POSTECH

대한민국을 이끌어 갈 창의 인재들을 위한 놀공의 Creative Festival이었다. 150명이 동시에 몰입하는 풍경이 장관이었던 팅커링 아카데미 시간이 백미였고 우수한 성적을 거둔 팀에게 두 번째 놀공 클래식 '로미오와 줄리엣' 참여 기회를 주었다.

2012.10

놀공 프로젝트

할로윈 달다구리

ㅇㅈㅇ 증후군, 할로윈 하루 좀비들에게 어둠을 맡기고 달짝지근한 사랑 노래를 부른다. 스페셜 게스트는 음란소년.

2012.11

기업교육

Work Smart with 미래에셋

입사한 지 1년이 된 사원들에게 지난 시간을 돌아보게 하고 또다른 도약을 준비할 수 있도록 프로그램을 설계했다.

2012.11

놀공 프로젝트

제2회 THE NOLJA FESTIVAL 2012

핫 스팟

상하이

폭풍 같은 겨울을 마치고 인턴 2기와 함께 상하이에서 놀공!

핫 스팟

도쿄

독일문화원의 초대로 일본 도쿄에서 놀공의 게임판이 벌어지다.

2013.01

놀공 프로젝트

놀공 인턴십 2기

효정공, 도윤공, 창수공 합류.

2013.01

기업교육

따뜻한 금융캠프 with 금융감독원

빅게임 안에서 금융산업을 이해하고 금융인의 윤리의식이 무엇인지 체험하는 게임이었다. 놀공의 게임 노하우가 모바일과 빅게임으로 연결되어 구체화되기 시작했다.

2013.01

기업교육

Global Youth Marketing Camp Workshop&Event with 현대자동차

한국, 중국, 인도에서 선발된 81명의 대학생에게 현대자동차 캠페인을 이해시키고 창의적인 발상을 유도하도록 했다. 처음으로 마케팅 분야에 진출해서 게임을 개발했다.

2013. 03

기업교육

The NOMAD 2013 with 미래에셋

미래에셋의 유목 정신을 일깨우고 조직에 열정을 불러올 수 있는 중간 리더를 양성하는 것이 목표였다.

2013.03

놀공 프로젝트

괴물인턴이 나타났다. 흑역사 청산의 밤 번외편

효정공, 도윤공, 창수공의 놀공 인턴십 2기 수료식.

2013.03

사건과 사고

탑승 시간 90분 전에 눈뜨는 전설

인턴이었던 효정공이 상하이행 비행기 탑승시간 90분을 남겨두고 홍대 본가에서 눈뜸. 태어나서 그렇게 빠른 속도로 움직여 본 적이 없다고 함. 총알택시 덕분에 모두 무사히 출국할 수 있었음.

2013.07

놀공 프로젝트

「파우스트」 워크숍

독일문화원의 초대로 독일에서 연극 '파우스트'극작가인 벤자민 블름버그(Benjamin v.Brommberg)가 한국을 방문해 놀공과 함께 일주일간 워크숍을 진행했다. 오로지 고전만을 생각하면서 보낸 일주일간의 시간이었다.

2013.08

놀공 프로젝트

놀공 인턴십 3기

승민공, 지민공, 서인공 합류.

2013.08

놀공 프로젝트

제3회 놀공 여름워크숍 @ 봉평 허브나라

재미있는 사람들이 모이니 재미있는 이야기꺼리가 만발했다. 초대된 친구들이 만든 모바일 웹게임을 베타 테스팅하며 밤을 새고 새로 뽑은 놀공 3기 인턴들이 알고보니 모두 가수 뺨치는 가창력의 소유자라는 것이 밝혀졌다.

2013.09

대외적인 Event

세상을 바꾸는 시간 15분

재미있는 게 이기는 거다!

놀듯이 일하고 놀듯이 공부하며 세상을 바꾸자는 메세지를 전하다.

2013.10

놀공 프로젝트

Creative Salon, City Quest

글로벌 대기업과 파워 블로거들이 친구가 될 수 있을까? 9개국의 파워 블로거들에게 글로벌 기업의 브랜드를 경험하고 개인적 경험을 통해 관계를 만들어 갈 수 있도록 하는 이벤트

2013.11

놀공 프로젝트

The Future Of Learning @ 도쿄 독일문화원

독일문화원 주최로 2박 3일간 진행된 국제 컨퍼런스에 놀공이 초대되어 놀공 클래식과 놀공의 게임을 소개했다.

2013.11

사건과 사고

놀공발전소 이사(합정사무실3)

세 번째 보금자리로 이사. 널찍한 사무실과 아기자기한 인테리어가 놀공스러움을 한층 더했다.

2013.12

대외적인 Event

ASTD ICE 2014 Speaker Acceptance

HRD 관련 세계 최대 컨버런스인 2014 ASTD 컨퍼런스에 놀공이 연사로 확정되었다는 메일을 받았다. 가자, 워싱턴 D.C로!

NOLGONG